U0929000

国学一本通

徐　潜◎主编

韩非子

战国·韩非◎著　盛广智◎译评

吉林文史出版社

图书在版编目（CIP）数据

韩非子/（战国）韩非著；盛广智译评. —长春：吉林文史出版社，2009.4(2022.1重印)
（国学一本通/徐潜主编）
ISBN 978-7-80702-935-9
Ⅰ.韩…　Ⅱ.①韩…②盛…　Ⅲ.①法家②韩非子—注释③韩非子—译文
Ⅳ.B226.5

中国版本图书馆CIP数据核字（2009）第038158号

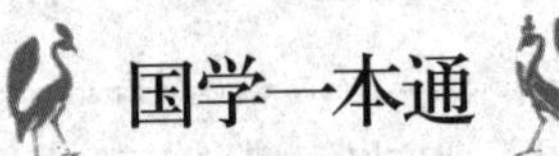

国学一本通

韩非子

出版人/徐　潜

出版发行/吉林文史出版社（长春市人民大街4646号）　www.jlws.com.cn

主编/徐　潜

著/韩非

译评/盛广智

项目负责/王尔立

责任编辑/王尔立　樊庆辉

责任校对/李洁华

装帧设计/李岩冰　刘纯青　赵　恒

印刷/北京一鑫印务有限责任公司

版次/2009年4月第1版　2022年1月第5次印刷

开本/720mm×1000mm　1/16

字数/280千字

印张/14

书号/ISBN　978-7-80702-935-9

定价/55.00元

前言

韩非子(约公元前280年—公元前233年),战国末期思想家,先秦法家最重要的代表人物。关于他的生平,古籍中有少量的记述。依据《史记·韩非列传》、《秦始皇本纪》、《韩世家》、《六国年表》、《战国策·秦策》,以及《论衡》中的《祸虚》、《案书》篇的记载,可以窥见其身世之一斑。韩非出身于韩国贵族。天生口吃,不善言谈,但却才学出众,智慧超群,思维敏捷,极善写作。与李斯同拜荀卿为师。他目睹韩国的削弱,多次上书力谏韩王变法图强,但终不被采纳,于是发愤著书立说,写了《孤愤》、《五蠹》、《说林》、《说难》等十多万字。公元前234年,秦王政看了流传人秦的《孤愤》、《五蠹》之后,非常赏识,发出了“嗟呼!寡人得见此人与之游,死不恨矣”的感叹。秦攻韩时,韩王派遣韩非使秦。韩非到秦后,上书秦王,主张先伐赵而缓伐韩,本就妒忌韩非的秦相李斯乘机陷害韩非,与姚贾向秦王进谗言,于是韩非人狱。此后不久,李斯派人给韩非送去毒药,迫其自杀。其著述被后人辑成《韩非子》。

《韩非子》原名《韩子》。宋代以后,由于学界往往尊称唐代的韩愈为“韩子”,为区别彼此,遂改称《韩子》为《韩非子》。此书全面地阐述了思想家韩非子深邃的理念与明确的主张,也生动地展现了文学家韩非子独特的文采与峭刻的风格,是一部集先秦法家思想之大成的诸子散文著作。

为使广大读者能凭借一个比较简明的读本认识韩非子的思想,欣赏韩非子的文采,本书在撰写过程中,吸纳了当代《韩非子》研究与注释的许多积极成果。书中各篇皆由原文、译文、评点三部分构成。“评点”力求简明扼要,主旨突出,用较少的文字概括全篇的要点,并指出其特色或价值,以便读者提纲挈领,步人津梁,正确地把握原著的思想。原文以上海古籍出版社1996年出版的《韩非子》(“十大古典哲学名著”丛书之一)为底本,并参照多种古本解决断句、标点等方面的难点问题;对语意难晓处,则博采众本,择善而从。译文以直译为主,在忠实于原著的前提下,先求表达准确,次求文从字顺,再求风格神似。希望本版《韩非子》的出版,能够让读者更加方便、快捷、明了地了解韩非子的思想,并给读者带来美的阅读享受。

韩非子

目录

初见秦

臣闻不知而言不智，知而不言不忠，为人臣不忠当死，言而不当亦当死。虽然，臣愿悉言所闻，唯大王裁其罪。

臣闻天下阴燕阳魏，连荆固齐，收韩而成从，将西面以与秦强为难，臣窃笑之。世有三亡，而天下得之，其此之谓乎!臣闻之曰："以乱攻治者亡，以邪攻正者亡，以逆攻顺者亡。"今天下之府库不盈，囷仓空虚，悉其士民，张军数十百万，其顿首戴羽为将军，断死于前，不至千人，皆以言死。白刃在前，斧锧在后，而却走不能死也。非其士民不能死也，上不能故也。言赏则不与，言罚则不行，赏罚不信，故士民不死也。今秦出号令而行赏罚，有功无功相事也。出其父母怀衽之中，生未尝见寇耳，闻战，顿足徒裼，犯白刃，蹈炉炭，断死于前者皆是也。夫断死与断生者不同，而民为之者，是贵奋死也。夫一人奋死可以对十，十可以对百，百可以对千，千可以对万，万可以克天下矣。今秦地折长补短，方数千里，名师数十百万。秦之号令赏罚、地形利害，天下莫若也。以此与天下，天下不足兼而有也。是故秦战未尝不克，攻未尝不取，所当未尝不破，开地数千里，此其大功也。然而兵甲顿，士民病，蓄积索，田畴荒，囷仓虚，四邻诸侯不服，霸王之名不成，此无异故，其谋臣皆不尽其忠也。

臣敢言之，往者齐南破荆，东破宋，西服秦，北破燕，中使韩、魏，土地广而兵强，战克攻取，诏令天下。齐之清济浊河，足以为限；长城巨防，足以为塞。齐五战之国也，一战不克而无齐。由此观之，夫战者，万乘之存亡也。且闻之曰："削迹无遗根，无与祸邻，祸乃不存。”秦与荆人战，大破荆，袭郢，取洞庭、五湖、江南，荆王君臣亡走，东服于陈。当此时也，随荆以兵则荆可举，荆可举，则民足贪也，地足利也。东以弱齐、燕，中以凌三晋。然则是一举而霸王之名可成也，四邻诸侯可朝也。而谋臣不为，引军而退，复与荆人为和，令荆人得收亡国，聚散民，立社稷，主置宗庙，令率天下西面以与秦为难，此固以失霸王之道一矣。天下又比周而军华下，大王以诏破之，兵至梁郭下。围梁数旬则梁可拔，拔梁则魏可举，举魏则荆、赵之意绝，荆、赵之意绝则赵危，赵危而荆狐疑，东以弱齐、燕，中以凌三晋，然则是一举而霸王之名可成也，四邻诸侯可朝也。而谋臣不为，引军而退，复与魏氏为和，令魏氏反收亡国，聚散民，立社稷，主置宗庙，令，此固以失霸王之道二矣。前者穰侯之治秦也，用一国之兵而欲以成两国之功，是故兵终身暴露于外，士民疲病于内，霸王之名不成，此固以失霸王之道三矣。

赵氏，中央之国也，杂民所居也，其民轻而难用也。号令不治，赏罚不信，地形不便，下不能尽其民力，彼固亡国之形也。而不忧民萌，悉其士民，军于长平之下，以争韩上党。大王以诏破之，拔武安。当是时也，赵氏上下不相亲也，贵贱不相信也，然则邯郸不守。拔邯郸，筦山东河间，引军而去，西攻修武，逾华，降上党。代四十六县，上党七十县，不用一领甲，不苦一士民，此皆秦有也。以代、上党不战而毕为秦矣，东阳、河外不战而毕反为齐矣，中山、呼沲以北不战而毕为燕矣。然则是赵举，赵举则韩亡，韩亡则荆、魏不能独立，荆、魏不能独立则是一举而坏韩、蠹魏、拔荆，东以弱齐燕，决白马之口以沃魏氏，是一举而三晋亡，从者败也。大王垂拱以须之，天下编随而服矣，霸王之名可成。而谋臣不为，引军而退，复与赵氏为和。夫以大王之明，秦兵之强，弃霸王之业，地曾不可得，乃取欺于亡国，是谋臣之拙也。且夫赵当亡而不亡，秦当霸而不霸，天下固以量秦之谋臣一矣。乃复悉士卒以攻邯郸，不能拔也，弃甲兵弩，战竦而却，天下固以量秦力二矣。军乃引而复，并于李下，大王又并军而至，与战不能克之也，又不能反运，罢而去，天下固量秦力三矣。内者量吾谋臣，外者极吾兵力，由是观之，臣以为天下之从，几不能矣。内者吾甲兵顿，士民病，蓄积索，田畴荒，囷仓虚；外者天下皆比意甚固。愿大王有以虑之也。

且臣闻之曰："战战栗栗，日慎一日。苟慎其道，天下可有。"何以知其然也？昔者纣为天子，将率天下甲兵百万，左饮于淇溪，右饮于洹溪，淇水竭而洹水不流，以与周武王为难。武王将素甲三千，战一日，而破纣之国，禽其身，据其地而有其民，天下莫伤。知伯率三国之众以攻赵襄主于晋阳，决水而灌之三月，城且拔矣。襄主钻龟筮占兆，以视利害，何国可降。乃使其臣张孟谈，于是乃潜于行而出，反知伯之约，得两国之众，以攻知伯，禽其身，以复襄主之初。今秦地折长补短，方数千里，名师数十百万。秦国之号令赏罚，地形利害，天下莫如也，此与天下可兼有也。臣昧死愿望见大王，言所以破天下之从，举赵亡韩，臣荆、魏，亲齐、燕，以成霸王之名，朝四邻诸侯之道。大王诚听其说，一举而天下之从不破，赵不举，韩不亡，荆、魏不臣，齐、燕不亲，霸王之名不成，四邻诸侯不朝，大王斩臣以徇国，以为王谋不忠者也。

译文 

我听说，不知道就说，不明智；知道而不说，不忠诚。做人臣的不忠诚，应当处死；说话不恰当，也应当处死。即使这样，我还是希望全部说出自己的看法，望大王裁定我的罪责。

我听说，天下各国，赵国北面是燕国，南面是魏国，联合楚国，稳固齐国，接纳韩国，就形成了合纵的形势，将面向西方与强秦对抗。我却暗自笑话他们。世上有三种自取灭亡之道，而天下诸侯都有这三种作为，大约这说的就是合纵的情况吧！我听说的是：“用混乱的国家去进攻安治的国家会灭亡，用邪恶的国家去进攻正义的国家会灭亡，用倒行逆施的国家去进攻顺应潮流的国家会灭亡。”现在天下各国的仓库不满，粮囤空虚，却悉数征调他们的士民，扩充军队数十百万人，他们俯首听令头戴羽盔身为将军的，拼死于军阵前，不止千人，都声称要以死报国。可是，当敌人白刃在前，我方斧锁在后(用以诛罚怕死者)时，他们还是退却逃跑而不敢拼命赴敌。这并不是士民不能拼死，而是君王不能使他们这样做的缘故。说要赏赐而不给予，说要惩罚而不施行，赏罚不讲信用，所以士民不肯拼死。现在秦国发布号令而施行赏罚，有功与无功的人就互相区别开了。有的人自打离开父母怀抱，从来不曾见过敌寇，听说要打仗，却能跺脚起誓，赤膊上阵，勇冒白刃，赴汤蹈火，在军阵前拼命战斗的都是他们。拼死与贪生的结果不同，而民众愿去拼死，那是看重奋勇牺牲的缘故。一个人奋勇牺牲可以对付十个人，十个人可以对付一百个人，一百个人可以对付一千个人，一千个人可以对付一万个人，一万个人就攻克天下了。现在秦国的领土，截长补短，方圆数千里，名声显赫的部队有数十万乃至百万人。秦国长于号令赏罚，地理形势险要，天下各国没有谁比得上。靠这些条件去攻取天下，天下虽大也不足以够秦国兼并的。所以，秦国作战不曾不胜过，攻占不曾不取过，去抗击不曾不击破过，开辟土地数千里，就是这样做所取得的伟大功绩。然而武备不精，士民疲惫，蓄积罄尽，田野荒芜，粮仓空虚，四邻诸侯不服，秦国至今也没有成就霸王的威名，这没有其他原因，这是谋臣们都不能竭尽忠诚的缘故。

我敢说，从前齐国向南击破楚国，向东击破宋国，

向西征服秦国，向北击破燕国，在中部驱使韩国、魏国，土地宽广而武力强大，战则胜攻则取，于是向天下发号施令。齐国的清澈的济水和混浊的黄河，足可作为屏障；长长的城墙和巨大的防门，足可以作为要塞。齐国是个五战五胜的国家，然而一战不胜就险些亡国了。而且我听说："伐木不要留树根，不要与灾祸为邻，灾祸就不会存在。"秦国与楚国人作战，大败楚国人，袭击郢都，夺取了洞庭湖、五渚和江南一带地方，楚国君臣逃跑，向东奔窜到陈国。正当此时，出兵追击就可一举攻下楚国，楚国攻取下来，那么楚国人民足以被秦国拥有，楚国土地足以被秦国利用。这样，向东可以削弱齐国、燕国，在中部可以侵凌赵、魏、韩三国。这就是说，一举可以成就霸王的威名，可使四邻诸侯来朝臣服。然而谋臣们不这样做，他们带兵退却，重新与楚人媾和，使得楚人得以收复失地，聚集逃散的人民，建起祭祀社稷的神坛，设置供奉先人的宗庙，使得楚国得以率领天下诸侯向西与秦国抗衡，这本是丧失称霸称王原则的一种表现。天下诸侯又结成联盟而驻军于华阳，大王下诏书要击破他们，部队行至魏都大梁城下。如果围攻大梁几旬，大梁就可攻取下来；大梁攻取下来，魏国就可以拿下；魏国拿了下来，楚国、赵国的联盟意图就会断绝；楚国、赵国联盟的意图断绝，赵国就形势危机；赵国形势危机，楚国就会态度犹豫；这样，向东可以削弱齐国、燕国，在中部可以侵凌赵、魏、韩三国。这就是说，一举可以成就霸王的威名，可使四邻诸侯来朝臣服。然而谋臣们不这样做，他们带兵退却，重新与魏国媾和，使得魏人得以收复失地，聚集逃散的人民，建起祭祀社稷的神坛，设置供奉先人的宗庙，使得魏国得以率领天下诸侯向西与秦国抗衡，这本是丧失称霸称王原则的第二种表现。从前穰侯魏冉治理秦国，用一个国家的兵力想建立秦国与他的封国两国的功业，所以士兵们终身风吹雨打于户外，士民疲惫不堪于国内，霸王的威名没有确立，这本是丧失称霸称王原则的第三种表现。

赵国，是个处于中心地区的国家，是各国民众杂居的地方，它的民众轻薄而难以驱使。号令不严明，赏罚不诚信，地形不便利，在下的民众不能竭尽其力，那本是亡国的形势。而且赵国国君不忧念百姓，悉数征集士民，驻军长平城下，来夺取韩国的上党。大王下诏书要击破它，夺取了武安。在这时，赵国君臣上下不能团结相亲，贵族与平民不能互相信任，这样一来，邯郸就没有守住。夺取了邯郸，控制了黄河以北、漳水以南一带，又带兵离开，向西攻占修武，穿越羊肠要塞，降服上党。代郡的四十六县，上党的七十县，不用一副盔甲，不苦一个士民，所有这些地方都归秦国所有了。代郡、上党郡不用战争夺取就全都成了秦国的了。东阳、河外不用战争夺取就全都成了齐国的了，中山国、滹沱河以北地区不用战争夺取就全都成了燕国的了。这样一来，赵国被拿下；赵国被拿下，韩国就要灭亡；韩国灭亡了，楚国、魏国就不能独自存在；楚国、魏国不能独自存在，这样就一举而毁坏了韩国，残败了魏国，操纵了楚国，以此为根基，向东可削弱齐国、燕国，决开黄河的白马河口淹了魏国，因此，一举而使赵、魏、韩三国灭亡，参加合纵的国家就失败了。大王垂衣拱手地等待着，天下各诸侯国会相继地归服了，霸王的威名可以建立。但是谋臣们不这样做，却带兵而退却，重又同赵国媾和。靠大王您的英明和秦国军队的强大，却抛弃称霸称王的大业，土地不曾得到，还被必亡的国家所欺骗，这是谋臣们太笨拙了。况且赵国本该灭亡却没有灭亡，秦国本当称霸而没有称霸，天下各诸侯国本来已经估量到秦国的谋臣，这是第一。竟然又悉数发兵去攻打邯郸，不能攻取，就丢弃盔甲弓弩，战战兢兢地退怯，天下各诸侯国本来已经估量到秦国的实力，这是第二。军队就这样被带领回去，集中于李下，大王又一并将军队带到那里，同敌人作战不能取胜，又不能返回，疲顿不堪

地离开，天下各诸侯国本来已经估量到秦国的力量，这是第三。在内部，估量了我们的谋臣，在外部，耗尽了我们的兵力，由此看来，我认为天下形成合纵形势，几乎没有困难了。在内部，我们的武备粗劣，士兵疲顿，蓄积用尽，田野荒芜，粮仓空虚；在外部，天下各诸侯国都紧密勾结，甚为坚定。希望大王对此有所考虑。

而且我听说："要战战栗栗地一天比一天谨慎。如果谨慎地推行治国之道，天下就可以拥有。"怎么知道是这样呢?从前纣王做天子时，率领天下带甲士兵百万人，向左饮马于淇溪，向右饮马于洹溪，淇溪的水被饮光，洹溪的水不流淌，凭借这么强大的军队与周武王为敌。周武王率领着身穿白甲的士兵三千人，交战一天，就攻破了纣王的都城，活捉了他本人，占据了他的土地，而拥有了他的人民，天下没有谁为纣王悲伤。知伯瑶率领三国的军队在晋阳攻打赵襄子，决开晋水淹了三个月，晋阳城快要被占领了。赵襄子用龟甲和蓍草占卜，来预测吉凶利害，以及哪个国家可以降服。于是派遣他的臣子张孟谈，张孟谈就偷偷地出了城，使韩、魏两国同知伯瑶反悔了盟约，得到韩、魏两国军队的支持，攻打知伯，活捉了他本人，恢复了赵襄子当初的权势。现在秦国土地截长补短，方圆数千里，名声显赫的部队有数十万乃至百万人。秦国长于号令赏罚，地理形势险要，天下各国没有谁比得上。靠这些条件去攻取天下，天下可被秦国兼并拥有。我冒死希望拜见大王，谈谈用以破坏天下各诸侯国的合纵，拿下赵国，灭亡韩国，臣服楚国、魏国，让齐国、燕国亲附，成就称霸称王的威名，使四方诸侯前来朝见的措施。大王真的听从我的谋划，一举而天下各诸侯国的合纵没有被破坏，赵国没有被拿下，韩国没有灭亡，楚国、魏国不臣服，齐国、燕国不亲附，称霸称王的威名不能建立，四方诸侯不来朝见，大王就杀了我，陈尸示众，以此警戒那些为王谋事而不尽忠的人。

评点

本篇是《韩非子》一书的开卷之作，是韩非的一篇为秦王统一天下而积极出谋划策的重要政治论文。文章比较客观地分析了当时的形势，指出秦国已经具备横扫六合而使天下归一的条件，力劝秦王用兼并战争的手段，“举赵、亡韩、臣荆魏、亲齐燕，以成霸王之名，朝四邻诸侯”。文章认为，秦国“号令赏罚，地形利害，天下莫若”，完全可以战而胜，攻而取，兼有天下，成就大功。但是，至这篇“悉言所闻”的文章写成之际，秦国尚未统一六国，秦王尚未完成霸业，究其根本原因，是“谋臣皆不尽其忠”的缘故。

为了有理有据地论证秦国“谋臣皆不尽其忠”这一核心观点，文章采用了以既往战例为论据进行铺陈叙述、条分缕析的方法。先是断言，东方六国的合纵抗秦是“以乱攻治”，“以邪攻正”，“以逆攻顺”，以讨秦王欢心；然后依次回顾秦国与齐、楚、魏、赵之间的战争，本来都有乘胜追击，一战而胜的可能，但皆因在关键时刻“谋臣不为，引兵而退”，而使秦王霸业功亏一篑。言之凿凿，史鉴不远，想来秦王对以往的屡屡坐失良机会是记忆犹新的。

说理透辟，论断果决，逻辑严谨，气势雄健，是韩非散文的鲜明特点，《初见秦》可谓先声夺人，较充分地显示了韩非文章的总体风格。

关于本文的作者是否为韩非，后人多有分歧说法。依笔者之见，它当是韩非作品无疑。主要依据如下：韩非入秦后，当即上书言“存韩”之事(见下篇《存韩》)，并因此被李斯构陷入狱。秦王信李斯之言而断定韩非为韩不为秦，韩非于囹圄之中欲见秦王明辩而不得，遂作此文力陈衷曲，以求感动秦王而获释，文中有“愿望见大王”之语足资为证。因此，此文与《存韩》篇写作背景不同，不宜苛求初旨统一。另外，从本文所用词语看，“民氓”皆作“民萌”，与《韩非子》其他文章用例一致，也可为一条佐证。文章末段叙知伯攻晋阳，“决水而灌之”，此事在《韩非子》一书中许多篇章也曾提及，似也可作为一条有力的证据。

存韩（节选）

韩事秦三十余年，出则为扞蔽，入则为席荐。秦特出锐师取地，而韩随之，怨悬于天下，功归于强秦。且夫韩入贡职，与郡县无异也。今日臣窃闻贵臣之计，举兵将伐韩。夫赵氏聚士卒，养从徒，欲赘天下之兵，明秦不弱，则诸侯必灭宗庙，欲西面行其意，非一日之计也。今释赵之患而攘内臣之韩，则天下明赵氏之计矣。夫韩，小国也，而以应天下四击，主辱臣苦，上下相与同忧久矣。修守备，戒强敌，有蓄积，筑城池以守固。今伐韩，未可一年而灭。拔一城而退，则权轻于天下，天下摧我兵矣。韩叛则魏应之，赵据齐以为原，如此，则以韩、魏资赵假齐以固其从，而以与争强，赵之福而秦之祸也。夫进而击赵不能取，退而攻韩弗能拔，则陷锐之卒勤于野战，负任之旅罢于内攻，则合群苦弱以敌而共二万乘，非所以亡韩之心也。均如贵人之计，则秦必为天下兵质矣。陛下虽以金石相弊，则兼天下之日未也。

今贱臣之愚计，使人使荆，重币用事之臣，明赵之所以欺秦者；与魏质以安其心，从韩而伐赵，赵虽与齐为一，不足患也。二国事毕，则韩可以移书定也。是我一举二国有亡形，则荆、魏又必自服矣。故曰“兵者，凶器也”，不可不审用也。以秦与赵敌衡，加以齐，今又背韩，而未有以坚荆、魏之心。夫一战而不胜，则祸构矣。计者，所以定事也，不可不察也。韩、秦强弱在今年耳，且赵与诸侯阴谋久矣。夫一动而弱于诸侯，危事也；为计而使诸侯有意伐之心，至殆也。见二疏，非所以强于诸侯也。臣窃愿陛下之幸熟图之。攻伐而使从者间焉，不可悔也。

译文

韩国侍奉秦国三十多年，对外，韩国是秦国的捍卫者；对内，韩国是秦国的承奉者。秦国只要出精锐部队夺取其他国家土地，韩国就紧随其后，韩国同天下各国结了怨，而功利却归于强大的秦国。况且韩国向秦纳贡尽职，跟秦的郡县没有区别。现今我私下听说贵国朝臣献计，要兴兵伐韩。赵国在聚集士兵，豢养主张合纵的人，想联合天下各诸侯国的部队，向他们阐明秦国如不削弱，各诸侯国就一定得灭亡的道理，他们想要向西进军来实现其愿望，这已不是一朝一夕的打算了。现在秦国抛开赵国这个祸患，而要除掉如内臣一样的韩国，那么天下各诸侯国就明白赵国的合纵之计是必要的了。韩是个小国，却要应对来自四面的攻击，国君屈辱，臣下困苦，君臣上下患难与共已经很久了。韩国修筑了防御工事，警惕强敌的入侵，又有物资蓄积，筑了城墙，挖了护城河用以牢固防守。现在攻伐韩国，不能用一年时间就灭掉它。夺了一座城池就退兵的话，秦国的权势就会被天下各国所轻视，天下各国就会挫败秦军了。韩国如果背叛秦国，魏国就会响应它，赵国把齐国作为后援，这样一来，就等于用韩、魏两国帮助了赵国，并借齐国的力量来巩固了他们的合纵形势，从而与秦国争强，这是赵国的福气，却是秦国的祸患。进攻打击赵国而不能取胜，退回攻打韩国又不能占取，秦国的冲锋陷阵的精锐部队就

会苦于野战，负责运送粮草辎重的部队就会疲于内部的供给，那就是集合一群困苦病弱的人去对抗赵国、齐国两个万乘之国，而不是秦国灭亡韩国的本意。全都照贵国朝臣的计谋行事，秦国就一定会成为天下各诸侯国进攻的靶子了。陛下即使有金石一般的长寿，那兼并天下的日子也不能来临。

现在我的愚计主张，派遣人出使楚国，多用财物贿赂掌权的大臣，阐明赵国欺凌秦国的原委；再送人质去魏国媾和以安定他们的心，秦国就率韩伐赵，赵国即使与齐国结为一体，也不值得忧虑了。赵国、齐国两国的事处理完了，那么韩国只消发一纸文书就可平定了。这就是说，我方一举就使得赵、齐二国有灭亡的形势，而楚国、魏国也一定会自动臣服了。所以说，“兵器，是凶残的器械”，不可不审慎地对待它。用秦国同赵国抗衡，加上齐国与赵国联合，现在秦国又背弃韩国，而且没有用以坚定楚、魏两国亲秦政策的办法。一战而不胜，就会构成祸患。计谋，是决定事情成功的手段，不能不明察。韩国、秦国的强弱之争就决定于今年了，而且赵国与各诸侯国暗地里谋划很久了。如果一有军事行动就向诸侯们暴露出弱点来，那是危险的事；做一件事而使诸侯们产生攻伐我方的想法，那是最危险的。出现这两样疏失，不能表明在诸侯们面前是强大的。我私下希望陛下好好考虑我的建议。攻伐韩国而使秦国的这个同盟分离背叛，后悔也来不及了。

评点 

此篇是韩非上秦王书。秦王政十四年，即韩王安六年(公元前233年)，秦国进攻韩国，大兵压境，形势危急，韩国派遣韩非出使秦国。韩非抵秦即上此书，旨在劝说秦王攻赵，以缓伐韩之师，故篇名题为“存韩”。《存韩》篇原文共有三部分，第一部分为韩非上秦王书，第二部分为李斯上秦王书，第三部分为李斯上韩王书。因后两部分并非韩非手笔，当是后世编辑《韩非子》者所增益，故不录。

“存韩”，即“使韩国存在下来”，也就是不要出兵伐韩的意思。文章首言“韩事秦三十余年”，是秦国的捍卫者、承奉者，秦国放下它的大敌赵国而进攻韩国是失策之举；次言韩国也未可轻易被攻取，反倒会让秦国冲锋陷阵的精锐部队苦于野战难以自拔；最后以力劝秦国攻赵作结。文章从秦国的切身利益着想，认为秦国伐韩，非但不能取胜，反而会向天下诸侯示弱，从而暴露出秦国的不足，给它自身带来危险。

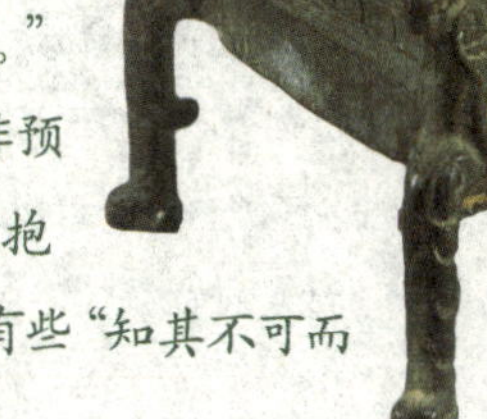

韩非的“存韩”之策，由于李斯的暗中阻挠、设置障碍而未被秦王政采纳。不久，韩非于狱中自杀，韩国也旋即灭亡。韩非在《亡征》一文中断言：“万乘之主有能服术行法以为亡征之君风雨者，其兼天下不难矣。”秦的统一天下，似早在韩非预料之中；那么，韩非当初所抱的救韩图存的心理，真是有些“知其不可而为之”的味道呢！

难言

臣非非难言也，所以难言者：言顺比滑泽，洋洋纚纚然，则见以为华而不实。敦祗恭厚，鲠固慎完，则见以为掘而不伦。多言繁称，连类比物，则见以为虚而无用。总微说约，径省而不饰，则见以为刿而不辩。激急亲近，探知人情，则见以为谮而不让。闳大广博，妙远不测，则见以为夸而无用。家计小谈，以具数言，则见以为陋。言而近世，辞不悖逆，则见以为贪生而谀上。言而远俗，诡躁人间，则见以为诞。捷敏辩给，繁于文采，则见以为史。殊释文学，以质信言，则见以为鄙。时称诗书，道法往古，则见以为诵。此臣非之所以难言而重患也。

故度量虽正，未必听也；义理虽全，未必用也。大王若以此不信，则小者以为毁訾诽谤，大者患祸灾害死亡及其身。故子胥善谋而吴戮之，仲尼善说而匡围之，管夷吾实贤而鲁囚之。故此三大夫岂不贤哉？而三君不明也。上古有汤，至圣也；伊尹，至智也。夫至智说至圣，然且七十说而不受，身执鼎俎为庖宰，昵近习亲，而汤乃仅知其贤而用之。故曰："以至智说至圣，未必至而见受，伊尹说汤是也；以智说愚必不听，文王说纣是也。"故文王说纣，囚之；翼侯炙；鬼侯腊；比干剖心；梅伯醢；夷吾束缚，而曹羁奔陈；伯里子道乞；傅说转鬻；孙子膑脚于魏；吴起收泣于岸门，痛西河之为秦，卒枝解于楚；公叔痤言国器反为悖；公孙鞅奔秦；关龙逢斩；苌宏分胣；尹子阱于棘；司马子期死而浮于江；田明辜射；宓子贱、西门豹不斗而死人手；董安于死而陈于市；宰予不免于田常；范睢折胁于魏。此十数人者，皆世之仁贤忠良有道术之士也，不幸而遇悖乱暗惑之主而死。然则虽贤圣不能逃死亡避戮辱者何也？则愚者难说也，故君子难言也。且至言忤于耳而倒于心，非贤圣莫能听，愿大王孰察之也。

译文 

并不是臣韩非难于向国君进言，难于进言的原因在于：语言通顺美好流畅，洋洋洒洒，口若悬河，就被国君认为是华而不实；忠厚恭谨，耿直坚定，慎重完整，就被国君认为是笨拙，不伦不类；多说博引，连类比况，就被国君认为是空虚无用；概括得精微，论说得简赅，直截了当，用语简洁而不夸饰，就被国君认为是太露锋芒而缺乏辩才；激昂而切近要害，探知别人的隐情，就会被国君认为是毁谤而不谦让；宏大广博，幽远难测，就被国君认为是夸耀而无用；小议家中琐事，一件件地计数罗列，就被国君认为是粗陋；言谈贴近世俗，辞令不违事理，就被国君认为是贪图活命而阿谀君王。言谈远离世俗，怪异浮躁不合人世口味，就会被国君认为是荒诞不经；思维敏捷，辩说伶俐，文采繁复，就会被国君认为是华丽而不质朴；弃绝典章文籍，用质朴诚信的语言述说，就会被国君认为是粗鄙；不时称引《诗》、《书》，主张效法古代，就会被国君认为是死记硬背。这就是臣韩非难于进言而深重忧患的原因。

所以准则即使正确，国君未必听从；道理即使完美，国君未必采用。大王如果认为进言不可信，轻的就会被认为是诋毁诽谤，重

的就会祸患灾难临头以至丧命。因此伍子胥善于谋划而吴王杀害了他，孔子善于游说而匡地人围攻了他，管仲确实贤能而鲁国囚禁了他。那么这三个大夫难道不贤良吗?对待他们的那三国君主却是不明智的。上古有个商汤，是最圣明的；伊尹，是最聪明的。最聪明的伊尹去说服最圣明的商汤，尚且说服七十次也不接受，伊尹亲自带着鼎和砧板去当商汤的厨子，亲昵熟悉了，商汤才了解了他的贤能而任用了他。所以说："用最聪明的人去说服最圣明的人，不一定一说就被接受，伊尹说服商汤就是这样；用聪明的人去说服愚昧的人，一定不会听从，周文王说服商纣王就是这样。"因此周文王说服商纣王，商纣王囚禁了他；翼侯被火烤而死，鬼侯被杀并晒成肉干；比干被剖心而死；梅伯被剁成肉酱；管夷吾被捆绑起来；而曹羁出奔到陈国；百里奚沿街乞讨；傅说被一再转卖；孙膑在魏国受了膑刑；吴起在岸门抽泣流泪，为西河郡归于秦国而痛惜，最终在楚国受车裂之刑；公叔痤向梁惠王推荐治国人才反而被认为行为谬误，于是被推荐的公孙鞅投奔了秦国；关龙逄被斩杀，苌弘被裂腹刳肠；尹子被扔进满是荆棘的陷阱；司马子期被杀死，尸身在长江上漂浮；田明惨遭分尸；宓子贱、西门豹虽不与人斗殴，却死于别人之手；董安于被杀死，而尸身陈放集市里示众；宰予不免因跟田常作对而被杀；范雎在魏国被打断肋骨。这十多个人，都是世上仁德、贤能、忠信、善良而有才干的人，不幸遇到昏庸惑乱、不明事理的君主而被杀死。那么，即使是贤圣也不能逃离死亡躲避刑辱又是为什么呢?那就是说，愚昧的国君是难以说服的，所以君子难于进言。况且最有价值的话语是逆耳和不遂心意的，不是圣贤是不能听从的，希望大王详尽考察进言的事情。

评点

“难言”，指臣下向国君进言之难。本篇是韩非上韩王书，旨在使韩王明晓臣下进言之不易，从而审慎对待，广泛采纳谏言。文章先说进言之难的种种表现，指出君王往往肆意曲解进言之意，给臣下的忠言以“华而不实”、“掘而不伦”、“虚而无用”、“刿而不辩”等否定的评价。臣下的进言不被采纳，反而招致后患，轻者被认为是“毁訾诽谤”，重者则“患祸灾害死亡及其身”。接着，文章回顾历史，列举了许多忠良之士向君王进言而不被采纳，其中多数人惨遭不幸的事例，用以说明“至言忤于耳而倒于心，非贤圣莫能听”的道理，力劝韩王以史为鉴，广开言路。文章有理有据，雄辩恳切，具有较强的说服力。

爱臣

爱臣太亲，必危其身；人臣太贵，必易主位；主妾无等，必危嫡子；兄弟不服，必危社稷。臣闻千乘之君无备，必有百乘之臣在其侧，以徙其民而倾其国；万乘之君无备，必有千乘之家在其侧，以徙其威而倾其国。是以奸臣蕃息，主道衰亡。是故诸侯之博大，天子之害也；群臣之太富，君主之败也。将相之管主而隆国家，此君人者所外也。万物莫如身之至贵也，位之至尊也，主威之重，主势之隆也。此四美者不求诸外，不请于人，议之而得之矣。故曰人主不能用其富，则终于外也。此君人者之所识也。

昔者纣之亡，周之卑，皆从诸侯之博大也；晋之分也，齐之夺也，皆以群臣之太富也。夫燕、宋之所以弑其君者，皆以类也。故上比之殷、周，中比之燕、宋，莫不从此术也。是故明君之蓄其臣也，尽之以法，质之以备。故不赦死，不宥刑，赦死宥刑，是谓威淫，社稷将危，国家偏威。是故大臣之禄虽大，不得藉威城市；党与虽众，不得臣士卒。故人臣处国无私朝，居军无私交，其府库不得私贷于家，此明君之所以禁其邪。是故不得四从，不载奇兵；非传非遽，载奇兵革，罪死不赦。此明君之所以备不虞者也。

宠臣太亲近，一定会给国君自身带来危险；人臣太显贵，一定会取代国君的地位；王后与妃妾没有等差，一定会给嫡子带来危险；兄弟不顺服嫡子，一定会给国家带来危险。我听说，千乘之国的国君没有戒备，一定会有拥有百辆兵车的大臣在他身

边，夺走他的民众而颠覆他的国家；万乘之国的国君没有戒备，一定会有拥有千辆兵车的大夫在他身边，夺走他的权威而颠覆他的国家。因此奸臣势力发展起来，君主之道就要衰败。所以诸侯强大起来，是天子的祸害；群臣太富有，是国君衰败的表现。将相挟制君主而使私家兴旺发达，这是执政者要排斥的现象。世间万物，没有什么比身体更为宝贵，比地位更为尊严，比君主的权威更为显赫，比君主的势力更为隆盛。这四种美好的东西不能向外部寻求，不能向他人索取，国君的治国之道适宜就可以得到了。所以说，君主如果不能利用他的这四种财富，最终就会拒之身外。这是君主要牢记的。

从前商纣王灭亡，周王朝衰微，都是由诸侯的强大引起的；晋国被赵、魏、韩三家瓜分，齐国政权被田成子篡夺，都是由群臣太富有引起的。燕国、宋国发生臣杀君的事，也都是同类性质的。因此上比商、周，中比燕、宋，没有不是用这种方式篡位夺权的。所以明智的国君对待他的群臣，全都按法度办事，用防范措施端正他们。因此不赦免死罪，不施以减刑，赦死减刑，这叫做散失威严，国家将要危险，政权将要倾覆。因此，大臣的俸禄虽高，不能让他凭借城市扩充势力；党徒爪牙虽多，不能让他拥兵自重。因此大臣在国都供职不得私设朝会，在军队任职不得私自结交他国，他们的仓库里的财物不得私自借贷给别人，这是明智的国君禁止邪僻的措施。因此大臣出行，不允许有四匹马驾的车随从，车上不准载有任何武器；不是为了给国家传递紧急命令，车上却载有武器，就判处死刑而不予赦免。这就是明智的国君预防不测的办法。

评点

本篇题为"爱臣"，主旨并非陈说爱臣之道，不过是择取文章首句"爱臣太亲，必危其身"中"爱臣"一语为题目罢了。文章开宗明义，提出论点，即"爱臣太亲，必危其身；人臣太贵，必易主位；主妾无等，必危嫡子；兄弟不服，必危社稷"。接着指出，人君对身边的臣子不能不有所防备，这样才能保持自己的身贵、位尊、威重、势隆。文章又以史为鉴，分析了"纣之亡，周之卑"的原因，皆由于诸侯的强大；晋被三分、齐被篡夺以及燕、宋之君王被弑，也是朝臣势力膨胀的结果。文章认为，君王要想防止臣下篡弑，则必须"尽之以法，质之以备"，采取严酷无情的手段对付臣下的不轨行为。这些主张对维护高度的中央集权具有理论与实践意义。

主道

道者，万物之始，是非之纪也。是以明君守始以知万物之源，治纪以知善败之端。故虚静以待，令名自命也，令事自定也。虚则知实之情，静则知动者正。有言者自为名，有事者自为形，形名参同，君乃无事焉，归之其情。故曰：君无见其所欲，君见其所欲，臣自将雕琢；君无见其意，君见其意，臣将自表异。故曰："去好去恶，臣乃见素；去旧去智，臣乃自备。"故有智而不以虑，使万物知其处；有行而不以贤，观臣下之所因；有勇而不以怒，使君臣尽其武。是故去智而有明，去贤而有功，去勇而有强。群臣守职，百官有常，因能而使之，是谓习常。故曰：寂乎其无位而处，漻乎莫得其所。明君无为于上，群臣竦惧乎下。明君之道，使智者尽其虑而君因以断事，故君不穷于智；贤者敕其材，君因而任之，故君不穷于能；有功则君有其贤，有过则臣任其罪，故君不穷于名。是故不贤而为贤者师，不智而为智者正。臣有其劳，君有其成功，此之谓贤主之经也。

道在不可见，用在不可知。虚静无事，以暗见疵。见而不见，闻而不闻，知而不知。知其言以往，勿变勿更，以参合阅焉。官有一人，勿令通言，则万物皆尽。函掩其迹，匿其端，下不能原。去其智，绝其能，下不能意。保吾所以往而稽同之，谨执其柄而固握之。绝其望，破其意，毋使人欲之。不谨其闭，不固其门，虎乃将存。不慎其事，不掩其情，贼乃将生。弑其主，代其所，人莫不与，故谓之虎。处其主之侧，为奸臣，闻其主之忒，故谓之贼。散其党，收其余，闭其门，夺其辅，国乃无虎。大不可量，深不可测，同合刑名，审验法式，擅为者诛，国乃无贼。是故人主有五壅：臣闭其主曰壅，臣制财利曰壅，臣擅行令曰壅，臣得行义曰壅，臣得树人曰壅。臣闭其主则主失位，臣制财利则主失德，臣擅行令则主失制，臣得行义则主失明，臣得树人则主失党。此人主之所以独擅也，非人臣之所以得操也。

人主之道，静退以为宝。不自操事而知拙与巧，不自计虑而知福与咎。是以不言善应，不约而善增。言已应则执其契，事已增则操其符。符契之所合，赏罚之所生也。故群臣陈其言，君以其言授其事，事以责其功。功当其事，事当其言则赏；功不当其事，事不当其言则诛。明君之道，臣不陈言而不当。是故明君之行赏也，暧乎如时雨，百姓利其泽；其行罚也，畏乎如雷霆，神圣不能解也。故明君无偷赏，无赦罚。赏偷则功臣堕其业，赦罚则奸臣易为非。是故诚有功则虽疏贱必赏，诚有过则虽近爱必诛。近爱必诛，则疏贱者不怠，而近爱者不骄也。

译文

道，是万物的起源，是非的准绳。所以英明的国君把握起源而了解万物的由来，研究准绳而了解成败的端绪。因此采取虚无清静的姿态对待一切，让名称自己显示它的内容，让事情自己确定它的内涵。虚无就能了解真实的情形，清静就能了解行动的准则。有话要说的人自会命名，有事要办的人自会定形，形与名参验相合，国君就无事可做了，各种事物就回归到各自真实状态之中。因此说：国君不要显露他的愿望，国君显露他的愿望，臣子就会掩饰自己；国君不要

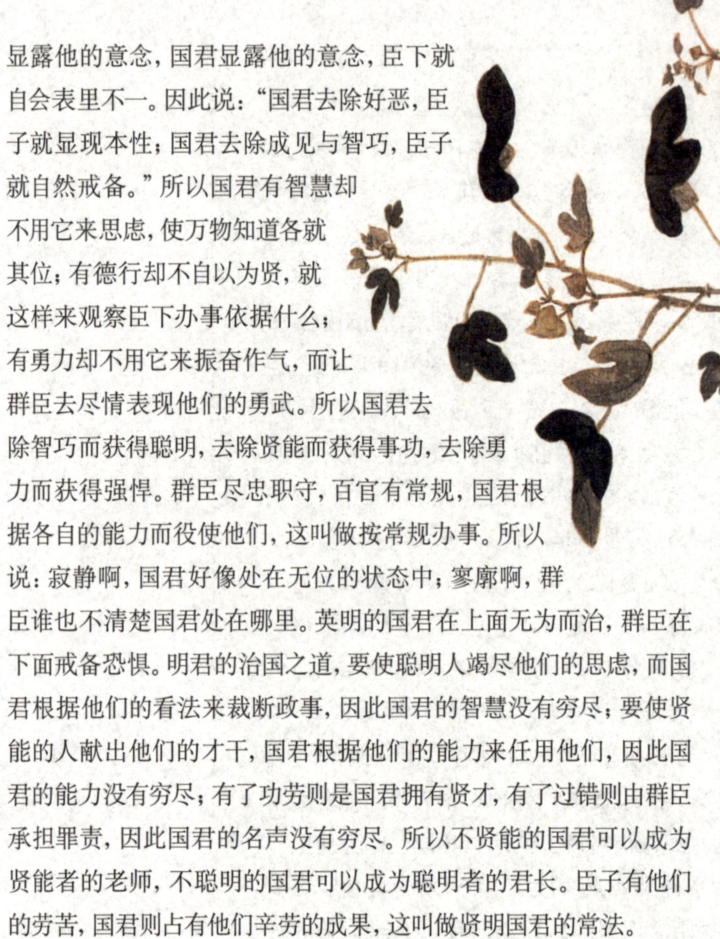

显露他的意念，国君显露他的意念，臣下就自会表里不一。因此说："国君去除好恶，臣子就显现本性；国君去除成见与智巧，臣子就自然戒备。"所以国君有智慧却不用它来思虑，使万物知道各就其位；有德行却不自以为贤，就这样来观察臣下办事依据什么；有勇力却不用它来振奋作气，而让群臣去尽情表现他们的勇武。所以国君去除智巧而获得聪明，去除贤能而获得事功，去除勇力而获得强悍。群臣尽忠职守，百官有常规，国君根据各自的能力而役使他们，这叫做按常规办事。所以说：寂静啊，国君好像处在无位的状态中；寥廓啊，群臣谁也不清楚国君处在哪里。英明的国君在上面无为而治，群臣在下面戒备恐惧。明君的治国之道，要使聪明人竭尽他们的思虑，而国君根据他们的看法来裁断政事，因此国君的智慧没有穷尽；要使贤能的人献出他们的才干，国君根据他们的能力来任用他们，因此国君的能力没有穷尽；有了功劳则是国君拥有贤才，有了过错则由群臣承担罪责，因此国君的名声没有穷尽。所以不贤能的国君可以成为贤能者的老师，不聪明的国君可以成为聪明者的君长。臣子有他们的劳苦，国君则占有他们辛劳的成果，这叫做贤明国君的常法。

为君之道在于使群臣不能窥见，君道的运用在于使群臣不能知晓。国君处于虚静无为状态中，从隐蔽的地方察看臣下的毛病。看见了如同没看见，听到了如同没听到，知晓了如同没知晓。知晓了臣下的言论以后，不去加以修正变更，以此来检验他们的言行是否一致。每个官职由一人担任，不要让官员们彼此沟通，这样一切事物会尽显真情。掩盖起行迹，藏匿起端绪，臣下就不能探查国君。国君去掉他的智慧，弃绝他的才能，臣下就不能臆测。国君保持所要达到的目标，从而去考核群臣，要谨慎地执掌权柄并牢固地握有它。杜绝臣下的奢望，破除臣下的意欲，不要让臣下贪欲君权。国君如果不谨慎关门，不加固门户，老虎就将会存在下来。不慎重处理政事，不掩饰自己的真情，逆贼就将会产生。逆贼杀害他们的国君，取代国君的地位，他们的同伙没有不参与的，因此称他们为老虎。这些人处在国君身边，充当奸臣，伺机钻国君的空子，因此称他们为贼。如果驱散逆贼的党羽，拘捕他们的残余，封闭他们的门户，夺走他们的辅翼，国家就没有老虎了。国君的统治术大到不可度量，深到不可测度，它使形与名两相符合，审查验证法律，擅自伪造法律的就杀掉，这样国内就没有逆贼。所以国君有五种壅塞：臣下对国君封锁消息叫壅塞，臣下控制了国君的财利叫壅塞，臣下擅自发号施令叫壅塞，臣下施惠邀买人心叫壅塞，臣下能够豢养私党叫壅塞。臣下对国君封锁消息，国君就失去了权位；臣下控制了国君的财利，国君就失去了恩德；臣下擅自发号施令，国君就失去了法制；臣下施惠邀买人心，国君就失去了英明；臣下能够豢养私党，国君就失去了属下。这就是让君主独断专权，而不能让臣下擅操权柄的原因所在。

君主之道，以虚静、谦退为法宝。不亲自操劳政事，而了解臣下办事是笨拙还是智巧；不亲自算计思虑，而了解臣下谋事是福还是祸。所以国君不言不语，臣下用好言好语来应答；国君不加约束，臣下办的好事增多。臣下已用语言应答，国君就掌握了日后查验的根据；臣下办的事增多，国君就掌握了日后查验的凭证。根据与凭证相符合，这是赏罚产生的由来。因此群臣陈说他们的言辞，国君根据他们的言辞交授给他们需处理的政事，又根据所办的政事责令他们做出成绩。成绩与所办的政事相符，政事与所陈言辞相符就奖赏；成绩与所办的政事不符，政事与所陈言辞不符就惩罚。英明国君的治国之道是，臣下不能陈述言辞而不恰当。所以，英明的国君行赏，如同雨露滋润，百姓得到他的恩泽；他行罚，如同雷霆震怖，神圣的人也不得豁免。因此，英明的国君不苟且行赏，不赦免刑罚。苟且行赏，功臣就会毁坏他的业绩；赦免刑罚，奸臣就容易为非作歹。所以，确实有功，即使是疏远卑贱的人，也一定要赏；确实有错，即使是亲近宠爱的人，也一定要罚。疏远卑贱的人一定要赏，亲近宠爱的人一定要罚，疏远卑贱的人就不会怠惰，而亲近宠爱的人也不会骄矜了。

评点 

“主道”，即人主之道，也就是做国君应遵循的基本原则。文章继承并改造了黄老学派的哲学思想，认为“道”是“万物之始”、“是非之纪”，即世间万物的本源和判断是非的标准。从这一学说出发，文章认为，作为一个“明君”，要想驾驭臣下并树立起自己的威严，就必须抱虚守静，处于无为状态，不要轻易表露见解与主张，以使臣下无法窥探国君的内心世界，时时处在诚惶诚恐之中，这样也就不可能阴谋篡弑了。

为了更有效地防止篡逆弑君，文章告诫君王：“道在不可见，用在不可知。虚静无事，以暗见疵。见而不见，闻而不闻，知而不知”，唯有如此，臣下才能产生对君王的神秘感，于是不敢轻举妄动。文章还认为，每种官职只需设置一名官员，且应使各官员之间勿通信息，这样，各种情况才能暴露出来。文章还把可能危及君王的臣比喻为“虎”，要求君王采取严酷措施对付这些“虎”一样的佞臣——“散其党，收其余，闭其门，夺其辅，国乃无虎”。文章提醒君王，要防止“五壅”，并一一陈述了“五壅”之害。篇末则反复强调君王独揽大权的重要性，君王必须“独擅”各种大权，而不能让臣下染指。君王应该采用刑名之术，在委派臣下时，应根据臣下所提出的主张来分派任务，并且要责求臣下做出相应的功效。臣下确实有过的，“虽近爱必诛”；臣下确实有功的，“虽疏贱必赏”。文章从多个方面宣扬了法家的“君道无为，臣道有为”的主张，反映了作者对理想的君臣关系的追求，从而体现了韩非有关治国的一些重要理念。

本篇虽为散文，但大部分语句用韵，且句式相对整饬，读起来富有音乐美感。

有度

国无常强，无常弱。奉法者强则国强，奉法者弱则国弱。荆庄王并国二十六，开地三千里，庄王之氓社稷也，而荆以亡。齐桓公并国三十，启地三千里，桓公之氓社稷也，而齐以亡。燕襄王以河为境，以蓟为国，袭涿方城，残齐，平中山，有燕者重，无燕者轻。襄王之氓社稷也，而燕以亡。魏安釐王攻赵救燕，取地河东；攻尽陶、魏之地；加兵于齐，私平陆之都；攻韩拔管，胜于淇下；睢阳之事，荆军老而走；蔡、召陵之事，荆军破；兵四布于天下，威行于冠带之国。安釐死而魏以亡。故有荆庄、齐桓公则荆、齐可以霸；有燕襄、魏安釐则燕、魏可以强。今皆亡国者，其群臣官吏皆务所以乱，而不务所以治也。其国乱弱矣，又皆释国法而私其外，则是负薪而救火也，乱弱甚矣。

故当今之时，能去私曲就公法者，民安而国治；能去私行行公法者，则兵强而敌弱。故审得失有法度之制者加以群臣之上，则主不可欺以诈伪；审得失有权衡之称者以听远事，则主不可欺以天下之轻重。今若以誉进能，则臣离上而下比周；若以党举官，则民务交而不求用于法。故官之失能者其国乱。以誉为赏，以毁为罚也，则好赏恶罚之人释公行，行私术，比周以相为也。忘主外交，以进其与，则其下所以为上者薄矣。交众与多，外内朋党，虽有大过，其蔽多矣。故忠臣危死于非罪，奸邪之臣安利于无功。忠臣之所以危死而不以其罪，则良臣伏矣；奸邪之臣安利不以功，则奸臣进矣，此亡之本也。若是，则群臣废法而行私重，轻公法矣。数至能人之门，不壹至主之廷；百虑私家之便，不壹图主之国。属数虽多，非所以尊君也；百官备具，非所以任国也。然则主有人主之名，而实托于群臣之家也。故臣曰：亡国之廷无人焉。廷无人者，非朝廷之衰也。家务相益，不务厚国；大臣务相尊，而不务尊君；小臣奉禄养交，不以官为事。此其所以然者，由主之不上断于法，而信下为之也。故明主使法择人，不自举也；使法量功，不自度也。能者不可弊，败者不可饰，誉者不能进，非者弗能退，则君臣之间明辩而易治，故主仇法则可也。

贤者之为人臣，北面委质，无有二心。朝廷不敢辞贱，军旅不敢辞难。顺上之为，从主之法，虚心以待令，而无是非也。故有口不以私言，有目不以私视，而上尽制之。为人臣者，譬之若手，上以修头，下以修足；清暖寒热，不得不救入，镆铘傅体，不敢弗搏。无私贤哲之臣，无私事能之士。故民不越乡而交，无百里之戚。贵贱不相逾，愚智提衡而立，治之至也。今夫轻爵禄，易去亡，以择其主，臣不谓廉。诈说逆法，倍主强谏，臣不谓忠。行惠施利，收下为名，臣不谓仁。离俗隐居，而以作非上，臣不谓义。外使诸侯，内耗其国，伺其危险之陂以恐其主，曰"交非我不亲，怨非我不解"，而主乃信之，以国听之，卑主之名以显其身，毁国之厚以利其家，臣不谓智。此数物者，险世之说也，而先王之法所简也。先王之法曰："臣毋或作威，毋或作利，从王之指；毋或作恶，从王之路。"古者世治之民，奉公法，废私术，专意一行，具以待任。

夫为人主而身察百官，则日不足，力不给。且上用目则下饰观，上用耳则下饰声，上用虑则下繁辞。先王以三者为不足，故舍己能而因法数，审赏罚。先王之所守要，故法省而不侵。独制四海之内，聪智不得用其诈，阴躁不得关其佞，奸邪无所依。远在千里外，不敢易其辞；势在郎中，不敢蔽善饰非。朝廷群下直凑单微，不敢相逾越。故治不足而日有余，上之任势使然也。

夫人臣之侵其主也，如地形焉，即渐以往，使人主失端，东西易面而不自知。故先王立司南以端朝夕。故明主使其群臣不游意于法之外，不为惠于法之内，动无非法。法所以凌过游外私也，严刑所以遂令惩下也。威不贷错，制不共门。威制共则众邪彰矣。法不信则君行危矣，刑不断则邪不胜矣。故曰：巧匠目意中绳，然必先以规矩为度；上智捷举中事，必以先王之法为比。故绳直而枉木斫，准夷而高科削，权衡县而重益轻，斗石设而多益少。故以法治国，举措而已矣。法不阿贵，绳不挠曲。法之所加，智者弗能辞，勇者弗敢争。刑过不避大臣，赏善不遗匹夫。故矫上之失，诘下之邪，治乱决缪，绌羡齐非，一民之轨，莫如法。属官威民，退淫殆，止诈伪，莫如刑。刑重则不敢以贵易贱，法审则上尊而不侵。上尊而不侵，则主强而守要，故先王贵之而传之。人主释法用私，则上下不别矣。

译文

国家不可能永远是强国，也不可能永远是弱国。执法的官吏坚强国家就强大，执法的官吏软弱国家就弱小。楚庄王并吞小国二十六个，开拓疆土三千里，庄王弃国而死，楚国因此衰亡。齐桓公并吞小国三十个，开辟疆土三千里，桓公弃国而死，齐国因此衰亡。燕昭襄王以黄河为国界，以蓟邑为都城，外接涿邑、方城，大败齐国，扫平中山国，有燕国支持的国家就被重视，没有燕国支持的国家就被轻视。昭襄王弃国而死，燕国因此衰亡。魏安釐王攻打燕国，援救赵国，收复黄河以东的失地；全部攻占了定陶、卫国的土地；对齐国兴兵，把平陆据为自己的都邑；进攻韩国，拿下管邑，在淇水下游获胜；睢阳之役，楚国军队因战期

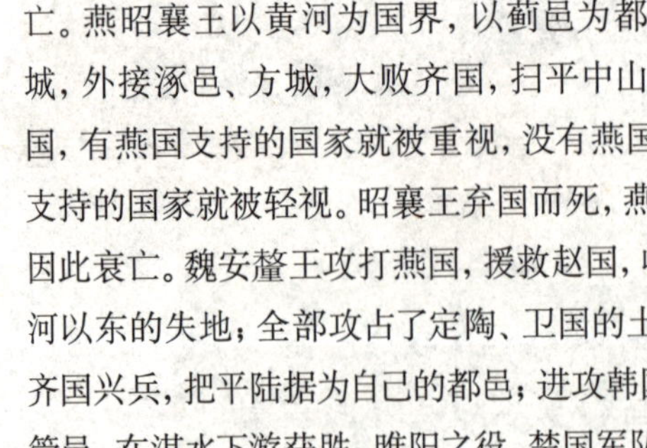

太久军心涣散而逃跑；上蔡、召陵之役，楚军战败；魏国军队遍布天下，威震中原文化发达的各国。安釐王死后魏国因此衰亡。所以，有楚庄王、齐桓公，楚国、齐国就可以称霸；有燕昭襄王、魏安釐王，燕国、魏国就可以逞强。现在它们都衰亡了，这是因为它们的群臣官吏都致力于干乱国的事，而不致力于寻求治国的措施。它们的国家已经混乱衰弱了，又都抛弃国法而于法度之外谋私，这如同背着柴草去救火一样，混乱衰弱会更为严重了。

所以在当今时代，能够弃绝偏邪而奉行公法的，人民就安居乐业，国家就得以治理；能够弃绝谋私行为而奉公守法的，军队就会强大，敌国就会削弱。因此，把能够审察得失，订有法度之制的人的地位放在群臣之上，那就不可用狡诈虚伪的行为来欺骗君主了。用能够审察得失，具有称量事物的权衡的人来判断大事，那就不可用颠倒轻重的行为来欺骗君主了。现在如果根据虚名来推荐能人，群臣就会背离国君而在下面结成私党；如果根据宗派关系推举官吏，民众就会致力于私交而不求按法度行事。所以官员无能，国家就会混乱。如果根据虚名行赏，根据谤言行罚，那么，好赏恶罚的人就会放弃奉公行为，干起营私的勾当，结成私党狼狈为奸。他们忘掉国君，私结党羽，以便进用同伙，那么他们的下属能替国君办的事就很少了。他们交游广阔，党羽众多，内外勾结形成朋党，即使有了大过，国君也多被蒙蔽而无从知道了。因此，忠臣无罪而遭到危难面临死亡，奸臣无功而安然获利。忠臣遭到危难面临死亡而不是因为有罪，忠良之臣就只好隐伏了；奸臣安然获利而不是因为有功，奸臣就会进用于朝廷了。这就是国家灭亡的根本原因。像这样，群臣就会废弃法度而重视个人权势，轻视国法了。他们屡次登临废公重私的能人的家门，一次也不到君主的朝廷上来；上百次地考察个人的私利，一次也不替君王的国家着想。属下人数虽多，却不是用以尊奉国君的；百官虽然齐备，却不是用以为国任职的。这就是说，君主虽有君主的名义，而实际上依托着群臣的私家权势。所以我说：要灭亡的国家的朝廷上没有治国的人。朝廷上没有治国的人，并非是朝廷上官员减少了。官员的私家专务互相增益财富，而不务使国家富足；大臣们专务互相抬高势位，而不务尊奉国君；小臣们用俸禄豢养私交，而不把官职当回事。形成这样局面的原因，是由于君主在上面不能以法决断，而轻信臣下任其所为。因此，英明的君主运用法度选择人才，而不用私意推举；运用法度估量臣下的功劳，而不用私意测度。贤能有为的人不被埋没，为非作歹的人不能掩饰，徒有虚名的人不能进用，枉遭诽谤的人不能斥退。这样，群臣之间是非明辨，朝政也容易治理，因此君主只要校定法律就行了。

贤能的人做人臣，面向北，朝着君王献上见面礼之后，就不再有二心。在朝廷里，不敢推卸卑贱的差事；在军旅中，不敢推卸危难的任务。顺从国君的行为，遵从君主的法度，虚心等待国君的命令，而不加是非评断。所以，有口不为私利说话，有眼不为私事察看，而由国君完全控制着它们。做人臣的，好比是手，向上可用它修饰头，向下可用它修饰脚；凉暖寒热侵袭人身时，不得不用手遮护；宝剑袭击人身时，不得不用手搏击。不要偏爱能干而聪明的臣子，不要偏爱智能之士。所以民众不跨越乡界去交游，没有百里奔波的忧劳。

地位高贵与地位卑贱的人都不超越自己的职分，愚蠢的人和聪明的人在法度面前平等处世，这是国家大治的最高境界了。当今那种轻视爵位俸禄，轻易去国流亡而选择主子的行为，我不认为是廉正。那种诈伪善辩，背离法度，逆着君王意志而强行劝谏的行为，我不认为是忠。那种施布小恩小惠，邀买人心抬高声望的行为，我不认为是仁。那种离群索居而用欺诈手段诽谤国君的行为，我不认为是义。在外与各诸侯交结，在内消耗自己国家的财富，趁国家危难之际来恐吓国君说："外交，除非我去办不能亲睦；仇怨，除非我出马不能化解。"而国君就听信了他，把国事交他去执掌，这种降低国君声誉用以显耀自身，损毁国家财富而谋取私家之利的行为，我不认为是智。

这几种行为，是危乱的社会所喜欢的，而是先王的法度所轻贱的。先王的法度说："臣子不要逞威，不要谋取私利，要遵从国君的旨意；不要作恶，要遵循国君指的正路而行。"古时候天下大治时的民众，奉公守法，弃绝谋私手段，一心一意地行事，完全等候国君的任用。

做国君的而要亲自来考察百官，时间就不会够用，精力就会不足。况且，国君用眼睛观察，臣下就会装饰外观；国君用耳朵听闻，臣下就会花言巧语；国君用心去思考，臣下就会出语繁杂。先王认为用眼、耳、心三者还不足，所以放弃自己的官能而依据法术，明审赏罚。先王所坚守的是要领，所以法令简要而不被侵夺。独自控制着四海之内，聪明智慧的人不能施用他们的诈术，阴险急躁的人也不能施展他们谄媚的口才，奸邪的人就没有可依靠的了。远在千里之外，臣子不敢改换国君授予的言辞；处在势要的郎中的官职上，也不敢隐瞒别人的好事，掩饰自己的过错。朝廷的群臣都直接向国君奉献绵薄之力，而不敢互相超越职分。因此国君费力不多而时间有余，这是国君运用权势的结果。

臣下侵害他们的君主，如同走路一般，是逐渐越走越远的，使得君主失去头绪，东西改变了方向自己还不知道。因此先王竖起指南车来端正方向。所以英明的君主使他的群臣不去留意法度之外的事，不在法度之内另施私惠，举动没有违法行为。严峻的法律是用来遏止过错，消除营私舞弊的，严酷的刑罚是用来贯彻法律、惩治臣下的，威势不能君臣双方共同树立，政权不能君臣双方共同执掌。威势、政权君臣双方共有，大量的邪恶之事就会明目张胆地出现了。执法不讲诚信，君主的行动就危险了；行刑不果决，邪恶就不能制服了。所以说：巧匠目测，可以同绳一样平直，但一定得先以圆规、矩尺为测量的标准；有上等智慧的人敏捷的行动能把事情做得合适，但一定得以先王的法度为标准。因此，绳拉得直，弯曲的木料就被砍直了；水准仪放平，高出的土楞就被削平了；称重的天平悬了起来，就可以减重益轻使之平衡；斗、石设置了，就可以减多益少使容积相等。所以用法度治国，关键在于措施罢了。法度不偏袒地位显贵的人，绳墨不能迁就弯曲的物体。法度所施加的惩处，聪明的人不能辩白，勇敢的人不能抗争。惩罚过错，不回避大臣；奖赏善良，不遗忘匹夫。因此要矫正君王的过失，追究臣下的奸邪，治理纷乱，批判错误，裁减多余，整肃谬误，统一民众的行为规范，没有比法度更有效的了。要整肃官吏，威慑百姓，击退荒淫怠惰，制止狡诈虚伪，没有什么比刑罚更有效了。刑罚重，人们就不敢因地位高而轻贱比自己地位低的执法者，法度严明，君主就地位尊显而不被侵犯。君主地位尊显而不被侵犯，君主就强大，而且能把握治国的要领，因此先王看重法度并把它传下来。君主丢开法度而用私意治国，君臣上下就没有区别了。

评点

"有度"，指君王治国要有法度。本文共五段，首段开宗明义，揭示文章主旨，强调法度为治国之本。"奉法者强则国强，奉法者弱则国弱"，这是作者正面提出的基本论点，意在强调君王治国只有推行法治才可长治久安。文中引齐、楚、燕、赵、魏之事，以进而申足奉法则强盛，废法则衰弱的道理。历史上的许多君王，如楚庄王、齐桓公、燕襄王、魏安釐王等都曾先崛起而后衰亡，其原因在于"其群臣官吏皆务所以乱，而不务所以治"，又都背弃法度而里通外国，这犹如负薪救火，只能导致国家陷入更为严重的混乱之中。第二段言君王择人量功，必须一本之于法，即"去私曲就公法"，维护法度的尊严，这样才能杜绝臣下的营私舞弊行为。第三段言人臣应奉公法，废私求，一心一意事奉君王。为此，应力戒所谓"廉"、"忠"、"仁"、"义"、"智"之类的虚伪的夸谈。第四段言人主不必身察百官，只要任势因法，自可致治。末段言人主要坚决按照法令办事，做到"法不阿贵，绳不挠曲"，"刑过不避大臣，赏善不遗匹夫"。唯其如此，才能严厉打击奸臣的阴谋活动，保持"上尊而不侵"，"主强而守要"。

这篇文章不仅主旨鲜明，论证雄辩，而且对执法的一些具体措施与基本原则也做了较为详明的阐释，对于执政君王而言，无疑具有一定的可操作性。

二柄

明主之所导制其臣者，二柄而已矣。二柄者，刑、德也。何谓刑、德？曰：杀戮之谓刑，庆赏之谓德。为人臣者畏诛罚而利庆赏，故人主自用其刑、德，则群臣畏其威而归其利矣。故世之奸臣则不然，所恶则能得之其主而罪之，所爱则能得之其主而赏之。今人主非使赏罚之威利出于己也，听其臣而行其赏罚，则一国之人皆畏其臣而易其君，归其臣而去其君矣，此人主失刑、德之患也。夫虎之所以能服狗者，爪牙也。使虎释其爪牙而使狗用之，则虎反服狗矣。人主者，以刑、德制臣者也。今君人者释其刑、德而使臣用之，则君反制于臣矣。故田常上请爵禄而行之群臣，下大斗斛而施于百姓，此简公失德而田常用之也，故简公见弑。子罕谓宋君曰："夫庆赏赐予者，民之所喜也，君自行之；杀戮刑罚者，民之所恶也，臣请当之。"于是宋君失刑而子罕用之，故宋君见劫。田常徒用德而简公弑，子罕徒用刑而宋君劫。故今世为人臣者兼刑、德而用之，则是世主之危甚于简公、宋君也，故劫杀拥蔽。人主兼失刑、德而使臣用之而不危亡者，则未尝有也。

人主将欲禁奸，则审合形名，形名者，言与事也。为人臣者陈而言，君以其言授之事，专以其事责其功。功当其事，事当其言则赏；功不当其事，事不当其言则罚。故群臣其言大而功小者则罚，非罚小功也，罚功不当名也。群臣其言小而功大者亦罚，非不说于大功也，以为不当名也，害甚于有大功，故罚。昔者韩昭侯醉而寝，典冠者见君之寒也，故加衣于君之上。觉寝而说，问左右曰："谁加衣者？"左右对曰："典冠。"君因兼罪典衣与典冠。其罪典衣，以为失其事也；其罪典冠，以为越其职也。非不恶寒也，以为侵官之害甚于寒。故明主之畜臣，臣不得越官而有功，不得陈言而不当。越官则死，不当则罪。守业其官，所言者贞也，则群臣不得朋党相为矣。

人主有二患：任贤，则臣将乘于贤以劫其君；妄举，则事沮不胜。故人主好贤，则群臣饰行以要君欲，则是群臣之情不效。群臣之情不效，则人主无以异其臣矣。故越王好勇，而民多轻死；楚灵王好细腰，而国中多饿人；齐桓公妒而好内，故竖刁自宫以治内；桓公好味，易牙蒸其子首而进之；燕子哙好贤，故子之明不受国。故君见恶则群臣匿端，君见好则群臣诬能。人主欲见，则群臣之情态得其资矣。故子之托于贤以夺其君者也，竖刁、易牙因君之欲以侵其君者也。其卒子哙以乱死，桓公虫流出户而不葬。此其故何也？人君以情借臣之患也。人臣之情，非必能爱其君也，为重利之故也。今人主不掩其情，不匿其端，而使人臣有缘以侵其主，则群臣为子之、田常不难矣。故曰："去好去恶，群臣见素。"群臣见素，则大君不蔽矣。

译文 

英明的君主用来控制臣下的，不过两种权柄而已。这两种权柄，就是刑、德。什么叫刑、德？回答是：杀戮叫做刑，赏赐叫做德。做人臣的害怕刑罚而贪图赏赐，因此君主亲自施用他的刑、德，群臣就害怕他的权威而向往他的好处了。然而世上的奸臣却不这样，他们对所厌恶的人，就利用从君主那里得到的权力来惩处他；对他们所喜欢的人，就利用从君主那里得到的权力来奖赏他。现在君主如果不使赏罚的恩威出自本身，任凭他的臣下去施行赏罚，全国的人们就都会害怕他的臣下而简慢国君，归附于臣下而背离国君了。这是君主失去刑、德控制权而造成的祸患。老虎能制服狗的原因，在于有利爪尖牙。假如让老虎放弃它的利爪尖牙而让狗来使用它，老虎就反过来被狗制服了。君主是用刑、德来制服臣下的。现在如果让君主放弃他的刑、德而让臣下使用它，君主就反过来被臣下控制了。所以田常向君上请求来爵位俸禄而施给群臣，对下面用大斗斛向百姓施恩，这样，齐简公失去了德这个权柄而田常却利用了它，因此齐简公被杀掉。子罕对宋国国君桓侯说：“奖赏赐予，是民众所喜欢的，您自己去施行；杀戮刑罚，是民众所厌恶的，我请求让我主持。”于是宋国国君失去了刑这个权柄而子罕却利用了它，因此宋国国君被劫杀。田常只用德这个权柄，而齐简公被杀害；子罕只用刑这个权柄，而宋国国君被劫杀。因此，现在世上的做臣下的如果刑、德两种权柄同时使用，那么当代君主的危险就超过了齐简公和宋桓侯了，所以他们遭劫杀被蒙蔽。君主同时失去刑、德这两个权柄而让臣下利用了它却不危亡的，那是不曾有过的。

君主想要禁绝奸邪，就要审慎地验证形与名的关系，形与名指的是言论与事实。作为人臣的陈述他的言论，国君依据他的言论交授给他政事，专门依据他承担的政事责成他取得功效。功效与政事相当，政事与言论相当，就奖赏；功效与政事不相当，政事与言论不相当，就惩罚。所以群臣中有口出大言而功效甚微的就惩罚，并不是惩罚他的功效小，而是惩罚他的功效与言论不相当；群臣中有口出微言而功效大的也要惩罚，并不是不喜欢他取得了大功效，而是因为功效与言论不相当，其害处超过了取得大功效，因此要惩罚。从前，韩昭侯醉酒而睡，掌管帽子的小吏见君王寒冷，就把衣服加盖在君王身上，韩昭侯睡醒后很高兴，问身边的侍从说：“谁给我加盖的衣服？”身边的侍从回答说：“掌管帽子的。”国君于是同时处罚了掌管衣服的和掌管帽子的小吏。处罚掌管衣服的小吏，是因为他失职；处罚掌管帽子的小吏，是因为他越职。国君并不是不讨厌寒冷，而是因为侵越官职的危害超过了寒冷。所以英明的君主牧养群臣，群臣不得超越官职而立功，不得陈述言论而不恰当。超越官职就处死罪，言论不当就要责罚。大小官员各守其职，所说的话忠贞，群臣就不能相互结成朋党了。

君主有两种忧患：如果任用贤人，臣子就会靠自己的贤能来劫持国君；如果胡乱地举荐，政事就会败坏而不能成功。所以君主喜好贤人，群臣就伪装自己的行为以求得国君的欢心，这样群臣的真情就不会显露。群臣的真情不显露，君主就无法区别群臣的好坏了。因此，越王勾践喜欢勇悍，民众就多有不怕死的；楚灵王喜欢细腰，楚国就有很多饿着自己的人；齐桓公妒忌而好色，所以竖刁就阉割了自己为他治理宫内事务；齐桓公嗜好美味，易牙就把自己儿子的脑袋蒸熟

献给他；燕王子哙喜欢贤人，因此子之公开表示不接受君权。所以国君表露出自己讨厌什么，群臣就会隐匿事端；国君表露出自己爱好什么，群臣就谎称自己有本事来满足国君。君主的欲望显露，群臣的情态就借助着它表现出来了。因此子之假托贤人之名而夺了君位，竖刁、易牙迎合君主的欲望而侵害了君主。到头来，燕王子哙因动乱而死，齐桓公死后，尸蛆爬到门外而不能安葬。这是什么原因呢？这是君主的情感外露而被群臣利用而造成的祸患。人臣的真情，不一定是爱他的国君的，而是因为看重利益的缘故。现在君主不掩饰他的真情，不藏匿事端，而让臣下有机缘来侵害他们的君主，那么群臣成为子之、田常也就不难了。所以说："国君去除好恶，群臣就现出本相。"群臣现出本相，君主就不会被蒙蔽了。

评点

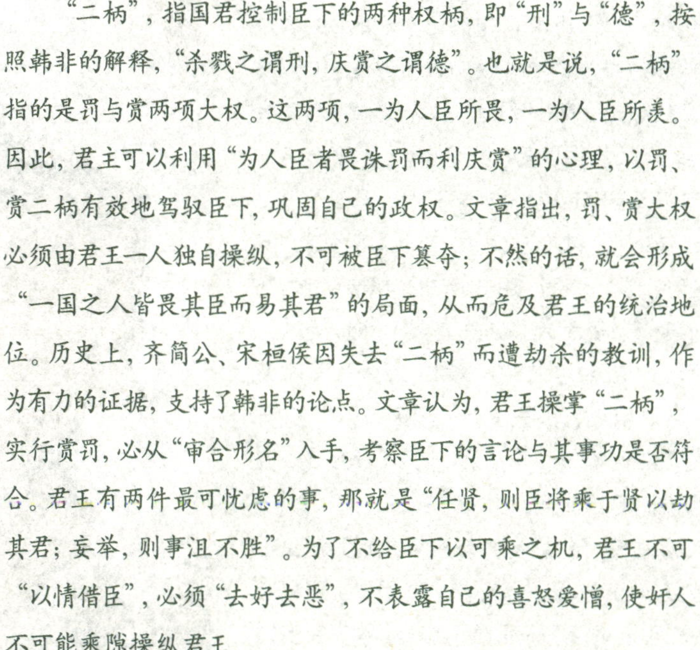

"二柄"，指国君控制臣下的两种权柄，即"刑"与"德"，按照韩非的解释，"杀戮之谓刑，庆赏之谓德"。也就是说，"二柄"指的是罚与赏两项大权。这两项，一为人臣所畏，一为人臣所羡。因此，君主可以利用"为人臣者畏诛罚而利庆赏"的心理，以罚、赏二柄有效地驾驭臣下，巩固自己的政权。文章指出，罚、赏大权必须由君王一人独自操纵，不可被臣下篡夺；不然的话，就会形成"一国之人皆畏其臣而易其君"的局面，从而危及君王的统治地位。历史上，齐简公、宋桓侯因失去"二柄"而遭劫杀的教训，作为有力的证据，支持了韩非的论点。文章认为，君王操掌"二柄"，实行赏罚，必从"审合形名"入手，考察臣下的言论与其事功是否符合。君王有两件最可忧虑的事，那就是"任贤，则臣将乘于贤以劫其君；妄举，则事沮不胜"。为了不给臣下以可乘之机，君王不可"以情借臣"，必须"去好去恶"，不表露自己的喜怒爱憎，使奸人不可能乘隙操纵君王。

这篇文章围绕"二柄"这一命题着重论述了君王统治的一些策略问题，并深入探讨了处理君臣关系的某些重要原则。

层次分明，观点明晰，辞达意畅，当止则止，行文紧凑，不粘不绕，这些特色使文章的主旨得到了完美的展现。

扬权

天有大命，人有大命。夫香美脆味，厚酒肥肉，甘口而病形；曼理皓齿，说情而捐精。故去甚去泰，身乃无害。权不欲见，素无为也。事在四方，要在中央。圣人执要，四方来效。虚而待之，彼自以之。四海既藏，道阴见阳。左右既立，开门而当。勿变勿易，与二俱行，行之不已，是谓履理也。

夫物者有所宜，材者有所施，各处其宜，故上下无为。使鸡司夜，令狸执鼠，皆用其能，上乃无事。上有所长，事乃不方。矜而好能，下之所欺。辩惠好生，下因其材。上下易用，国故不治。用一之道，以名为首。名正物定，名倚物徙。故圣人执一以静，使名自命，令事自定。不见其采，下故素正。因而任之，使自事之。因而予之，彼将自举之。正与处之，使皆自定之。上以名举之，不知其名，复修其形。形名参同，用其所生。二者诚信，下乃贡情。谨修所事，待命于天。毋失其要，乃为圣人。圣人之道，去智与巧，智巧不去，难以为常。民人用之，其身多殃；主上用之，其国危亡。因天之道，反形之理，督参鞠之，终则有始。虚以静后，未尝用己。凡上之患，必同其端。信而勿同，万民一从。

夫道者弘大而无形，德者核理而普至。至于群生斟酌用之，万物皆盛而不与其宁。道者下周于事，因稽而命，与时生死。参名异事，通一同情。故曰：道不同于万物，德不同阴阳，衡不同于轻重，绳不同于出入，和不同于燥湿，君不同于群臣。凡此六者，道之出也。道无双，故曰一。是故明君贵独道之容。君臣不同道，下以名祷，君操其名，臣效其形，形名参同，上下和调也。

凡听之道，以其所出，反以为之入。故审名以定位，明分以辩类。听言之道，溶若甚醉，唇乎齿乎，吾不为始乎，齿乎唇乎，愈惛惛乎。彼自离之，吾因以知之。是非辐凑，上不与构。虚静无为，道之情也；参伍比物，事之形也。参之以比物，伍之以合虚。根干不革，则动泄不失矣。动之溶之，无为而改之。喜之则多事，恶之则生怨。故去喜去恶，虚心以为道舍。上不与共之，民乃宠之；上不与义之，使独为之。上固闭内扃，从室视庭，参咫尺已具，皆之其处。以赏者赏，以刑者刑，因其所为，各以自成。善恶必及，孰敢不信!规矩既设，三隅乃列。

主上不神，下将有因；其事不当，下考其常。若天若地，是谓累解。若地若天，孰疏孰亲?能象天地，是谓圣人。欲治其内，置而勿亲；欲治其外，官置一人，不使自恣，安得移并?大臣之门，唯恐多人。凡治之极，下不能得。周合刑名，民乃守职。去此更求，是谓大惑，猾民愈众，奸邪满侧。故曰：毋富人而贷焉，毋贵人而逼焉，毋专信一人而失其都国焉。腓大于股，难以趣走。主失其神，虎随其后。主上不知，虎将为狗。主不早止，狗益无已。虎成其群，以弑其母。为主而无臣，奚国之有?主施其法，大虎将怯；主施其刑，大虎自宁。法刑苟信，虎化为人，复反其真。

欲为其国，必伐其聚，不伐其聚，彼将聚众。欲为其地，必适其赐，不适其赐，乱人求益。彼求我予，假仇人斧；假之不可，彼将用之以伐我。黄帝有言曰：“上下一日百战。”下匿其私，用试其上；上操度量，以割其下。故度量之立，主之宝也；党与之具，臣之宝也。臣之所不弑其君者，党与不具也。故上失扶寸，下得寻常。有国之君，不大其都。有道之臣，不贵其家。有道之君，不贵其臣。贵之富之，备将代之。备危恐殆，急置太子，祸乃无从起。内索出圉，必身自执其度量。厚者亏之，薄者靡之。亏靡有量，毋使民比周，同欺其上。亏之若月，靡之若热。简令谨诛，必尽其罚。

毋弛而弓，一栖两雄。一栖两雄，其斗㘖㘖。豺狼在牢，其羊不繁。一家二贵，事乃无功。夫妻持政，子无适从。为人君者，数披其木，毋使木枝扶疏。木枝扶疏，将塞公闾，私门将实，公庭将虚，主将壅围。数披其木，无使木枝外拒。木枝外拒，将逼主处。数披其木，毋使枝大本小。枝大本小，将不胜春风，不胜春风，枝将害心。公子既众，宗室忧吟。止之之道，数披其木，毋使枝茂。木数披，党与乃离。掘其根本，木乃不神。填其汹渊，毋使水清。探其怀，夺之威。主上用之，若电若雷。

译文

自然界有规律，人类社会也有规律。香脆的美味，浓酒肥肉，吃着可口而损害身体；细腻的肌理，洁白的牙齿，娱悦性情而损耗精力。因此摒弃享乐与奢侈，身体才会无害。君权不要显露出来，做到本然无为。政事由四方臣民去办，大权集中于中央朝廷。圣人执掌着权力枢纽，四方臣民就都来效力。虚静无为地对待臣民，他们自然会运用他们的力量。整个天下都藏在君王心中，所以君王能从隐微处观察到臣下明显的举动。身边的辅臣已经设立，对外办事就合适得当。不要变更不要改易，要顺应自然界与人类社会的规律，行而不止，这就叫实践了天与人的大道理。

凡是物都有它的适宜性，凡是才都有它的用处，当它们各自处在合宜的位置上时，君臣就可以无为而治了。让雄鸡报晓，让猫来捕鼠，都像这样各尽其能，君主就可无事了。君主表现出自己的优长，政事反而办得不相当。君主骄矜而逞能，是被臣下所欺的原因。君主善辩，要聪明而又任性，就会被臣下所利用。君主与臣下互换了地位，国家就因此不能治好。运用独一无二的道来治国，要把名称作为首要问题。名称端正后事物才确定，名称偏离了事物就不能确指。因此圣人用虚静的态度来贯彻独一无二的道，使名称自己来说明它的意思，使事物自己来确定它的本质。君主不显示自己的文采，臣下们就朴素而正直。君主依照臣下的才能而任用他们，使他们各自从事他们的专职。君主依照臣下的才能而授予官职，他们就会自动地兴举政事。君主正确地处理臣下的职守，使他们都自动地完成任务。君主根据名称来把握事物，如果不知道事物的名称，就反过来考察事物本身。事物与名称参证相合，那就采用它们所产生的结论。事物与名称二者都确实可信，臣下们才会贡献出他们的真实情况。谨慎地办好所从事的政务，来对待着规律的自然发展。不失去权力的枢纽，才可成为圣人。圣人的治国之道，在于去掉个人智巧，个人智巧不去掉，难以贯彻常法。民众运用了智巧，自身就会遭殃；君主运用智巧，他的国家就要危亡。依照自然界的规律，探究事物的道理，检验参证，穷根究底，一件事结束，另一件又开始。保持虚静甘于人后，从来也不主观行事。凡是君主的毛病，一定是赞同片面的观点。君主诚信地察验道理而不苟同片面观点，万民就会专心一致地服从君主。

道是宏大无形的，德是包含事理而无所不至的。至于一切生物，都是适当地采用了道与德而形成，道与德生成了万物却不同万物一起息止。道，在下面周遍地普及事物，依据考察的结果，确定事物的名称，万物随着时间的流逝而兴而灭。参验事物的名称，事物各有不同，但用道的根本来贯通万物，万物的实质却是相同的。因此说：道跟万物不相同，德跟阴阳不相同，衡器跟轻重不相同，绳墨跟曲直不相同，调音调的笙跟燥湿不相同，君主跟群臣不相同。凡此六种情况，都产生于道。道，举世无双，所以叫做“一”。因此，英明的君主珍视独一无二的道的样子。君主与臣下没有相同的道，臣下用言论来祈求君主，君主则掌握着那些言论，臣下们在行动上效力，等到行动与言论参验符合了，君主与臣下就调和一致了。

大凡听取言论的方法，要依照臣下所陈述的言论，反过来责求事功。因此，君主要审度臣下的进言来列定他们的官位，明辨他们的职分来分析他们工作的性质。听取进言的方法是，样子像是大醉了，臣下张唇启齿争相进言，我却不头一个开口，臣下们启齿张唇争相进言，我却更加糊涂了。他们自然要陈述言论，我因而知道了许多意见。意见无论是与非，都像车辐辏一样集中到君主心中，然而君主却不参与这个辐辏一般的结构。处于虚静无为的状态，这才显出道的真情；错杂地比较事物，这才显出事物的本质。要用比较的方法加以参验，用符合虚静的原则加以度量。根与干不发生变化，那么

去撼动也不会有损失了。君主使群臣运作起来，清静无为却改变了群臣。君主有所喜好，臣下就多事；君主有所憎恶，臣下就生怨。因此要去掉喜好、憎恶的感情，把虚静的心作为道的场所。君主不与臣下共同处理政事，民众就会爱戴他；君主不与臣下一起商议，要让臣下独立地操持政事。君主牢固地关了内户的门闩，从室内观察院子，一切近在咫尺，所处位置清清楚楚。该赏赐的就赏赐，该惩处的就惩处，根据他们行为而定，那是他们各自造成的后果。善有善报，恶有恶报，谁敢不诚实守信呢?画正方形用的圆规、矩尺已经备好，有了一条边，其他三边也就依次画出了。

君主不神秘，臣下就有所凭借而窥测君主；君主处理政事不当，臣下就会改变他们的常态。君主像天像地一样，这叫做解脱累赘。君主像地像天一样，那还疏远谁亲近谁?能像天地一样，这叫做圣人。想要治理君主的内宫，就设置管事的官员，但不要去亲近他；想要治理君主宫廷以外，就每个官职设置一人，别让他们各自放纵，那怎么会发生转移与兼并官职的事呢?大臣的门庭，只怕徒众太多。凡是治国的最高境界，在于使臣下不能获取私利。行动与言论完全符合，民众就会恪守职分。离开这种做法再去他求，这叫做糊涂透顶。刁猾的民众越多，奸邪之徒就会充斥君主身边。所以说：别使他人富有，而自己却向他借贷；别使他人显贵，而自己却被他威迫；别专门宠信一个人，而因此丧失都城与邦国。小腿肚子比大腿还粗，就难以快跑。君主失去神秘性，老虎就跟在他的身后。君主尚且不知内情，老虎将要伪装成狗。君主不早加遏止，狗的数量就有增无已。老虎成了一大群，就会杀掉他们的国君。作为君主却没有臣下，哪能还有国家?君主实施他的法律，大老虎将会害怕；君主实施他的刑罚，大老虎自然会安宁，法律与刑罚如果有信用，老虎就会变成人，又恢复人的本来面目。

要治理好国家，一定要诛伐聚众结党的人。不诛伐聚众结党的人，他们将会聚集更多的徒众。要治理好国土，一定要适度地实行赏赐；不适度地实行赏赐，作乱的人

就会要求得更多。他们要，我就给，这如同把斧子借给了仇敌；借给仇敌斧子是不行的，因为他将用斧子来砍我。黄帝有一句话说："君上与臣下一天交战百次。"臣下隐匿他们的私情，用以试探他们的君主；君主操持法度，用以制裁臣下。因此，法度的确立，是君主的法宝；朋党的形成，是臣下的法宝。臣下之所以不杀他们的国君，是因为朋党还没有结成。所以，君主失去的如扶、寸一样小，臣下获得的就如寻、常那样大。拥有国家的君王，不扩大他的都城。有道的臣下，不使自己的家显贵。有道的国君，不使自己的臣下显贵。使臣下显贵，使臣下富有，他们将会对君权取而代之。防备危亡恐戒险情，就要赶紧立太子，这样灾祸就无从发生。在宫廷内搜索，在宫廷外防患，国君一定得亲自掌握法度。富厚的使他变薄些，博大的使它变弱小。这种变薄变弱的过程要适度，不要使民众勾结起来，一同欺蒙君上。使之变薄如同月亮的圆缺一样渐进，使之变弱如同加热一样逐步升温。使法令简明，使诛罚严酷，一定要完整地执行刑罚。

不要松弛你的弓，一棵树上不要栖止两只雄鸟。一棵树上栖止两只雄鸟，它们就嗷嗷叫着斗个不停。豺狼在羊圈里，羊圈里的羊就不能繁衍。一家有两个地位高贵的人，事情就不能成功。夫妻共管家政，子女就无所适从。做人君的，要多次修剪树枝，不要使树木长得枝叶繁茂。树的枝叶繁茂，将会堵塞公门，私门得到充实，朝廷就会空虚，君主就将被壅蔽包围。多次地修剪树木的枝条，不要使树木的枝条向外伸展。树枝向外伸展，将会威胁君主的居处。多次地修剪树木的枝条，不要使树枝大树干小。树枝大树干小，将受不住春风的吹拂，受不住春风的吹拂，树枝将要损害树心。君主的儿子已经很多，宗室嫡长子为此忧叹哀吟。制止的措施，就是多次地修剪树枝，不要使枝条繁茂。树木多次剪枝，朋党就会分崩离析。掘出树根，树就失去生机。填上那汹涌的深渊，不要使水清得可以照人。探察他们的心怀，夺去他们的威势。君主利用这威势，如同闪电如同雷霆。

评点

“扬权”，即弘扬君权，君权至高无上的意思。本篇采用韵文形式来阐述“扬权”的命题，首先指出“天有大命，人有大命”，要求君主执政时做到“权不欲见，素无为也”，即清静无为，不露声色。这样，才能使群臣俯首听命，君主始终处于权力的核心地位。本篇认为，物各有所宜，如同鸡能司晨，狸能捕鼠一样。君主能使群臣各处其宜，就会使自己保持无为的本色。相反，如果上代下任，下操上权，国家就不得治理。本篇还从黄老学派的观点出发，对“道”的本质做了论述，指出“道者弘大而无形，德者核理而普至”；又从“道不同于万物”的前提中得出“君不同于群臣”的结论，为君主独揽大权做哲理上的论证。

在韩非看来，君主驾驭群臣，君权至高无上，这是天经地义的法则。君主的天职在于精通刑名之术，牢握赏罚权柄，严防臣下篡逆，巩固中央集权。“有道之君，不贵其臣”，君主大权一旦旁落，国家必将危殆。因此，君主对于那些图谋不轨的臣下，应该“探其怀，夺之威。主上用之，若电若雷”。

韩非的“扬权”的理论适应了当时历史条件下强化君权的社会需要。他心目中的理想君王是大权独揽，高踞于群臣之上的神秘莫测的法术之士。“主上不神，下将有因”，君主不神秘，臣下就有所凭借而窥测君主。韩非将君臣之间的矛盾与对立看得十分严重，因此在他的一些文章中一旦涉及这一问题，总是强调君主要对臣下加强控制和防范。

本文在写作方面颇重技巧。比如：为适应韵文形式的要求，大量采用春秋战国时代广为流行的四言句；虽为阐述事理的论说文字，却很重视运用形象的比喻，如“豺狼在牢，其羊不繁”，“木枝扶疏，将塞公闾”等等，都有以浅喻深，取近譬远的艺术效果。

八奸

凡人臣之所道成奸者有八术。一曰在同床。何谓同床?曰:贵夫人,爱孺子,便僻好色,此人主之所惑也。托于燕处之虞,乘醉饱之时,而求其所欲,此必听之术也。为人臣者内事之以金玉,使惑其主,此之谓"同床"。二曰在旁。何谓在旁?曰:优笑侏儒,左右近习,此人主未命而唯唯,未使而诺诺,先意承旨,观貌察色以先主心者也。此皆俱进俱退,皆应皆对,一辞同轨以移主心者也。为人臣者内事之以金玉玩好,外为之行不法,使之化其主,此之谓"在旁"。三曰父兄。何谓父兄?曰:侧室公子,人主之所亲爱也;大臣廷吏,人主之所与度计也,此皆尽力毕议,人主之所必听也。为人臣者事公子侧室以音声子女,收大臣廷吏以辞言,处约言事,事成,则进爵益禄以劝其心,使犯其主,此之谓"父兄"。四曰养殃。何谓养殃?曰:人主乐美宫室台池,好饰子女狗马以娱其心,此人主之殃也。为人臣者尽民力以美宫室台池,重赋敛以饰子女狗马,以娱其主而乱其心,从其所欲而树私利其间,此谓"养殃"。五曰民萌。何谓民萌?曰:为人臣者散公财以说民人,行小惠以取百姓,使朝廷市井皆劝誉己,以塞其主,而成其所欲,此之谓"民萌"。六曰流行。何谓流行?曰:人主者,固壅其言谈,希于听论议,易移以辩说。为人臣者求诸侯之辩士,养国中之能说者,使之以语其私,为巧文之言,流行之辞,示之以利势,惧之以患害,施属虚辞以坏其主,此之谓"流行"。七曰威强。何谓威强?曰:君人者,以群臣百姓为威强者也。群臣百姓之所善则君善之,非群臣百姓之所善则君不善之。为人臣者,聚带剑之客，养必死之士以彰其威，明为己者必利，不为己者必死，以恐其群臣百姓而行其私，此之谓“威强”。八曰四方。何谓四方?曰：君人者，国小则事大国，兵弱则畏强兵。大国之所索，小国必听；强兵之所加，弱兵必服。为人臣者重赋敛，尽府库，虚其国以事大国，而用其威求诱其君；甚者举兵以聚边境而制敛于内，薄者数内大使以震其君，使之恐惧，此之谓“四方”。凡此八者，人臣之所以道成奸，世主所以壅劫，失其所有也，不可不察焉。

明君之于内也，娱其色而不行其谒，不使私请。其于左右也，使其身必责其言，不使益辞。其于父兄大臣也，听其言也必使以罚任于后，不令妄举。其于观乐玩好也，必令之有所出，不使擅进，不使擅退，群臣虞其意。其于德施也，纵禁财，发坟仓，利于民者，必出于君，不使人臣私其德。其于说议也，称誉者所善，毁疵者所恶，必实其能，察其过，不使群臣相为语。其于勇力之士也，军旅之功无逾赏，邑斗之勇无赦罪，不使群臣行私财。其于诸侯之求索也，法则听之，不法则距之。所谓亡君者，非莫有其国也，而有之者皆非己有也。令臣以外为制于内，则是君人者亡也。听大国为救亡也，而亡亟于不听，故不听群臣。群臣知不听，则不外诸侯；诸侯之不听，则不受之臣诬其君矣。

明主之为官职爵禄也，所以进贤材，劝有功也。故曰：贤材者，处厚禄任大官；功大者，有尊爵受重赏。官贤者量其能，赋禄者称其功。是以贤者不诬能以事其主，有功者乐进其业，故事成功立。今则不然，不课贤不肖，论有功劳，用诸侯之重，听左右之谒，父兄大臣上请爵禄于上，而下卖之以收财利，及以树私党。故财利多者买官以为贵，有左右之交者请谒以成重。功劳之臣不论，官职之迁失谬。是以吏偷官而外交，弃事而财亲。是以贤者懈怠而不劝，有功者隳而简其业，此亡国之风也。

译文

凡是臣下酿成奸邪的有八种手段。一是“同床”。什么叫同床?回答说：尊贵的夫人，宠爱的美女，亲近狎昵的美色，这些人都是惑乱君主的。她们托身于君主安寝欢乐的后宫里，乘着君主酒醉饭饱之际，索求她们想得到的，这是使君主必然听从的手段。做人臣的，在宫内用金玉去巴结她们，使她们去迷惑君主，这就叫做“同床”。二是“在旁”。什么叫在旁?回答说：调笑的俳优、侏儒，身边的亲信侍从，这些人在君主还未下令时就“唯唯”地应答，在君主还未支使他们时就“诺诺”地回应，先于君主的旨意而按他的旨意行事，察言观色而先行把握了君主的心思。这些人都是共进共退，同应同对，异口同声，步调一致来改变君主的想法。做人臣子的在宫内用金玉玩好之物巴结他们，在宫外替他们干非法的勾当，以使他们渐渐地改变君主的思想，这就叫“在旁”。三是“父兄”。什么叫父兄?回答说：君主的叔伯及兄弟，他们是君主所亲近喜爱的；大臣及朝廷其他官吏，是君主与之一起商议政事的人，这些人都竭力参议政事，是君主所必然听从的。做人臣的用音乐、美女来巴结君主的叔伯、兄弟，用甜言蜜语去笼络大臣和朝廷其他官吏，平时约定谈事，事成后就提升爵位，增加俸禄，以此鼓励他们的野心，使他们去冒犯自己的君主，这就叫做“父兄”。四是“养殃”。什么叫做养殃?回答说：君主喜欢美化宫室台池，喜好修饰美女、狗马来开心，这是君主的祸殃。做人臣的竭尽百姓财力来美化宫室台池，加重赋敛来修饰美女、狗马，以此来讨君主欢心而惑乱他的思想，放纵君主的欲望而在其中牟取私利，这就叫做“养殃”。五是“民萌”。什么叫做民萌?回答说：做人臣的发散公家财物来取悦民众，施小恩小惠来争取百姓，使朝廷与民间都赞美称誉自己，以此壅塞君主而达成个人愿望，这就叫做“民萌”。六是“流行”。什么叫做流行?回答说：君主顽固地排斥舆论，很少听取议

论，这就容易被花言巧语迷惑而改变主张。做人臣的于是搜求各诸侯国中的辩士，豢养国中能说会道的人，让他们去向君王为自己言请私利，使用的是奸巧文饰的话语，流利顺畅的言辞，用利益与权势来引诱，用祸患与灾难相威胁，用连篇累牍的虚浮的文辞来败坏君主，这就叫做“流行”。七是“威强”。什么叫做“威强”？回答说：做国君的，凭借群臣百姓而形成强大的权威。群臣百姓认为好的，国君就认为好；不是群臣百姓认为好的，国君就不认为好。做人臣的，召集带剑的门客，豢养亡命之徒来炫耀自己的威风，声称为他自己效力的一定有好处，不为他自己效力的一定会处死，以此来恐吓群臣百姓而谋求私利。这就叫做“威强”。八是“四方”。什么叫做“四方”？回答说：做君主的，自己的国家小就得侍奉大国，自己的兵力弱就畏惧强兵。大国所求取的，小国一定得听从，强兵诉诸武力，弱兵一定得屈服。做人臣的，加重赋税盘剥，倾尽国库财力，使自己国家国力空虚而去巴结大国，利用大国的威势来诱迫自己的国君；严重的兴兵屯边来制约国内，轻微的频繁接纳大国使者来震慑自己的国君，使他恐惧，这就叫做“四方”。大凡这八种情况，就是人臣酿成奸邪的手段，就是当代君主被壅蔽劫持而失去所拥有的权力的原因，这是不可不明察的。

英明的君主治理宫内，喜欢宫内女色而不采纳她们的请谒来办事，不让她们请求私利。对于身边的侍从，役使他们一定要责求他们的言论，不许夸夸其谈。对于父兄、大臣，听他们的言论时，一定要以刑罚来制约其后果，不让他们胡乱推荐人。对于观赏、游乐、玩好，一定要在法令上有所依据，不要使这些项目擅自增加，擅自削减，不让群臣猜测国君的想法。对于恩德与赐予，发散禁宫的财物，打开粮食仓库，这些有利于百姓的事，一定要由国君决策，不让人臣私下去

施恩德。对于议论，赞誉的人认为好的人，诽谤的人认为坏的人，一定要查实他的能力，督察他的过失，不让群臣互相评说。对于勇武有力的人士，在军旅中有了功不过分地赏赐，在乡邑里私斗逞能不赦免罪过，不让群臣对勇武有力的人士施布私财。对于各诸侯的要求，合法的就答应，不合法的就拒绝。所谓亡国之君，并不是不曾拥有他的国家，而是拥有了国家却全不归自己所有。让臣下依靠外部势力来制约国内，这就是做国君的名存实亡了。听从大国本为拯救危亡，而危亡却比不听从大国更早地到来了，因此不要听信群臣。群臣知道国君不会听从大国，就不会在外勾结诸侯；诸侯知道国君不会听从他们，也就不会接受这些奸臣诬罔君主的谎言了。

英明的国君设置官职爵禄，是用来进用贤才，鼓励有功的。所以说：贤才，要享厚禄任高官；功劳大的，要有尊贵的爵位，接受重重的赏赐。让贤才任官要衡量他的才能，颁授俸禄要与他的功劳相称。所以贤才不会妄称无能而尽力侍奉君主，有功的人乐于进献自己的专业所长，因此事情成功，功业确立。现在却不这样，不去考核贤能与否，不去论说有没有功劳，任用诸侯所器重的人，听从身边侍从的请求，父兄、大臣在上面向国君请求爵位俸禄，而在下面卖出去来收取财利，并用以扶植私党。因此，财利多的人买官而成为贵人，同君主身边侍从有交情的靠请托拜谒而成为掌大权的人。有功劳的臣子得不到肯定的评价，官职的升迁失误。所以官吏对官职马虎应付而对外结交，抛下政事而亲近财利。所以贤才懈怠而不努力，有功者懒惰而简慢他的生业，这是亡国的风气。

评点

“八奸”，指臣下阴谋篡夺君主权力的八种奸邪之术。本篇依内容可分为前后两部分。

文章的前一部分，逐一介绍何谓“八奸”。“八奸”之一是君主的妻妾乘他后宫行乐之际而“求其所欲”，称之为“同床”；二是调笑的俳优、侏儒及君主的亲信侍从，察言观色探知君主的心思，称之为“在旁”；三是君主的伯叔兄弟利用其与君主的特殊关系而干预君主施政，称之为“父兄”；四是臣下加重赋敛，为君主美化宫室台池，修饰美女、狗马以讨君主欢心，称之为“养殃”；五是为人臣者发散公财取悦民众，称之为“民萌”；六是臣下搜求说客辩士，为自己邀买人心，制造舆论，称之为“流行”，七是为人臣者召集带剑门客，豢养亡命之徒，炫耀自己的威风，称之为“威强”；八是为人臣者用国库财力去结交大国，培植个人势力，称之为“四方”。文章指出，君主对上述这“八奸”是“不可不察”的。

文章的后一部分，针对“八奸”各自的特点，为君主设计了具体的防范措施。此外，本篇还强调了“进贤材，劝有功”对于防范臣下阴谋手段与巩固国家政权的重要性。

孤愤

智术之士，必远见而明察，不明察不能烛私；能法之士，必强毅而劲直，不劲直不能矫奸。人臣循令而从事，案法而治官，非谓重人也。重人也者，无令而擅为，亏法以利私，耗国以便家，力能得其君，此所为重人也。智术之士明察听用，且烛重人之阴情；能法之士劲直听用，且矫重人之奸行。故智术能法之士用，则贵重之臣必在绳之外矣。是智法之士与当涂之人不可两存之仇也。

当涂之人擅事要，则外内为之用矣。是以诸侯不因则事不应，故敌国为之讼；百官不因则业不进，故群臣为之用；郎中不因则不得近主，故左右为之匿；学士不因则养禄薄礼卑，故学士为之谈也。此四助者，邪臣之所以自饰也。重人不能忠主而进其仇，人主不能越四助而烛察其臣，故人主愈弊而大臣愈重。

凡当涂者之于人主也，希不信爱也，又且习故。若夫即主心同乎好恶，固其所自进也。官爵贵重，朋党又众，而一国为之讼。则法术之士欲干上者，非有所信爱之亲，习故之泽也；又将以法术之言矫人主阿辟之心，是与人主相反也。处势卑贱，无党孤特。夫以疏远与近爱信争，其数不胜也；以新旅与习故争，其数不胜也；以反主意与同好争，其数不胜也；以轻贱与贵重争，其数不胜也；以一口与一国争，其数不胜也。法术之士操五不胜之势，以岁数而又不得见；当涂之人乘五胜之资，而旦暮独说于前。故法术之士奚道得进，而人主奚时得悟乎？故资必不胜而势不两存，法术之士焉得不危？其可以罪过诬者，以公法而诛之；其不可被以罪过者，以私剑而穷之。是明法术而逆主上者，不𣅀于吏诛，必死于私剑矣。朋党比周以弊主，言曲以便私者，必信于重人矣。故其可以功伐借者，以官爵贵之；其可借以美名者，以外权重之。是以弊主上而趋于私门者，不显于官爵，必重于外权矣。今人主不合参验而行诛，不待见功而爵禄，故法术之士安能蒙死亡而进其说，奸邪之臣安肯乘利而退其身？故主上愈卑，私门益尊。

夫越虽国富兵强，中国之主皆知无益于己也，曰："非吾所得制也。"今有国者虽地广人众，然而人主壅蔽，大臣专权，是国为越也。知不类越，而不知不类其国，不察其类者也。人之所以谓齐亡者，非地与城亡也，吕氏弗制，而田氏用之。所以谓晋亡者，亦非地与城亡也，姬氏不制，而六卿专之也。今大臣执柄独断而上弗知收，是人主不明也。与死人同病者，不可生也；与亡国同事者，不可存也。今袭迹于齐、晋，欲国安存，不可得也。

凡法术之难行也，不独万乘，千乘亦然。人主之左右不必智也，人主于人有所智而听之，因与左右论其言，是与愚人论智也。人主之左右不必贤也，人主于人有所贤而礼之，因与左右论其行，是与不肖论贤也。智者决策于愚人，贤士程行于不肖，则贤智之士羞而人主之论悖矣。人臣之欲得官者，其修士且以精洁固身，其智士且以治辩进业。其修士不能以货赂事人，恃其精洁，而更不能以枉法为治，则修智之士，不事左右，不听请谒矣。人主之左右，行非伯夷也，求索不得，货赂不至，则精辩之功息，而毁诬之言起矣。治辩之功制于近习，精洁之行决于毁誉，则修智之吏废，则人主之明塞矣。不以功伐决智行，不以参伍审罪过，而听左右近习之言，则无能之士在廷，而愚污之吏处官矣。

万乘之患，大臣太重；千乘之患，左右太信。此人主之所公患也。且人臣有大罪，人主有大失，臣主之利与相异者也。何以明之哉？曰：主利在有能而任官，臣利在无能而得事；主利在有劳而爵禄，臣利在无功而富贵；主利在豪杰使能，臣利在朋党用私。是以国地削而私家富，主上卑而大臣重。故主失势而臣得国，主更称蕃臣，而相室剖符。此人臣之所以谲主便私也。故当世之重臣，主变势而得固宠者，十无二三。是其故何也？人臣之罪大也。臣有大罪者，其行欺主也，其罪当死亡也。智士者远见而畏于死亡，必不从重人矣；贤士者修廉而羞与奸臣欺其主，必不从重人矣。是当涂者之徒属，非愚而不知患者，必污而不避奸者也。大臣挟愚污之人，上与之欺主，下与之收利侵渔，朋党比周，相与一口，惑主败法，以乱士民，使国家危削，主上劳辱，此大罪也。臣有大罪而主弗禁，此大失也。使其主有大失于上，臣有大罪于下，索国之不亡者，不可得也。

译文

通达治国之术的人，一定会看得远，审察得详明，审察得不详明就不能照见阴情；能实行法制的人，一定会刚强坚毅，遒劲耿直，不遒劲耿直就不能纠正奸邪。做臣子的遵循国君的命令来办事，按着法律来行使职权，这不能说是重人。重人不待国君下令就擅自行事，损害法度来为个人谋利，消耗国财来便宜私家，势力能得到国君信任，这就是所说的重人。通达治国之术的人审察详明，被国君听信任用，将会照见重人的阴情；能实行法制的人遒劲耿直，被国君听信任用，将会纠正重人的奸邪行为。因此通达治国之术和能实行法制的人被任用，贵重的大臣就一定要不被法律所宽容了。这就是说，通达治国之术的人和能实行法制的人，跟当道掌权的人是势不两立的仇敌。

当道掌权的人操纵国事要务，国外的诸侯、国内的百官就都被他们利用了。所以诸侯不依靠他们，办事就没有回应，因此强弱相等的匹敌之国都为他们称颂；国内的百官不依靠他们，职位就不能升迁，因此群臣都被他们役使；郎中不依靠他们，就不能靠近君主，因此国君身边的人都替他们隐匿奸私；博学的士人不依靠他们，就俸禄微薄，礼遇低下，因此博学的士人就替他们说好话。这四种有助于重人的人，是奸臣们用来美化自己的。重人不能忠于国君而推举他们的仇人，君主不能超越四种有助于重人的人而明察他的臣下，所以君主越发受到蒙蔽而大臣越发权重。

凡是当道掌权的人对于君主来讲，很少有不被信任宠爱的，而且又亲昵熟悉。至于迎合国君的心理，投合国君的好恶，原本就是他们自己向上爬的手段。他们官位高爵禄厚，党羽又多，全国的人都为他们唱赞歌。这样一来，法术之士想求得国君重用，就不能得到宠信关爱和亲昵熟悉的恩泽；他们又想用法术言论来纠正君主喜欢邪僻的心理，这同君主的想法是相反的。法术之士处在卑微低贱的位置上，没有党羽，势孤力单。以与国君关系疏远的人同受国君亲近宠信的人相争，理所当然不能取胜；以新到的客人同亲昵熟悉的人相争，理所当然不能取胜；以违反国君意图的人同投其所好的人相争，理所当然不能取胜；以地位低下卑贱的人同地位高贵显赫的人相争，理所当然不能取胜；以一张嘴同全国人的嘴相争，理所当然不能取胜。法术之士处于上述五种不能取胜的形势之下，不被君主接见的时间长得以年计算；当道掌权的人凭着五种必胜的条件，从早到晚都可独自在君主面前进献说辞。因此法术之士由什么途径得到进用，而君主又什么时候才能觉悟呢?所以论条件法术之士一定不能取胜，而论情势，法术之士与重人势不两立，法术之士又怎么能不危险呢?他们中可以用有罪过来诬陷的，就依照国法来惩处他；那些不能加上罪名的，就用刺客去结果他们的性命。这就是，精通法术而违背君主之命的人，不是被官吏杀戮，就必然死在刺客手下。党羽勾结蒙蔽君主，说假话而便宜私门的人，一定会得到重人的信任。因此那些可以凭借功劳的人，就用封官授爵的办法使他们显贵起来；那些可以凭借美名的人，就用外交职权来提拔重用。因此蒙蔽君主而

奔走私门的人，不是由于官爵而显贵，就一定凭借外交职权而得重用。现在君主不参验核对事实就进行惩处，不等看到功劳就颁行爵禄，所以法术之士怎能冒死罪而进献他们的主张，奸邪之臣又怎么肯得到利益就引退自身呢?因此君主地位越来越低下，私门地位越来越尊贵。

越国虽然国富兵强，中原各国的君主都知道对自己没有利益，说："越国不是我们能控制的。"现在拥有国家的人虽然地广人多，可是君主被蒙蔽，大臣专权，这样国家就成了越国一样的国家了。知道自己的国家跟越国不相像，却不知道现在的国家跟以前的国家已经不相像了，这是不会审察事物的相像之点。人们之所以说齐国灭亡了，不是说齐的国土与城池丧失了，而是说吕氏不能控制，而田氏执掌了政权。之所以说晋国灭亡了，也不是说晋的国土与城池丧失了，而是说姬氏不能控制，而六家卿专了晋的国政。现在大臣掌握权柄，独断专行，而君主不知道收回权柄，这是君主的不英明。同死人患有相同疾病的人，不能活下去；同灭亡的国家实行同样治国措施的国家，不能存在下去。现在重蹈齐国、晋国的覆辙，想要国家安然存在，是不能办到的。

大凡法术难以推行，不仅有万乘之国，千乘之国也如此。君主左右的臣子不一定聪明，君主认为某人有某方面的才智而听从他，于是就与左右的臣子评论他的言论，这是在同愚蠢的人评论别人的才智。君主左右的臣子不一定贤能，君主认为某人有某方面的贤能而礼遇他，于是就与左右的臣子评论他的行为，这是在同无能的人评论别人的贤能。如果有才智的人的计策由愚蠢的人来决定，贤能的人的行为由无能的人来评定，那么贤人智士就会感到羞耻，而君主的论断也就错误了。臣子中想要得到官职的，那些修身之士将用纯正廉洁的品质来保持自身的形象，那些才智之士将用治事与辩才去推进功业。那些修身之士不能把财货送给别人，自持他们纯正廉洁的品质，更不能违反法度来办理政务，这样，修身之士与才智之士，就不会去侍奉君主

左右的人，也不会曲从私人的请托了。君主左右的人，品行不像伯夷一样，他们有所索取而得不到，财货没弄到手，那么品德精洁善于辩说的人的功业就会熄灭，而诽谤诬蔑的流言就会兴起了。善治事者与辩才的功业被君主亲近的人所压制，品德精洁者的行为由诽谤或称誉所决定，那么有修养有才智的官吏就会被废弃，而君主的明察也就被蔽塞了。君主不依据功绩来判断臣下的才智与德行，又不用全面的调查验证来审定臣下的罪过，而听信左右近臣的话，这样，无能的人就会立于朝廷，而愚蠢卑污的官吏就窃居职位了。

万乘之国的祸患，在于大臣权势太重；千乘之国的祸患，在于左右近臣太受信任。这是君主共有的祸患。况且臣子有大罪恶，君主有大过失，是臣子与君主的利益相互对立的结果。根据什么明白这个道理呢?回答是：君主的利益在于给有能力的人授任官职，臣子的利益在于无能也得到官位；君主的利益在于给有功劳的人以爵禄，臣子的利益在于没有功劳而能取得富贵；君主的利益在于英雄豪杰各尽其能，臣子的利益在于结成朋党谋求私利。因此国家的土地削减了，而私家富了起来；君主的地位卑微了，而大臣的权势重了起来。所以君主失去权势而大臣得揽国政，君主反而称为藩臣，而相国大臣发号施令。这就是臣子欺诳君主谋取私利的手段。所以当代权重的大臣，君位转变之后仍能得保荣宠的，十个人里没有两三个。这是什么原因呢?是因为臣子的罪过太大了。臣子有大罪的，他们的行为欺诈君主，按他们的罪行应当处死。才智之士有远见而害怕死亡，一定不会追随重人；贤能之士修身廉洁而羞与奸臣为伍去欺诳君主，也一定不会追随重人。这样，当道掌权者的门徒爪牙，不是愚蠢而不知祸患的人，就一定是污秽而不躲避奸邪的人。大臣挟持愚蠢污秽的人，向上和他们一道欺诳君主，向下和他们一道搜刮民财侵害百姓，结成朋党，相互勾结，众口一词，迷惑君主，败坏法度，扰乱士民，使国家危险削弱，君主劳顿屈辱，这是大罪恶。臣下有大罪而君主不去禁止，这是大过错。假使君主在上面有大过错，臣下在下面有大罪恶，要求国家不要灭亡，这是办不到的。

评点 

《孤愤》是《韩非子》中的政论散文的典范之作，是一篇在战国后期曾产生重要影响的著名文章。据司马迁《史记·老庄申韩列传》说，韩非“作《孤愤》、《五蠹》、《内外储》、《说林》、《说难》，十余万言”。又说：“人或传其书至秦，秦王见《孤愤》、《五蠹》之书，曰：‘嗟乎！寡人得见此人，与之游，死不恨矣！’”由此可见，《孤愤》等文章，在韩非在世时就已广为传布并引起人们的重视。

“孤愤”，即孤独愤慨的意思。文章主要内容是阐述“智术能法之士”与“重人”（朝廷重臣）之间尖锐的矛盾冲突和势不两立的关系，揭示出“法术之士”的必然的悲剧性命运，并为此而感到“孤愤”。

文章一开头就鲜明地亮出了作者的观点，指出智术能法之士与“当涂之人”（即“无令而擅为”的重臣）有“不可两存之仇”。接着作具体论述，分析了“当涂之人”“擅事要”，蒙蔽国君等危害，指出法术之士在政治斗争中处于非常不利的地位。法术之士处于五种不能取胜的情势中，又长年不得面君奏事；而当涂之人凭借着五种能够取胜的条件，又早晚都可向君王进说。这就决定了法术之士的厄运：“不戮于吏诛，必死于私剑。”其最终结果是国家遭难。文章还指出，无论是万乘之国，还是千乘之国，法治都是难以推行的。因为君主身边的人不一定聪明和贤能，法术之士不被信用，于是就造成了“国地削而私家富，主上卑而大臣重”的危险局面。

这篇文章，分析事理深刻入微，陈述观点语言犀利，洋溢着严峻、激越的政治热情，较为生动地体现了韩非散文峭拔、警策的独特文风。如果说“文如其人”绝非虚谈的话，那么我们透过文章的纸背，当可以想见韩非的为人与遭际。

说难

凡说之难，非吾知之有以说之之难也，又非吾辩之能明吾意之难也，又非吾敢横失而能尽之难也。凡说之难，在知所说之心，可以吾说当之。所说出于为名高者也，而说之以厚利，则见下节而遇卑贱，必弃远矣。所说出于厚利者也，而说之以名高，则见无心而远事情，必不收矣。所说阴为厚利，而显为名高者也，而说之以名高，则阳收其身而实疏之；说之以厚利，则阴用其言，显弃其身矣。此不可不察也。

夫事以密成，语以泄败，未必其身泄之也，而语及所匿之事，如此者身危。彼显有所出事，而乃以成他故，说者不徒知所出而已矣，又知其所以为，如此者身危。规异事而当，知者揣之外而得之，事泄于外，必以为己也，如此者身危。周泽未渥也，而语极知，说行而有功则德忘，说不行而有败则见疑，如此者身危。贵人有过端，而说者明言礼义以挑其恶，如此者身危。贵人或得计而欲自以为功，说者与知焉，如此者身危。强以其所不能为，止以其所不能已，如此者身危。故与之论大人，则以为间己矣；与之论细人，则以为卖重；论其所爱，则以为藉资；论其所憎，则以为尝己也；径省其说，则以为不智而拙之；米盐博辩，则以为多而交之；略事陈意，则曰怯懦而不尽；虑事广肆，则曰草野而倨侮。此说之难，不可不知也。

凡说之务，在知饰所说之所矜而灭其所耻。彼有私急也，必以公义示而强之。其意有下也，然而不能已，说者因为之饰其美而少其不为也。其心有高也，而实不能及，说者为之举其过而见其恶，而多其不行也。

有欲矜以智能，则为之举异事之同类者，多为之地，使之资说于我，而佯不知也，以资其智。欲内相存之言，则必以美名明之，而微见其合于私利也。欲陈危害之事，则显其毁诽，而微见其合于私患也。誉异人与同行者，规异事与同计者。有与同污者，则必以大饰其无伤也；有与同败者，则必以明饰其无失也。彼自多其力，则毋以其难概之也；自勇其断，则无以其谪怒之；自智其计，则毋以其败穷之。大意无所拂悟，辞言无所系縻，然后极骋智辩焉。此道所得亲近不疑而得尽辞也。

伊尹为宰，百里奚为虏，皆所以干其上也。此二人者，皆圣人也，然犹不能无役身以进，如此其污也。今以吾言为宰虏，而可以听用而振世，此非能仕之所耻也。夫旷日离久，而周泽既渥，深计而不疑，引争而不罪，则明割利害以致其功，直指是非以饰其身。以此相持，此说之成也。

昔者郑武公欲伐胡，故先以其女妻胡君以娱其意，因问于群臣："吾欲用兵，谁可伐者？"大夫关其思对曰："胡可伐。"武公怒而戮之，曰："胡，兄弟之国也，子言伐之何也？"胡君闻之，以郑为亲己，遂不备郑，郑人袭胡，取之。宋有富人，天雨墙坏，其子曰："不筑必将有盗。"其邻人之父亦云。暮而果大亡其财，其家甚智其子，而疑邻人之父。此二人说者皆当矣，厚者为戮，薄者见疑，则非知之难也，处知则难也。故绕朝之言当矣，其为圣人于晋而为戮于秦也，此不可不察。

昔者弥子瑕有宠于卫君。卫国之法，窃驾君车者罪刖。弥子瑕母病，人闻往夜告弥子，弥子矫驾君车以出。君闻而贤之，曰："孝哉！为母之故，忘其刖罪。"异日，与君游于果园，食桃而甘，不尽，以其半啖君，君曰："爱我哉！忘其口味，以啖寡人。"及弥子色衰爱弛，得罪于君，君曰："是固尝矫驾吾车，又尝啖我以余桃。"故弥子之行未变于初也，而以前之所以见贤而后获罪者，爱憎之变也。故有爱于主，则智当而加亲；有憎于主，则智不当，见罪而加疏。故谏说谈论之士，不可不察爱憎之主而后说焉。夫龙之为虫也，柔可狎而骑也，然其喉下有逆鳞径尺，若人有婴之者，则必杀人。人主亦有逆鳞，说者能无婴人主之逆鳞则几矣。

译文

凡是向君主进说的困难，不在于我的才智用来说服君主有什么困难，也不在于我的口才用来阐明我的意思有什么困难，也不在于我放胆地纵横议论，毫无拘束地表达自己意见有什么困难。凡是向君主进说的困难，在于知道君主的心理，因而可以拿出我的论说去适应他。所进说的君主志在博取高名，而说者却拿厚利的言论劝说他，那就会被看做志节低下而给予卑贱的待遇，一定会被君主抛得很远了。所进说的君主志在获取厚利，而说者却拿高名的言论劝说他，那就会被看做没有头脑，远离事实，说者一定不会被君主收用。所进说的君主暗中为了谋取厚利，而表面上装着为了高名，说者却拿高名的言论劝说他，那么君主就会表面上收用这个人而实际上疏远他；说者拿厚利的言论来劝说，君主就暗中采纳说者的言论，而公开地抛弃这个人。这是不可不明察的。

事情因保密而成功，话语因泄露而失败，这不一定是进说者本人泄露了机密，而是言谈间不自觉地涉及了隐秘的事，像这样，进说者自身就危险。君主在表面上做出一件事，而实际是拿这件事做幌子来完成另外一件事，进说者不仅知道君主的所作所为，而且还知道他为什么这样做，像这样，进说者自身危险。君主规划一件不平常的事而很得当，外界的聪明的人揣摩到了这件事，事情泄露到外界，君主必定以为是进说者自己泄露的，像这样，进说者自身危险。君主对说者亲密的恩泽还未达到深厚的程度，而进说者尽其所知而言，所说的被实行了而且取得功效，君主就会忘记进说者的功德；所说的不能实行而且遭到失败，进说者就被君主怀疑，像这样，进说者自身危险。高贵的人有了过错，进说者明白地阐述礼义来挑剔他的缺点，像这样，进说者自身危险。高贵的人有时找到良策而想把它当成自己的功劳，进说者同样想到了这个良策，像这样，进说者自身危险。勉强君主去做他不能做的事，阻止君主去做他非做不可的事，像这样，进说者自身危险。因此，同君主议论他的大臣，君主就认为这是在离间君臣关系；同君

主议论他的侍臣，君主就认为这是卖弄权势；议论君主所宠爱的人，就认为这是借君主所爱为靠山；议论君主所憎恶的人，就认为是在试探君主含怒的深浅；精简说辞，君主就认为进说者不聪明，太笨拙；琐碎地作广博的辩说，君主就认为话多而繁杂；简略陈述本意，君主就说是胆小而不敢尽言；考虑广泛，言谈不拘，君主就说是粗野傲慢。以上这些就是进说的困难，是不能不知道的。

凡是进说者的急务，在于会夸誉君主所自豪的事，掩灭他认为羞耻的事。他有了自私的急需，一定要向他表明这是合乎公义的来鼓励他。他有某种卑下的意图，又不能控制，进说者就把那意图夸饰成美好的，而且不满于他不去干。他有某种高尚的意图，然而实际上是做不到的，进说者就给他列举这样做的过错，说出其害处，而且赞扬他没有实行。有时他想夸张他的智能，进说者就给他列举同类的别的事情，多多地为他找些根据，使他采纳我的说法，而我假装不知道，以此帮助他夸张才智。想要人采纳彼此相安的进言，就一定要用美名来说明相安的好处，又要暗示与人相安是合于君主私利的。想要陈说有危害的事，就要明显地加以诋毁，又要暗示它是与君主个人的祸患有关的。要赞美与君主行为相同的另一个人，要规划与君主计划相同的另一件事。有的人同君主有同样的污点，进说者就一定要大力粉饰说，那是没有害处的；有的人同君主有同样的失败，进说者就一定要用明言来粉饰说，那是没有失误的。君主自夸他的力量，进说者就不要用其中的困难来阻碍他；君主自以为他的决断很勇敢，就不要指出他的过错使他怨怒；君主自以为他的决策很明智，就不要用他的失败来使他窘迫。进说的大意没有什么地方违背君主，言辞没有什么地方抵触君主，然后就可以最大限度地施展机智与辩才了。这种办法所得到的结果是，能亲近君主而不被怀疑，而且可以畅所欲言。

伊尹做商汤的厨师，百里奚卖身于秦为奴隶，都是为了求得国君信任。这两个人，都是圣人，然而还是不能不役使自身而求得进身的机会，竟是这样的卑污。现在如果把我当成厨师、奴隶，只要意见能被听取采纳而且可以救世，这就不是有才干的士人引以为耻的事。当经过很长一段时间之后，君主对臣下的恩泽周到而且深厚，进说者深入地为君主计划也不被怀疑，征引事理劝谏君主也不被加罪，就可以公开地分析利害来引导君主建功立业，直接地指出君主的是非来修饰他的人品。用这样的方式彼此相待，这才是进说的成功。

从前郑武公想攻打胡国，因此先把自己的女儿嫁给胡国君主做妻子，以此让他开心，于是问群臣："我想出兵打仗，哪国可以攻打?"大夫关其思回答说："胡国可以攻打。"郑武公愤怒了，杀了他，说："胡是我们的兄弟之国，你说要攻打它，为什么?"胡国国君听到这事，认为郑国是亲近自己的，于是不防备郑国，郑国人袭击胡国，夺取了它。宋国有个富人，天下雨淋坏了他家的墙，他的儿子说："不修筑坏墙，一定会引来盗贼。"他邻居的父亲也这么说。到了晚上，果然丢失不少钱财，富人家认为儿子很聪明，而怀疑邻居的父亲。关其思和邻人之父说的都很恰当，但重的至于被杀，轻的也被怀疑，这就不是知道事理困难，而是处理事理困难了。所以，绕朝的话是恰当的，在晋国他被当成圣人，在秦国却被杀掉，这是不能不明察的。

从前弥子瑕受卫灵公的宠爱。按卫国的法律，偷驾国君车子的人给以砍脚的惩罚。弥子瑕的母亲病了，有人听说后乘夜去告诉弥子瑕，弥子瑕假托君命驾国君的车出了王宫。国君听说后反而认为他贤德，说："孝顺啊!为了母亲的缘故，忘了砍脚的惩处。"又有一天，弥子瑕与国君到果园里游玩，吃桃子觉得甜，没吃完，把剩下的一半给国君吃，国君说："爱我啊!忘了个人口味，把桃子给我吃。"等到弥子瑕容颜衰老，宠爱减弱时，得罪了国君，

国君说："这个弥子瑕本来曾经假托君命驾过我的车，又曾经拿吃剩下的桃子给我吃。"弥子瑕的行为同当初比没有改变，而以前之所以被认为贤德，后来获了罪，这是国君爱憎的感情发生变化了。所以被君主宠爱，就被认为聪明得当而更加亲近他；被君主憎恶，就被认为聪明得不恰当，于是加罪而更加疏远他。因此劝谏国君、议论政事的人，不可不考察君主的爱憎然后再去进说。龙作为一种动物，柔顺时可以同它亲近，甚至可骑它，然而它的喉下有一尺长的一块倒长的鳞片，如果有人去触动，龙就一定要吃人。君主也有倒长的鳞片，进说的人能够不触动君主的倒长的鳞片，就差不多可以成功了。

评点

“说难”，指臣下向君主进说的困难。本篇是《韩非子》中的代表作品，在历史上颇有影响(参见《孤愤》篇“评点”)。全文紧扣住一个“难”字作发散式的论述推衍，旨在说明，为臣者说君之难不在于知识不足、辩才不够，也不在于缺乏表达手段；臣说君之难在于难以揣摸国君的内心世界，从而找到适应国君的说辞去说服他——这是文章开头部分(即立论部分)的主要内容。接着，从不同方面进行具体论述，列举进说者往往遭到君王的误解而会遇到的各种危险。作者为了使人信服，不惮繁复地列举了十五种情况从反面论述游说之难：先是指出七个“身危”，指出游说者触及其一，即有生命之虞。之后，又连用六个“则以为”，两个“则曰”，进而表明，人主无端猜疑，任意诬陷，稍有不满，游说者就会有杀身之祸。为了避免进说的劳而无功，甚而招致大祸临头，文章提出了一些进说者应该注意的事项，并强调君主有所谓“逆鳞”之说，以提醒进说者务必谨慎从事。文章的后半部分以几则历史故事和寓言形象地说明了前文所阐述的基本观点。

古代游说之士曲意迎合君主才能幸免于难或获得实惠，这在客观上暴露了战国时代君王的自私、虚伪、专横和残暴，也揭示了游说者为了猎取功名利禄而不讲公义、不问是非、不择手段的厚颜无耻的丑态。

《说难》是一篇论述透辟，分析精密，语带锋芒，形象生动的政论散文，其理论说服力与艺术感染力都是相当突出的。但是，这样一篇见解超群、振聋发聩的战国鸿文并没有给本身就是一位说客的韩非带来幸运。据司马迁《史记·老庄申韩列传》记载，“韩非知说之难，为《说难》书甚具，终死于秦，不能自脱”，以致司马迁发出了“余独悲韩子为《说难》而不能自脱”的叹惋。

和氏

楚人和氏得玉璞楚山中，奉而献之厉王。厉王使玉人相之，玉人曰："石也。"王以和为诳而刖其左足。及厉王薨，武王即位，和又奉其璞而献之武王。武王使玉人相之，又曰："石也。"王又以和为诳而刖其右足。武王薨，文王即位，和乃抱其璞而哭于楚山之下，三日三夜，泪尽而继之以血。王闻之，使人问其故，曰："天下之刖者多矣，子奚哭之悲也？"和曰："吾非悲刖也，悲夫宝玉而题之以石，贞士而名之以诳，此吾所以悲也。"王乃使玉人理其璞而得宝焉，遂命曰"和氏之璧"。

夫珠玉，人主之所急也。和虽献璞而未美，未为主之害也，然犹两足斩而宝乃论，论宝若此其难也。今人主之于法术也，未必和璧之急也，而禁群臣士民之私邪。然则有道者之不僇也，特帝王之璞未献耳。主用术，则大臣不得擅断，近习不敢卖重；官行法，则浮萌趋于耕农，而游士危于战陈。则法术者乃群臣士民之所祸也。人主非能倍大臣之议，越民萌之诽，独周乎道言也，则法术之士虽至死亡，道必不论矣。

昔者吴起教楚悼王以楚国之俗，曰："大臣太重，封君太众，若此则上逼主而下虐民，此贫国弱兵之道也。不如使封君之子孙三世而收爵禄，绝减百吏之禄秩，损不急之枝官，以奉选练之士。"悼王行之期年而薨矣，吴起枝解于楚。商君教秦孝公以连什伍，设告坐之过，燔诗书而明法令，塞私门之请而遂公家之劳，禁游宦之民而显耕战之士。孝公行之，主以尊安，国以富强，八年而薨，商君车裂于秦。楚不用吴起而削乱，秦行商君法而富强。二子之言也已当矣，然而枝解吴起而车裂商君者何也？大臣苦法而细民恶治也。当今之世，大臣贪重，细民安乱，甚于秦楚之俗，而人主无悼王、孝公之听，则法术之士安能蒙二子之危也而明己之法术哉！此世所以乱，无霸王也。

译文 

楚国人卞和在荆山中得到一块蕴藏有玉的石头，捧着它献给楚厉王。楚厉王让治玉的匠人鉴别它，治玉的匠人说："这是石头。"厉王认为卞和骗人，就砍去了他的左脚。等到厉王死后，武王即位，卞和又捧着那块蕴藏有玉的石头献给武王。武王让治玉的匠人鉴别它，匠人又说："这是石头。"武王又认为卞和骗人，就砍去了他的右脚。武王死后，文王即位，卞和就怀抱着那块蕴藏着玉的石头在荆山脚下痛哭，三天三夜后，哭干了眼泪，眼里流出了血。楚文王听到这消息，让人去问哭的原因，说："天下被砍去脚的人多了，你为什么哭得这么悲伤呢？"卞和说："我不是为砍脚而悲伤，我悲伤的是宝玉被人说成是石头，忠贞的人被说成是骗子，这才是我悲伤的原因。"楚文王于是派治玉的匠人雕琢那块蕴藏着玉的石头，从中得到一块宝石，就命名为"和氏之璧"。

珍珠美玉，是君主所急需的。卞和献的蕴藏着玉的石头即使不美，可并没有给君主带来祸害，然而还要砍去两脚，宝玉才能被鉴定，论定宝玉这样困难啊。现在君主对于法术，不一定像对和氏璧那样急需，然而法术却能禁止群臣、士民的自私与邪恶。那么有道之士没有被杀掉，只不过是因为还没有献出帝王治国的法术罢了。君主运用法术，大臣就不能擅权专断，君主亲近的身边小臣也不敢卖弄权势；官府实行法度，游民就会去从事农耕，游说之士也会冒险上阵作战。那么，法术就成了群臣、士民的祸害了。君主不能违背大臣的非议，不顾民众的诽谤，独自去附和法术主张，那么法术之士即使一直到死，他的主张也一定不会被论定。

从前吴起教楚悼王改革楚国陋俗，说："大臣权势太重，有封邑的人太多，像这样，这些人向上逼迫君主，向下暴虐民众，这是使国家贫困，使军队削弱的办法。不如让有封邑者传到三代就收回爵禄，削减百官的俸禄，裁减不急需的闲冗官员，以便供养经过选拔和训练的士兵。"楚悼王实行这些主张满一年而死去了，吴起在楚国受了裂肢之刑。商鞅教秦孝公实行十家、五家连坐之法，设立不告发犯罪就与之一起判罪的制度，烧掉诗书而彰明法度，杜绝私门请托，奖赏对国家有功劳的人，禁止游说求官的人活动，使务农、参战的人显贵起来。秦孝公实行这些主张，君主因此尊显安逸，国家因此富强，八年后孝公死了，商鞅在秦国被车裂。楚国不采用吴起主张而国家削弱混乱，秦国实行商鞅之法而富强。两个人的言论已然恰当，然而肢解吴起、车裂商鞅又为什么呢？是大臣苦于法治而小民讨厌法治的缘故。当今这个社会，大臣贪求权势，小民以乱为安，超过了秦国、楚国的旧俗，而君主又不如楚悼王、秦孝公那样从谏如流，那么法术之士又怎能冒吴起、商鞅二人那样的危险来阐明自己的法术呢？这就是社会混乱，没有霸主出现的原因。

评点

《和氏》是《韩非子》中少数几篇不足千字的短文之一。它的三段文字虽内容各有侧重，而内在联系十分紧密，彼此呼应、配合，完美地展现了作者的立论。第一段以叙事为主，借楚人卞和两次向君王(先是楚厉王，后是楚武王)献同一块未经雕琢的玉璞而先后被砍去左脚、右脚的悲惨事例，形象地告诉世人一个道理：想让君王承认真理是极其困难的。第二段在“和氏之璧”这个故事的基础上，进一步引申生发，把“法术”比喻为君王的宝玉，强调了“法术”对于君王治国的重要性。“主用术，则大臣不得擅断，近习不敢卖重；官行法，则浮萌趋于耕农，而游士危于战陈(阵)”。文章还进而指出，“法术”常遭大臣和游民所忌恨，因此，“人主非能倍大臣之议，越民萌之诽，独周乎道言也，则法术之士虽至死亡，道必不论矣”。第三段则采用以史为证的方法，以吴起变法于楚、商鞅变法于秦，楚、秦皆得富强，而两位变法者都遭惨祸为例，证明“大臣苦法而细民恶治”，再次申说法术之宝难以得到确认的道理。

这篇文章有叙有论，短小精悍，与韩非的那些洋洋洒洒的长篇大文相比，自有隽秀之气。

亡征

凡人主之国小而家大，权轻而臣重者，可亡也。简法禁而务谋虑，荒封内而恃交援者，可亡也。群臣为学，门子好辩，商贾外积，小民右仗者，可亡也。好宫室台榭陂池，事车服器玩，好罢露百姓，煎靡货财者，可亡也。用时日，事鬼神，信卜筮而好祭祀者，可亡也。听以爵不待参验，用一人为门户者，可亡也。官职可以重求，爵禄可以货得者，可亡也。缓心而无成，柔茹而寡断，好恶无决，而无所定立者，可亡也。饕贪而无餍，近利而好得者，可亡也。喜淫而不周于法，好辩说而不求其用，滥于文丽而不顾其功者，可亡也。浅薄而易见，漏泄而无藏，不能周密而通群臣之语者，可亡也。很刚而不和，愎谏而好胜，不顾社稷而轻为自信者，可亡也。恃交援而简近邻，怙强大之救而侮所迫之国者，可亡也。羁旅侨士，重帑在外，上间谋计，下与民事者，可亡也。民信其相，下不能其上，主爱信之而弗能废者，可亡也。境内之杰不事，而求封外之士，不以功伐课试，而好以名问举错，羁旅起贵以陵故常者，可亡也。轻其适正，庶子称衡，太子未定而主即世者，可亡也。大心而无悔，国乱而自多，不料境内之资而易其邻敌者，可亡也。国小而不处卑，力少而不畏强，无礼而侮大邻，贪愎而拙交者，可亡也。太子已置，而娶于强敌以为后妻，则太子危，如是则群臣易虑，群臣易虑者，可亡也。怯慑而弱守，蚤见而心柔懦，知有谓可，断而弗敢行者，可亡也。出君在外而国更置，质太子未反而君易子，如是则国携，国携者，可亡也。挫辱大臣而狎其身，刑戮小民而逆其使，怀怒思耻而专习则贼生，贼生者，可亡也。

大臣两重，父兄众强，内党外援以争事势者，可亡也。婢妾之言听，爱玩之智用，外内悲惋而数行不法者，可亡也。简侮大臣，无礼父兄，劳苦百姓，杀戮不辜者，可亡也。好以智矫法，时以行杂公，法禁变易，号令数下者，可亡也。无地固，城郭恶，无畜积，财物寡，无守战之备而轻攻伐者，可亡也。种类不寿，主数即世，婴儿为君，大臣专制，树羁旅以为党，数割地以待交者，可亡也。太子尊显，徒属众强，多大国之交，而威势蚤具者，可亡也。变褊而心急，轻疾而易动发，心悁忿而不訾前后者，可亡也。主多怒而好用兵，简本教而轻战攻者，可亡也。贵臣相妒，大臣隆盛，外藉敌国，内困百姓，以攻怨仇，而人主弗诛者，可亡也。君不肖而侧室贤，太子轻而庶子伉，官吏弱而人民桀，如此则国躁，国躁者，可亡也。藏怒而弗发，悬罪而弗诛，使群臣阴憎而愈忧惧，而久未可知者，可亡也。出军命将太重，边地任守太尊，专制擅命，径为而无所请者，可亡也。后妻淫乱，主母畜秽，外内混通，男女无别，是谓两主，两主者，可亡也。后妻贱而婢妾贵，太子卑而庶子尊，相室轻而典谒重，如此则内外乖，内外乖者，可亡也。大臣甚贵，偏党众强，壅塞主断而重擅国者，可亡也。私门之官用，军马之府世绌。乡曲之善举，官职之劳废，贵私行而贱公功者，可亡也。公家虚而大臣实，正户贫而寄寓富，耕战之士困，末作之民利者，可亡也。见大利而不趋，闻祸端而不备，浅薄于争守之事，而务以仁义自饰者，可亡也。不为人主之孝，而慕匹夫之孝，不顾社稷之利，而听主母之令，女子用国，刑余用事者，可亡也。辞辩而不法，心智而无术，主多能而不以法度从事者，可亡也。亲臣进而故人退，不肖用事而贤良伏，无功贵而劳苦贱，如是则下怨，下怨者，可亡也。父兄大臣禄秩过功，章服侵等，宫室供养太侈，而人主弗禁，则臣心无穷，臣心无穷者，可亡也。公婿公孙与民同门，暴慠其邻者，可亡也。

亡征者，非曰必亡，言其可亡也。夫两尧不能相王，两桀不能相亡。亡王之机，必其治乱、其强弱相踦者也。木之折也必通蠹，墙之坏也必通隙。然木虽蠹，无疾风不折；墙虽隙，无大雨不坏。万乘之主，有能服术行法以为亡征之君风雨者，其兼天下不难矣。

译文

凡是君主的国小而卿大夫的领地大，君权轻而臣权重的，可能衰亡。怠慢法律禁令而追求谋虑，荒废了国内政务而仰仗交结外援的，可能衰亡。群臣治儒家私学，门下弟子喜好辩论，商人在境外存货，小民崇尚私斗的，可能衰亡。喜好修筑宫室、楼台、水榭、池沼，专务车马器物，使百姓疲惫不堪，压榨夺取财物的，可能衰亡。占卜时日的吉凶，敬奉鬼神，迷信卜筮而喜欢祭祀的，可能衰亡。听取意见只凭爵位而不去参验，只重用一个人的，可能衰亡。官职能够靠权重的大臣取得，爵禄能够靠行贿获得的，可能衰亡。办事懈怠而无成效，态度优柔寡断，好坏不能决断，而没有什么定见的，可能衰亡。贪婪得不知满足，急功近利而务求得到的，可能衰亡。喜欢夸夸其谈而不合法度，喜好诡辩之说而不求实用，溺于文采而不顾功效的，可能衰亡。举止浅薄而轻易流露真情，泄露机密而不会隐藏，不能严守秘密而勾通群臣话语的，可能衰亡。凶狠刚烈而不讲团结，刚愎自用，拒绝劝谏，逞能好胜，不顾国家安危而轻易相信自己的，可能衰亡。仰仗交结外援而简慢近邻之国，依靠强大国家的救援而侮辱毗邻之国的，可能衰亡。寄居在本国的外国游士，在外国存放大量钱财，在上参与国家大政方针，在下参与民间事务的，可能衰亡。民众相信君主的辅臣，臣下不喜欢他们的君主，君主却宠信他的辅臣而不能够废黜的，可能衰亡。境内的杰出人才不能被任用，而去寻求国外的人士，不按功劳来考核，而喜欢依据声誉来推举安置官员，客游本国的人被委以重任而超过了旧臣的，可能衰亡。轻视正妻生的嫡长子，庶出子与嫡子抗衡，太子还没确立时，君主就死去了的，可能衰亡。胆大妄为而不知悔悟，国家动乱而自以为是，不估量国内的资财而轻视邻近敌国的，可能衰亡。国家弱小而不肯处于低下地位，实力弱小而不畏惧强国，不讲礼节而侮辱强大邻邦，贪婪固执而拙于外交的，可能衰亡。太子已经确立，而又从强大的敌国娶来后妃，太子就会危险，这样群臣就会变心，群臣变了心的，可能衰亡。胆子太小而不能坚持己见，早有发现而思想不坚定，明知道可以去做，有了判断却不敢去实行的，可能衰亡。出国的君主在外，而国内又另立新君，去做人质的太子没有返国，就另立太子，这样，国人

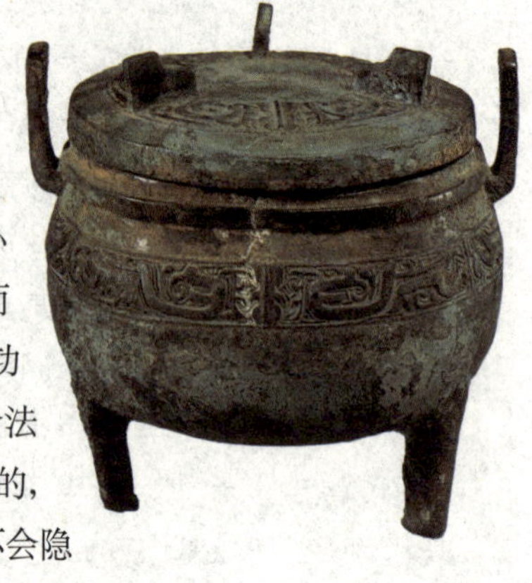

就怀有二心，国人怀有二心的，可能衰亡。屈辱大臣而又去亲近他，惩罚小民而违背常理去役使他，这些人就会心怀怒气，牢记耻辱，如果君主专门亲近他们，就有弑君之祸产生；有弑君之祸产生的，可能衰亡。大臣同时握有重权，亲族人众势强，在国内结党在国外求援来夺取权势的，可能衰亡。听信婢妾的话，采纳佞臣之计，宫内宫外悲伤叹惋，还要屡次干不合法度的事的，可能衰亡。简慢侮辱大臣，对亲族不讲礼节，让百姓劳苦，杀害无辜的，可能衰亡。喜欢用个人才智屈挠法度，时常用私行干扰国家政务，法律禁令变化无常，号令一再下达的，可能衰亡。没有地势之险，城郭修治得不好，没有积蓄，财物匮乏，没有防御和迎战的准备而轻易去攻伐的，可能衰亡。君主的族类寿命不长，君主屡屡早亡，婴儿成为国君，大臣专擅政权，豢养客游本国的人为私党，多次割让土地来结交外援的，可能衰亡。太子尊荣显贵，党羽人多势重，多与大国勾结，而威望权势早已树立起来的，可能衰亡。思想偏狭而性情暴躁，轻率性急而容易冲动，心怀躁怒而不瞻前顾后的，可能衰亡。君主多有怨怒而喜欢兴兵动武，荒怠农业生产与国家教化而轻易发动战争的，可能衰亡。显贵的大臣彼此妒忌，大臣权势过重，对外凭借敌国，对内困窘百姓，以攻击有怨仇的人，而君主却不去诛罚这些人的，可能衰亡。君主无能而他的叔伯兄弟却很贤能，太子软弱而庶出子却很强大，官吏软弱而人民却桀骜不驯，这样，国家就会骚动不宁；国家骚动不宁的，可能衰亡。君主隐忍怨怒而不发作，对应当处罪的人迟迟不处罪，使得群臣暗中憎恨君主而更加担惊受怕，而长时期不知道会怎样处置自己，这样的国家可能衰亡。出兵在外，任命的将领军权太重，边疆地区，委任的地方官地位太尊贵，专断独行，擅自发号施令，为所欲为而不向君主请示的，国家可能衰亡。

后妃淫乱，太后养汉，宫内宫外混通一气，男女不加分别，这叫做王后与太后都有君主的权势；王后与太后都有君主的权势的国家，可能衰亡。王后地位低贱而婢妾显贵，太子地位卑微而庶子尊显，辅政大臣权力小而宫中小官权力大，这样就会内外不和；内外不和的国家，可能衰亡。大臣权势显赫，党羽人多势强，闭塞君主的决断而独揽国政的，国家可能衰亡。私家的官员得以任用，立过战功的家族的后代却被贬黜。乡间有好名声的人被推举，官员们的政绩功劳被废弃，重视谋私行为而轻视为国立功的，国家可能衰亡。国家财政空虚而大臣殷实富足，有正式户籍的人贫穷而客游寄居的人富裕，务农与参战的人穷困而工商业者获利的，国家可能衰亡。看到对国家有大利益的事不赶紧去做，发现灾祸的萌芽而不预为防范，对攻战守备的事所知甚少，而专求用仁义来自我粉饰的，国家可能衰亡。不成就君主的孝敬，却羡慕普通人的孝敬，不顾念国家的利益，而听从太后的指令，女人治国，宦官执政的，国家可能衰亡。言辞善辩而不合法度，主意聪明而没有方术，君主能干却不按法律行事的，可能衰亡。亲近的小臣被提升，而老臣被黜退，无能的人执政而贤良的人退隐，没有功劳的人显贵，而劳苦功高的人地位低贱，这样，下边就会怨恨；下边怨恨的，国家可能衰亡。王族大臣的爵禄等级超过了功劳，旗章车服越过等级，宫室供养太奢侈，而君主又不加禁止，那么臣下就贪得无厌；臣下贪得无厌，国家可能衰亡。君主的亲戚与民众同住一起，却对他们的邻居残暴霸道的，国家可能衰亡。

有衰亡的征兆，不是说必定衰亡，只是说它可能衰亡。两个尧不可能相互称王，两个桀不可能相互灭亡。灭亡、称王的机遇，一定在于治乱、强弱偏重于哪一方。木头折断了，一定是由于蛀虫的蛀蚀，土墙坍塌了，一定是由于有了裂缝。然而，木头即使已被虫蛀，没有疾风吹是不会断的；土墙即使有了裂缝，没有大雨浇是不会塌的。万乘之国的君主，如果有人能用术行法，来做那些有了衰亡征兆的国君的“风雨”，他要兼并天下是不难了。

评点 

"亡征"，即亡国的征兆。本篇在对战国时代的政治、经济、文化、军事、外交等诸方面进行深入考察的基础上，总结了历史上兴衰动变的规律与经验，一连串铺陈叙述了四十七种足以导致国家衰亡的征兆，其中较为主要的"亡征"有怠慢法禁、卖官鬻爵、贪得无厌、轻易攻伐、大臣专制、弃本逐末等。作者主观意图在于胪列"亡征"，而客观上却生动地反映了以君主为首的统治集团的残暴、骄奢、堕落、愚昧的丑恶面目，也从中透露出当时广大被压迫者的悲惨处境。文章最后一段对"亡征"的性质作了进一步的说明，指出"亡征"是"非曰必亡，言其可亡"的意思，并且用木蠹和墙隙的例子作了深入浅出的形象化的说明，指出"木之折也必通蠹，墙之坏也必通隙。然木虽蠹，无疾风不折；墙虽隙，无大雨不坏"。实际上，这里说的是亡国的内因与外因。

《亡征》的行文之法颇为独异，开门见山，单刀直入，"……者，……也"句式一连用了四十七个，语气断然，态度明朗，毫无商榷，不容置疑。文章结尾说："万乘之主，有能服术行法以为亡征之君风雨者，其兼天下不难矣。"可谓高亢激昂，曲终奏雅。不难看出，作为法家代表人物的韩非，其文风的严峻、峭刻，其思辨的睿智、深邃，在《亡征》一文中都有精彩的展示。

三守

人主有三守，三守完则国安身荣，三守不完则国危身殆。何谓三守？人臣有议当途之失，用事之过，举臣之情，人主不心藏而漏之近习能人，使人臣之欲有言者不敢不下适近习能人之心，而乃上以闻人主。然则端言直道之人不得见，而忠直日疏。爱人不独利也，待誉而后利之；憎人不独害也，待非而后害之。然则人主无威而重在左右矣。恶自治之劳惮，使群臣辐凑用事，因传柄移藉，使杀生之机夺予之要在大臣，如是者侵。此谓三守不完。三守不完，则劫杀之征也。

凡劫有三，有明劫，有事劫，有刑劫。人臣有大臣之尊，外操国要以资群臣，使外内之事非己不得行。虽有贤良，逆者必有祸，而顺者必有福。然则群臣直莫敢忠主忧国以争社稷之利害。人主虽贤，不能独计，而人臣有不敢忠主，则国为亡国矣。此谓国无臣。国无臣者，岂郎中虚而朝臣少哉？群臣持禄养交，行私道而不效公忠，此谓明劫。鬻宠擅权，矫外以胜内，险言祸福得失之形，以阿主之好恶，人主听之，卑身轻国以资之，事败与主分其祸，而功成则臣独专之。诸用事之人，壹心同辞以语其美，则主言恶者必不信矣。此谓事劫。至于守司囹圄，禁制刑罚，人臣擅之，此谓刑劫。三守不完，则三劫者起；三守完，则三劫者止。三劫止塞，则王矣。

译文

君主有三种需要守持着的东西，这三种需要守持着的东西完备了，就会国家安定自身荣耀，这三种需要守持的东西不完备，就会国家危险自身困厄。什么叫三种需要守持的东西？臣子中有议论执政者过失，掌权者错误，谋臣的隐情的，君主不把它藏在心中而泄露给身边熟习的私人，使臣子中想要进言的人，不敢不在私下逢迎君主身边熟习的私人的心意，然后才能向上让君主听到。这样一来，直言快语正道而行的人就不能面见君主，而忠诚正直的人就日益被疏远。喜爱某个人不独断地给他好处，要等到左右都赞誉他然后再给他好处；憎恨某个人不独断地加害他，要等到左右都指责他然后再加害他。这样一来，君主就没有威势而大权落在左右了。讨厌亲身治国的劳苦，让群臣凑合着来办理政务，于是权势移位，使得生杀予夺的大权落在大臣手中，像这样是侵犯君权。这叫做三种需要守持的东西不完备。三种需要守持的东西不完备，就是遭劫杀的征兆。

凡是遭劫持有三种情况，有明劫，有事劫，有刑劫。臣子有大臣的尊显，在外操纵国家大权用以收买群臣，使得内外政事不通过他自己就不能成。即使有贤良人士，违逆了他就一定有祸，而顺从了他就一定有福。这样一来，群臣简直就没有谁敢忠君忧国而争着为国家谋利益了。君主即使贤能，不能独自决策，而臣下又不敢忠君，那么国家就成为危亡的国家了。这叫做国家没有臣子。国家没有臣子，难道是郎中虚位而朝臣减少了吗？群臣拿着俸禄去豢养私交，推行谋私之道而不奉献对朝廷的忠诚，这叫做明劫。卖弄君主对自己的宠信，专擅大权，借外国势力来战胜国内势力，把祸福得失的形势说得危言耸听，以迎合君主的好恶，君主听信了这种人，卑弱自身地位轻视国家利益来资助他们，事情失败了君主同他们分担祸责，而成功了臣子就独享利益。各个掌权的人，齐心协力异口同声都说他干得漂亮，那么谁挑头说干得不好，一定就不被信任了。这叫做事劫。至于掌管牢狱，禁令法制和刑罚等事，臣子都专断了，这叫做刑劫。三种需要守持的东西不完备；三种劫持的情形就会产生；三种需要守持的东西完备了，三种劫持的情形就会停止。三种劫持的情形都杜绝了，就可以称王了。

评点

“三守”，指君王执政应当遵守和掌握的三项原则，即深藏不露、独自决断、独揽权柄。本文分为前后两段，前一段陈说“三守”的内涵，并指出“三守不完，则劫杀之征也”，即这三种需要守持的东西不完备，就是君王遭劫杀的征兆。后一段则具体阐述所谓“劫”有三种，即“明劫”、“事劫”、“刑劫”，并简要地论述了“三守”与“三劫”之间的关系，指出君王“三守”完备，权臣“三劫”就不会发生，君王只有杜绝了“三劫”，才有称王于天下的可能。

一篇不足六百字的短文，竟能将有关君王执政谋略的重大问题剖析得如此入情入理，井井有条，显示出韩非驾驭语言、谙熟政论的卓越文才。

备内

人主之患，在于信人，信人则制于人。人臣之于其君，非有骨肉之亲也，缚于势而不得不事也。故为人臣者，窥觇其君心也，无须臾之休，而人主怠傲处其上，此世所以有劫君弑主也。为人主而大信其子，则奸臣得乘于子以成其私，故李兑傅赵王而饿主父。为人主而大信其妻，则奸臣得乘于妻以成其私，故优施傅丽姬杀申生而立奚齐。夫以妻之近与子之亲，而犹不可信，则其余无可信者矣。且万乘之主，千乘之君，后妃夫人、适子为太子者，或有欲其君之蚤死者。何以知其然？夫妻者，非有骨肉之恩也，爱则亲，不爱则疏。语曰："其母好者其子抱。"然则其为之反也："其母恶者其子释。"丈夫年五十而好色未解也，妇人年三十而美色衰矣。以衰美之妇人事好色之丈夫，则身死见疏贱，而子疑不为后，此后妃夫人之所以冀其君之死者也。唯母为后而子为主，则令无不行，禁无不止，男女之乐不减于先君，而擅万乘不疑，此鸩毒扼昧之所以用也。故《桃左春秋》曰："人主之疾死者不能处半。"人主弗知，则乱多资。故曰：利君死者众，则人主危。故王良爱马，越王勾践爱人，为战与驰。医善吮人之伤，含人之血，非骨肉之亲也，利所加也。故舆人成舆则欲人之富贵，匠人成棺则欲人之夭死也。非舆人仁而匠人贼也，人不贵则舆不售，人不死则棺不买，情非憎人也，利在人之死也。故后妃、夫人、太子之党成而欲君之死也，君不死则势不重，情非憎君也，利在君之死也，故人主不可以不加心于利己死者。故日月晕围于外，其贼在内，备其所憎，祸在所爱。是故明王不举不参之事，不食非常之食，远听而近视，以审内外之失；省同异之言，以知朋党之分；偶参伍之验，以责陈言之实；执后以应前，按法以治众，众端以参观。士无幸赏，无逾行，杀必当，罪不赦，则奸邪无所容其私。

徭役多则民苦，民苦则权势起，权势起则复除重，复除重则贵人富。苦民以富贵人，起势以藉人臣，非天下长利也。故曰：徭役少则民安，民安则下无重权，下无重权则权势灭，权势灭则德在上矣。今夫水之胜火亦明矣，然而釜鬵间之，水煎沸竭尽其上，而火得炽盛焚其下，水失其所以胜者矣。今夫治之禁奸又明此，然守法之臣为釜鬵之行，则法独明于胸中，而已失其所以禁奸者矣。上古之传言，《春秋》所记，犯法为逆以成大奸者，未尝不从尊贵之臣也。然而法令之所以备，刑罚之所以诛，常于卑贱，是以其民绝望，无所告诉。大臣比周，蔽上为一，阴相善而阳相恶，以示无私，相为耳目，以候主隙，人主掩蔽，无道得闻，有主名而无实，臣专法而行之，周天子是也。偏借其权势，则上下易位矣。此言人臣之不可借权势也。

译文

君主的祸患在于信任他人，信任他人就受制于人。臣子对于他的国君，并没有血缘亲情，不过是迫于权势而不得不侍奉君主罢了。所以作为臣子的，窥视君主的心意，一刻也不停止，而君主懈怠骄傲地处在上位，这就是世上有劫持杀害君主现象的原因。作为君主而太相信自己的儿子，奸臣就会利用他的儿子谋取私利，因此李兑辅助赵惠文王而饿死了主父赵武灵王。作为君主而太相信自己的妻子，奸臣就会利用他的妻子谋取私利，因此优施辅助丽姬杀了申生而立奚齐为太子。像妻子、儿子这么亲近的人都不可信，那么其余的就没有可信的人了。况且万乘之国的君主，千乘之国的君主，他们的后妃夫人，以及她们的嫡子立为太子的，有的想让他们的君主早死。根据什么知道是这样的呢？妻子，并没有骨肉恩情，爱她就亲近，不爱她就疏远。俗话说：“妈妈容貌长得美，孩儿抱在父亲怀。”那么，与此相反的就是：“妈妈容貌长得丑，孩儿就被父亲丢。”男人年到五十而好色之心不减，女人年到三十，美色就衰退了。用衰退了美色的女人去侍奉好色的男人，自身就会被疏远轻视，儿子就会遭怀疑，不被立为继承人，这就是后妃夫人希望君主早死的原因。只有母亲成为太后，而儿子立为君主，才能令无不行，禁无不止，男女之情的欢乐不少于先君在世时，而且能独揽万乘之国的大权而不被怀疑，这就是要用毒酒、绳索、刀子谋杀君主的原因。因此《桃左春秋》说：“君主得病而死的不到半数。”君主不懂这一点，作乱的人就有了更多资本。所以说：从君主之死中获利的人很多，君主就危险。所以王良喜爱马，越王勾践爱惜民众，是为了作战和奔驰。医生善于吸吮别人的伤口，口含别人的污血，这并非因为与患者有血缘亲情，而是因为有利益施加给他。所以车匠造车就希望别人富贵，工匠制棺材就希望别人早死。并非车匠仁慈而工匠残忍，人们不富贵，车就卖不出去；人们不死，棺材就没人买，并非是在情感上憎恨别人，而是因为别人死了才能获利。所以后妃、夫人、太子的朋党结成后，就希望君主死去，君主不死，他们的权势就不重，并非是在情感上憎恨君主，而是因为君主死了才能获利。因此君主不能不用心防范那些认为君主死了可以获利的人。因此太阳、月亮的周围出现光环，里边就出了毛病，防备自己所憎恨的人，而祸患却发生在所爱者身上。所以英明的君主不去办不曾参验审视的事，不吃特别的食物，远观近察，以审察朝廷内外的得失；考查言论的异同，以便区分朋党；对照比较参验事实，以便要求陈述的意见确实；拿办事的结果来验证事前的计划，按照法律来治理民众，依据各种苗头来参验审视。士人不能侥幸得赏，不能超越职分，杀人一定抵命，犯罪一定不赦免，这样，奸邪之徒就没有营私的场所了。

徭役多了，民众就劳苦；民众劳苦，官吏的权势就会抬头；官吏的权势抬头，免除赋税的人就增多；免除赋税的人增多，显贵的人就会富裕起来。使民众劳苦而使显贵的人富裕，权势就会抬头而有助于臣子，这不符合天下的长远利益。因此说：徭役少，民众就安定；民众安定，臣下就没有大权；臣下没有大权，私人权势就会消灭；私人权势消灭了，恩德就都归于君上了。至于水能战胜

火，这是明明白白的。但是用釜鬵这样的炊具把水火隔开，水被烧沸会在上面烧干，而火还在下面燃得很旺，于是水就失去了战胜火的办法了。至于治理就能禁止奸邪，又比这个道理更明白，但是执法大臣起着釜鬵一样的作用，那么法度就只能明了在君主的心中，而已经丧失了它的禁止奸邪的功能了。上古的传言，据《春秋》所记，犯法叛逆而成为大奸臣的，没有不是从尊贵的大臣中产生的。然而法令所防范的，刑罚所诛除的，常常是卑贱者，因此人民绝望，没有诉苦的地方。大臣们勾结在一起，蒙蔽君主步调一致，暗中相好而明面上互相憎恶，用以表示没有隐私，互为耳目，以等候君主出漏洞，君主被闭塞蒙蔽，没有办法听到这些，徒有君主之名而无君主之实，大臣独揽执法大权而为所欲为，周天子就是这样的。权势旁落，被臣下所用，君上与臣下的地位就交换了。这说的是不能让臣下假借权势。

评点

“备内”，即防备宫内之人。本篇主旨在于告诫君王应对亲近、宠幸的人(包括后妃与子女)多加留意，以防止篡弑行为的发生。文章认为，臣子是迫于权势才侍奉国君的，人与人之间的关系无不充满利害纠葛。因此，万乘之国、千乘之国的君主，他们的后妃、夫人的嫡长子被立为太子的，有的就盼望君王早死，这是因为“君不死则势不重”的缘故。文章以“舆人”(造车的工匠)和“匠人”(制棺的工匠)一个希望别人早贵，一个希望别人早死为例，说明人的行为是受利益驱动的，并非是由于憎恨他人。接着，文章为君王提出了一些“备内”的措施，要求君王“杀必当，罪不赦”，以保证不被篡弑。文章最后一段突转话题，论及减轻民众徭役和赋税负担，谋求国家安定的问题。法家著作做如是说，实属不易，它展示了韩非思想主张的常为人们所忽视的一个侧面。

饰邪

凿龟数筴，兆曰大吉，而以攻燕者赵也。凿龟数筴，兆曰大吉，而以攻赵者燕也。剧辛之事燕，无功而社稷危。邹衍之事燕，无功而国道绝。赵代先得意于燕，后意于齐，国乱节高，自以为与秦提衡，非赵龟神而燕龟欺也。赵又尝凿龟数筴而北伐燕，将劫燕以逆秦，兆曰大吉。始攻大梁而秦出上党矣，兵至厘而六城拔矣，至阳城，秦拔邺矣，庞援揄兵而南，则鄣尽矣。臣故曰：赵龟虽无远见于燕，且宜近见于秦。秦以其大吉，辟地有实，救燕有有名。赵以其大吉，地削兵辱，主不得意而死。又非秦龟神而赵龟欺也。初时者，魏数年东乡攻尽陶、卫，数年西乡以失其国，此非丰隆、五行、太一、王相、摄提、六神、五括、天河、殷抢、岁星非数年在西也，又非天缺、弧逆、刑星、荧惑、奎台非数年在东也。故曰：龟筴鬼神，不足举胜；左右背乡，不足以专战。然而恃之，愚莫大焉。

古者先王尽力于亲民，加事于明法。彼法明则忠臣劝，罚必则邪臣止。忠劝邪止而地广主尊者，秦是也。群臣朋党比周以隐正道，行私曲而地削主卑者，山东是也。乱弱者亡，人之性也。治强者王，古之道也。越王勾践恃大朋之龟与吴战而不胜，身臣入宦于吴；反国弃龟，明法亲民以报吴，则夫差为擒。故恃鬼神者慢于法，恃诸侯者危其国。曹恃齐而不听宋，齐攻荆而宋灭曹。邢恃吴而不听齐，越伐吴而齐灭邢。许恃荆而不听魏，荆攻宋而魏灭许。郑恃魏而不听韩，魏攻荆而韩灭郑。今者韩国小而恃大国，主慢而听秦魏，恃齐荆为用，而小国愈亡。故恃人不足以广壤，而韩不见也。荆为攻魏而加兵许、鄢，齐攻任扈而削魏，不足以存郑，而韩弗知也。此皆不明其法禁以治其国，恃外以灭其社稷者也。

臣故曰：明于治之数，则国虽小，富。赏罚敬信，民虽寡，强。赏罚无度，国虽大兵弱者，地非其地，民非其民也。无地无民，尧、舜不能以王，三代不能以强。人主又以过予，人臣又以徒取。舍法律而言先王明君之功者，上任之以国。臣故曰：是愿古之功，以古之赏赏今之人也，主以是过予，而臣以此徒取矣。主过予则人偷幸，臣徒取则功不尊。无功者受赏，则财匮而民望；财匮而民望，则民不尽力矣。故用赏过者失民，用刑过者民不畏。有赏不足以劝，有刑不足以禁，则国虽大必危。故曰，小知不可使谋事，小忠不可使主法。荆恭王与晋厉公战于鄢陵，荆师败，恭王伤，酣战而司马子反渴而求饮，其友竖谷阳奉卮酒而进之，子反曰："去之，此酒也。"竖谷阳曰："非也。"子反受而饮之。子反为人嗜酒，甘之，不能绝之于口，醉而卧。恭王欲复战而谋事，使人召子反，子反辞以心疾。恭王驾而往视之，入幄中闻酒臭而还，曰："今日之战，寡人目亲伤，所恃者司马，司马又如此，是亡荆国之社稷而不恤吾众也！寡人无与复战矣。"罢师而去之，斩子反以为大戮。故曰竖谷阳之进酒也，非以端恶子反也，实心以忠爱之，而适足以杀之而已矣。此行小忠而贼大忠者也。故曰：小忠，大忠之贼也。若使小忠主法，则必将赦罪以相爱，是与下安矣，然而妨害于治民者也。

当魏之方明立辟、从宪令行之时，有功者必赏，有罪者必诛，强匡天下，威行四邻；及法慢，妄予，而国日削矣。当赵之方明国律、从大军之时，人众兵强，辟地齐、燕；及国律慢，用者弱，而国日削矣。当燕之方明奉法，审官断之时，东县齐国，南尽中山之地；及奉法已亡，官断不用，左右交争，论从其下，则兵弱而地削，国制于邻敌矣。故曰：明法者强，慢法者弱。强弱如是其明矣，而世主弗为，国亡宜矣。语曰："家有常业，虽饥不饿。国有常法，虽危不亡。"夫舍常法而从私意，则臣下饰于智能；臣下饰于智能，则法禁不立矣。是妄意之道行，治国之道废也。治国之道，去害法者，则不惑于智能，不矫于名誉矣。

昔者舜使吏决鸿水，先令有功而舜杀之；禹朝诸侯之君会稽之上，防风之君后至而禹斩之。以此观之，先令者杀，后令者斩，则古者先贵如令矣。故镜执清而无事，美恶从而比焉；衡执正而无事，轻重从而载焉。夫摇镜则不得为明，摇衡则不得为正，法之谓也。故先王以道为常，以法为本。本治者名尊，本乱者名绝。凡智能明通，有以则行，无以则止。故智能单道，不可传于人。而道法万全，智能多失。夫悬衡而知平，设规而知圆，万全之道也。明主使民饰于道之故，佚而则功。释规而任巧，释法而任智，惑乱之道也。乱主使民饰于智，不知道之故，故劳而无功。

释法禁而听请谒，群臣卖官于上，取赏于下，是以利在私家而威在群臣，故民无尽力事主之心，而务为交于上。民好上交，则货财上流而巧说者用，若是则有功者愈少。奸臣愈进而材臣退，则主惑而不知所行，民聚而不知所道。此废法禁，后功劳，举名誉，听请谒之失也。凡败法之人，必设诈托物以来亲，又好言天下之所希有，此暴君乱主之所以惑也，人臣贤佐之所以侵也。故人臣称伊尹、管仲之功，则背法饰智有资；称比干、子胥之忠而见杀，则疾强谏有辞。夫上称贤明，下称暴乱，不可以取类，若是者禁。君之立法，以为是也，今人臣多立其私智，以法为非者，是邪以智。过法立智，如是者禁，主之道也。明主之道，必明于公私之分，明法制，去私恩。夫令必行，禁必止，人主之公义也。必行其私，信于朋友，不可为赏劝，不可为罚沮，人臣之私义也。私义行则

乱，公义行则治，故公私有分，人臣有私心，有公义。修身洁白而行公行正，居官无私，人臣之公义也。污行从欲，安身利家，人臣之私心也。明主在上则人臣去私心行公义，乱主在上则人臣去公义行私心。故君臣异心，君以计畜臣，臣以计事君。君臣之交，计也。害身而利国，臣弗为也；害国而利臣，君不行也。臣之情，害身无利；君之情，害国无亲。君臣也者，以计合者也。至夫临难必死，尽智竭力，为法为之。故先王明赏以劝之，严刑以威之。赏刑明则民尽死，民尽死则兵强主尊。刑赏不察，则民无功而求得，有罪而幸免，则兵弱主卑。故先王贤佐尽力竭智。故曰：公私不可不明，法禁不可不审，先王知之矣。

译文

钻灼龟甲并计数蓍草来占卜，卦兆为大吉，于是就依据这个去攻打燕国的，是赵国。钻灼龟甲并计数蓍草来占卜，卦兆为大吉，于是就依据这个去攻打赵国的，是燕国。剧辛替燕国谋事，没有功劳反而使燕国政权危机。邹衍替燕国谋事，没有功劳反而使燕国国运衰绝。赵国先战胜了燕国，后战胜了齐国，国内吵吵嚷嚷，意气高扬，自以为能够与秦国抗衡，这并非赵国的龟甲占卜灵验而燕国的龟甲占卜骗人。赵国又曾钻灼龟甲并计数蓍草来占卜，再向北攻伐燕国，将要劫持燕国以与秦国对抗，卦兆为大吉。赵国开始攻打大梁而秦国已经出兵上党了；赵国军队到了厘邑，已有六座城池被秦国攻取了；赵国军队到了阳城，秦国已攻取了赵国的邺邑；赵将庞援率兵南下救援，鄣邑已全部落入秦人之手。我因此说：赵国的龟卜即使在攻打燕国的事上没有远见，也该对秦国的行动有些近察。秦国因为占卜的卦兆大吉，开辟土地获得实惠，援救燕国又有名声。赵国因为占卜的卦兆大吉，国土被割削，军队受屈辱，赵悼襄王悒郁不快而死去。这又不是秦国的龟卜灵验而赵国的龟卜骗人的缘故。当初，魏国多年向东攻战，全部占领了陶邑和卫国，又多年向西攻秦，却失去了自己的国土，这不是丰隆、五行、太一、王相、摄提、六神、五括、天河、殷抢、岁星等吉星吉神多年来一直在西方的缘故，也不是天缺、弧逆、刑星、荧惑、奎台等凶星多年来一直在东方的缘故。因此说：龟占蓍卜鬼神，不足以决定战争胜负；星宿在天体的位置的左右向背，不足以判断战争结局。然而，有人却依靠这些预测吉凶，没有什么比这更愚昧的了。

古时候的君王尽力亲近民众，努力工作去彰明法度。他们的法度彰明，忠臣就勤勉奋发；刑罚果决，奸臣就停止作恶。忠臣勤勉奋发，奸臣停止作恶，因而领土扩充，君主尊荣，秦国就是这样的。群臣私党勾结遮蔽正道，谋私利走邪路，因而国土割削，君主卑微的，太行山以东的各国就是这样。动乱削弱的国家就会灭亡，这是人的性情决定的；治理得强大的国家就可称王，这是自古以来的道统决定的。越王勾践仗着有硕大的龟甲预卜吉凶而与吴国作战，结果没有取胜，自身以臣子身份去为吴国效力；返回越国后抛弃了龟甲，彰明法度，亲近民众，以求报复吴国，于是吴王夫差被活捉。所以，依仗鬼神的人就轻慢法度，依仗诸侯的人，就危害国家。曹国依仗齐国而不听从宋国，齐国攻打楚国时，宋国就灭了曹国。邢国依仗吴国而不听从齐国，越国攻伐吴国时，齐国就灭了邢国。许国依仗楚国而不听从魏国，楚国攻打宋国时，魏国就灭了许国。郑国依仗魏国而不听从韩国，魏国攻打楚国时，韩国就灭了郑国。现在韩国弱小而去依仗大国，君主怠慢朝政而听从秦国与魏国，依仗齐国与楚国可以利用，于是这个弱小的国家更加衰亡。因此依仗别人不能增广国土，而韩国没有看到这一点。楚国为了攻打魏国而向许国和魏国的鄢邑出兵，齐国攻打郑国的任邑和郑国的扈邑而削弱了魏国，使郑国也难以保全，而韩国却不知道这些。这都是不彰明法度禁令来治理国家，一味依仗外国而使自己国家灭亡的例证。

我因此说：通晓了治国之道，那么国家即使弱小，也会富足起来。赏罚严肃诚信，人口即使少，也会强大起来。赏罚没有限度，国家即使强大，武力却会削弱，这是土地不是自己的土地，民众不是自己的民众的缘故。没有土地，没有民众，尧、舜也不能就此称王，夏、商、周三代也不能就此强盛。君主错误地给予奖赏，臣子就白白地得到赏赐。有些人舍弃法律而谈论先王明君的功绩，君主却把国政委任给他们。我因此说：这是希望取得古代明君的功绩，用古代的赏赐来奖赏现在的人们，君主因此错误地给予奖赏，而臣子就因此白白地得到赏赐了。君主错误地给予奖赏，人们就希图苟且侥幸得赏，臣下白拿赏赐，功劳就不受尊重。没有功劳的人受赏，财政就会匮乏，民众就会抱怨，这样民众就不会尽力了。所以用赏过度会失去民众，用刑过度民众就不畏惧。虽有奖赏却不足以鼓励人们，虽有刑罚却不足以禁止邪恶，那么国家即使强大，也一定会面临危机。所以说，要小聪明的人不能让他谋划国事，只知忠于私人的人不能让他主持法度。楚恭王与晋厉公交战在鄢陵，楚军战败，楚恭王受了伤，激战时，司马子反渴了找水喝，他的朋友小吏谷阳捧着一杯酒进献给他，子反说：“拿下去，这是酒。”小吏谷阳说：“不是酒。”子反接过来喝了它。子反的为人好喝酒，觉得甜美，一口一口喝个不停，结果醉倒躺下。楚恭王想要再战，需谋划一番，让人召见子反，子反推辞说自己有心病。楚恭王驾车前往探视，进入幕帐中闻到一股酒味就返回了，说：“今天的战役，我的眼睛受了伤，所能依靠的人是司马，司马竟然如此，这是要使楚国灭亡而不体恤我的民众啊！我不能再同晋国作战了。”就停战而撤离了，杀了子反并戮尸示众。因此说小吏谷阳献酒，并不是原本就憎恶子反，他真心实意地忠爱子反，却恰好因此而杀害了子反。这就是效忠私人却有害于效忠国家。所以说：效忠私人，是对效忠国家的伤害。如果让只知效忠私人的人主管法度，就一定会赦免亲者的罪行来表示相爱，这是把平安给了下级，但是妨害了治理民众。

当魏国刚刚明确立法，施行法令的时候，有功者一定奖赏，有罪者一定诛罪，强大得可匡正天下，威力影响到四方邻国；到了法度荒废，胡奖乱赏的时候，国家就日益衰弱了。当赵国刚刚明确国家法律，着力壮大军队的时候，人多兵强，开辟土地到了齐国、燕国一带；到了国家法律荒废，执政官员疲软的时候，国家就日益衰弱了。当燕国刚刚明确奉行法度，明察官府决断的时候，东边在齐国设县，南边全部占领了中山国的领土；到了奉行法度已不复存在，官府决断已不再实行的时候，君主左右的臣子彼此争论不休，论断只听取臣下的，就军队削弱而土地割削，国家也被邻近的敌国控制了。所以说：彰明法度的国家就强大，荒废法度的国家就衰弱。强大与衰弱就是这样的分明，而当代的君主却不去做，国家灭亡就理所当然了。俗话说："家庭有固定的产业，即使荒年也不挨饿；国家有固定的法度，即使危机也不会灭亡。"如果丢下固定的法度而按个人意愿行事，那么臣下就会以智能掩饰自己；臣下以智能掩饰自己，法律禁令就不能确立起来了。这样，胡思乱想的办法一推行，治国之道就废弃了。治国之道，需要抛弃有害法度的做法，这样就不会被个人智能所迷惑，也不会被虚伪的名声所扭曲了。

从前舜让官吏疏通洪水，在下令之前就立了功的，舜就杀掉了他们；禹让各路诸侯到会稽山上朝见他，防风部落的酋长后到，禹就杀掉了他。由此看来，先于命令而行动的要杀，后于命令而行动的也要杀，那么古代最为重视的是恰到好处地执行命令。所以镜子保持清洁而没有差错，美与丑就从中显示出来；秤保持公正而没有差错，轻与重就从中称量出来。摇动着的镜子就不能照人，摇动着的秤就不能公正，这说的是法度的问题。因此先王把天地之道作为常规，把法度作为治国之根本。根本治理好了，名声就尊显；根本搞混乱了，名声就

会断绝。凡是聪明能干，通达事理的人，把握了常规与根本，就能运作；不能把握常规与根本，就只好罢手。因此运用个人智能是单一的办法，不能传授给他人。只有道与法是万全之道，而个人智能多有失误。提起秤来才知道平不平，有了圆规才知道圆不圆，这就是万全之道的例子。英明的君主让民众用道来修饰自身，因此安逸而有功绩。放弃圆规而只靠手巧，放弃法度而只靠头脑，这是使人惑乱的办法。昏乱的君主让民众用智能掩饰自身，不知道道的作用，因此劳而无功。

放弃法律禁令而听从私人请托，群臣在上面出卖官职，在下面取得报偿，因此利益落入私家而权威被群臣掌握，所以民众就没有尽力侍奉君主的想法，而专门去结交上层人物。民众喜欢向上结交，财货就会向上流动，而能说会道的人就会被任用，像这样，建功立业的人就更少了。奸臣更加升官，而能臣却被黜退，那么君主就迷惑而不知如何是好，民众聚集起来也不知所以。这是废除法律禁令，不重视功劳，单凭声誉举荐官吏，听从私人请托的过失。凡是败坏法度的人，一定要设下诈谋，借助财物来亲近君主，又喜欢谈论天下稀有的事物，这是暴虐昏乱的君主被迷惑，贤良的辅臣受侵害的原因。因此臣子称誉伊尹、管仲的功业，这样，违背法度卖弄智慧就有了依凭；称誉比干、伍子胥忠君而被杀死，这样，疾言强谏君主的人就有了借口。前面说的重用了伊尹、管仲的君主被称为贤明之君，后面说的杀掉比干、伍子胥的君主被称为暴乱之君，不可以把当今的君主与上面提到的君主类比，像这样类比的应当禁止。君主立法，认为它正确，而现在臣子有许多人玩弄个人智巧，认为君王的法度是错误的，这是把邪曲说成了智巧。凌驾法度玩弄个人智巧，像这样，应当禁止，这是为君之道。英明君主的治国之道，一定要明确公与私的界限，彰明法制，去除个人恩惠。有令必行，有禁必止，这是君主的大道理。必然要谋求私利，只对朋友讲求诚信，不能因为受赏而努力，也不能因为受罚而约止，这是臣子的小道理。小道理推行起来就会混乱，大道理推行起来就能太平，所以公与私是有界限的。臣子有自私心，也有大道理。修养身心，品格高洁，行为端正，做官没有私心，这是臣子的大道理。玷污品行，放纵私欲，贪图安逸，为家谋利，这是臣子的自私心。英明的君主在上，臣子就会去除自私心而推行大道理，昏乱的君主在上，臣子就会去除大道理而推行自私心。因此君与臣想法不同，君主用计谋供养臣子，臣子用计谋侍奉君主。君臣的交往，用的是计谋。对自身有害而对国家有利的事，臣子不去做；对国家有害而对臣子有利的事，君主不去干。臣子的想法是，对自身有害就没

有利益；君主的想法是，对国家有害就不必亲近。君主与臣子，是通过计谋而结合的。至于臣子面临危难一定会效命赴死，竭力尽智，那是法度使他这样做的。因此先王公开奖赏用以鼓励臣下，严明刑罚用以威慑臣下。赏罚严明，民众就会尽力效命，民众尽力效命，军队就会强大，君主就会尊荣。赏罚不明，民众就会无功也求受赏，有罪而求侥幸赦免，这样军队就会衰弱，君主就会卑微。所以先王的贤良的辅臣能够竭力尽智。因此说：公与私的界限不能不明确，法律禁令不能不慎重，先王是知道这一点的。

评点

“饰”，通“饬”。“饰邪”，即整饬邪恶行为之意。本篇主张去除邪恶，发扬正气，明法亲民以治国。文章开头提出应当整饬的邪恶行为主要是龟卜、蓍策和星象术数、迷信鬼神等愚蠢做法，认为这些行为都不足以决定战争胜负或判断战争的结局。文章接着提出君王应当“尽力于亲民，加事于明法”的主张，反对小国只知依仗大国而不肯发奋图强的做法，并举出一些小国灭亡的史实证明以法治国是必由之路。文章指出，“小知不可使谋事，小忠不可使主法”，赏罚必须适度而有效。文中记述了魏、赵、燕等国立法的情况，并论述了明法与慢法对国家兴亡的不同影响，告诫君王要“明法制，去私恩”，对那些迷惑君王的“败法之人”要严加整饬。本篇具有较鲜明的朴素唯物主义色彩，反映了韩非治国理念的历史进步性。

喻老（节选）

有形之类，大必起于小；行久之物，族必起于少。故曰："天下之难事必作于易，天下之大事必作于细。"是以欲制物者于其细也。故曰："图难于其易也，为大于其细也。"千丈之堤以蝼蚁之穴溃，百尺之室以突隙之烟焚。故曰白圭之行堤也塞其穴，丈人之慎火也涂其隙。是以白圭无水难，丈人无火患。此皆慎易以避难，敬细以远大者也。扁鹊见蔡桓公，立有间，扁鹊曰："君有疾在腠理，不治将恐深。"桓侯曰："寡人无。"扁鹊出，桓侯曰："医之好治不病以为功。"居十日，扁鹊复见曰："君之病在肌肤，不治将益深。"桓侯不应。扁鹊出，桓侯又不悦。居十日，扁鹊复见曰："君之病在肠胃，不治将益深。"桓侯又不应。扁鹊出，桓侯又不悦。居十日，扁鹊望桓侯而还走。桓侯故使人问之，扁鹊曰："疾在腠理，汤熨之所及也；在肌肤，针石之所及也；在肠胃，火齐之所及也；在骨髓，司命之所属，无奈何也。今在骨髓，臣是以无请也。"居五日，桓侯体痛，使人索扁鹊，已逃秦矣。桓侯遂死。故良医之治病也，攻之于腠理。此皆争之于小者也。夫事之祸福亦有腠理之地，故曰："圣人蚤从事焉。"

昔者纣为象箸而箕子怖。以为象箸必不加于土铏，必将犀玉之杯。象箸玉杯必不羹菽藿，必旄、象、豹胎。旄、象、豹胎必不衣短褐而食于茅屋之下，则锦衣九重，广室高台。吾畏其卒，故怖其始。居五年，纣为肉圃，设炮烙，登糟丘，临酒池，纣遂以亡。故箕子见象箸以知天下之祸。故曰："见小曰明。"

宋之鄙人得璞玉而献之子罕，子罕不受。鄙人曰："此宝也，宜为君子器，不宜为细人用。"子罕曰："尔以玉为宝，我以不受子玉为宝。"是鄙人欲玉，而子罕不欲玉。故曰："欲不欲，不贵难得之货。"

王寿负书而行，见徐冯于周涂，冯曰："事者为也，为生于时，知者无常事。书者言也，言生于知，知者不藏书。今子何独负之而行？"于是王寿因焚其书而舞之。故知者不以言谈教，而慧者不以藏书箧，此世之所过也。而王寿复之，是学不学也。故曰："学不学，复归众人之所过也。"

夫物有常容，因乘以导之。因随物之容，故静则建乎德，动则顺乎道。宋人有为其君以象为楮叶者，三年而成。丰杀茎柯，毫芒繁泽，乱之楮叶之中而不可别也。此人遂以功食禄于宋邦。列子闻之曰："使天地三年而成一叶，则物之有叶者寡矣。"故不乘天地之资而载一人之身，不随道理之数而学一人智，此皆一叶之行也。故冬耕之稼，后稷不能羡也；丰年大禾，臧获不能恶也。以一人力，则后稷不足；随自然，则臧获有余。故曰："恃万物之自然而不敢为也。"

赵襄主学御于王子期，俄而与于期逐，三易马而三后。襄主曰："子之教我御，术未尽也。"对曰："术已尽，用之则过也。凡御之所贵，马体安于车，人心调于马，而后可以进速致远。今君后则欲逮臣，先则恐逮于臣。夫诱道争远，非先则后也，而先后心在于臣，上何以调于马？此君之所以后也。"

楚庄王莅政三年，无令发，无政为也。右司马御座而与王隐曰："有鸟止南方之阜，三年不翅，不飞不鸣，嘿然无声，此为何名？"王曰："三年不翅，将以长羽翼。不飞不鸣，将以观民则。虽无飞，飞必冲天。虽无鸣，鸣必惊人。子释之，不穀知之矣。"处半年，乃自听政，所废者十，所起者九，诛大臣五，举处士六，而邦大治。举兵诛齐，败之徐州，胜晋于河雍，合诸侯于宋，遂霸天下。庄王不为小善，故有大名；不蚤见示，故有大功。故曰："大器晚成，大音希声。"

译文

有形体的东西，大的一定是由小的发展起来的；历时长久的事物，多的一定是由少的发展起来的。因此说："天下的困难的事一定是从容易的事开头的，天下的大事一定是从细小的事开头的。"所以要想控制事物要从细小处入手。因此说："谋划难事从容易的事入手，干大事从细小的事入手。"千丈长的河堤因为蚂蚁洞而崩溃，百尺高的房子因为烟囱的裂缝冒烟而烧毁。所以说，白圭巡行河堤时要堵塞蚂蚁洞，老人注意防火要涂抹烟囱的裂缝。因此，白圭没有水患，老人没有火灾。这都是谨慎对待容易做的事以避免灾难，诚敬对待细小的事以远离大祸的结果。扁鹊看见蔡桓公，站了好一会儿，扁鹊说："您有病在皮肤表层，如果不治恐怕会加重。"桓公说："我没病。"扁鹊出去了，桓公说："医生喜好给没病的人治病以此显示功劳。"过了十天，扁鹊又看到蔡桓公，说："您的病在皮肤肌肉里，如果不治会更加严重。"蔡桓公没答理他。扁鹊出去了，桓公又不高兴。过了十天，扁鹊又看到蔡桓公，说："您的病在肠胃里，如果不治会更加严重。"蔡桓公又没答理他。扁鹊出去了，桓公又不高兴。过了十天，扁鹊望见蔡桓公，就转身跑开。蔡桓公特地派人去问他，扁鹊说："病在皮肤表层，用药物熨贴可以见效；病在皮肤肌肉里，用金针、石针扎就可以见效；病在肠胃里，服用火煎的药剂就可以见效，病在骨髓，那就归掌管生命的神所管了，没有办法治了。现在病入骨髓，我因此不再请求给他看病了。"过了五天，蔡桓公身体疼痛，派人找扁鹊，扁鹊已经逃到秦国去了。蔡桓公于是死了。因此，良医治病，当病在皮肤表层

时就攻治。这都是在小处争胜的事例。事情的祸福也有他的“皮肤表层”(即萌芽),因此说:“圣人早早地处理事宜。”

从前商纣王让人制作象牙筷子,箕子感到恐惧。箕子认为,象牙筷子一定不会用在陶器上,还一定得用犀角、玉石制杯子。使用象牙筷子和玉石杯子,一定不会喝豆叶汤,一定得吃牦牛、大象、豹胎。吃牦牛、大象、豹胎,一定不会穿粗布短衣在茅草房中吃饭,那就得穿上多层的锦缎衣裳,修造宽敞的房屋和高大的楼台。我害怕这么做的结局,因此对它的开头感到恐怖。过了五年,商纣王建成肉林,设置铜板在火上,烤肉吃,登上用酒糟建造的假山,面对装酒的池子,商纣王于是因此灭亡。所以箕子见到象牙筷子就知道天下的祸害。因此说:“能看见小事的危害叫做明察。”

宋国的一个乡下人得到一块未经雕琢的璞玉,把它献给子罕,子罕不接受。乡下人说:“这是一件宝物,适合给君子制作器具,不适合给小人用。”子罕说:“你认为玉是宝物,我认为不接受你的玉是宝贵的。”这是说乡下人想要玉,而子罕不想要玉。因此说:

“把没有欲望当成欲望,不把难得的财物看得很贵重。”

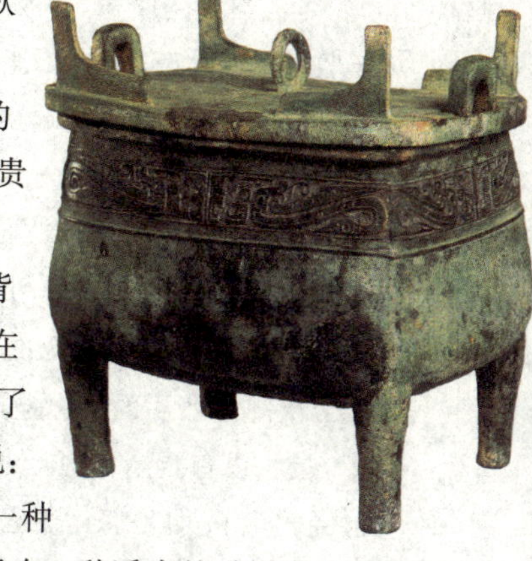

王寿背着书走路,在大路上看到了徐冯,徐冯说:“做事,是一种行为,行为是在一种适当的时机产生的,因此聪明人没有恒常不变的行事。书籍,记载着人们的言论,言论是由知识产生的,因此有知识的人不藏书。现在你为什么偏偏背着书走路呢?”于是王寿就烧了他的书并手舞足蹈起来。所以有知识的人不用言谈教诲,有智慧的人不用藏书,这是世人的错误认识。但是王寿重复了这种错误,这是把不学习当成了学习。因此说:“把不学习当成学习,又回归到众人认为错误的道路上去了。”

事物都有正常的容态,于是人们根据它的容态来引导事物。依照和顺应着事物的容态,当事物静止时就建立功德,当事物运动时就顺应它的发展规律。宋国有个给他的国君用象牙雕刻楮树叶子的人,三年后刻成。叶子上有粗的主叶脉,细的支叶脉,雕刻精细,色泽鲜活,混在真的楮叶之中不能分辨出来。这个人于是靠这个功劳在宋国得到俸禄。列子听了之后说:“假使天地间三年才长出一片叶子,那么植物当中有叶子的就太少了。”所以不凭借自然资源而逞一个人的本事,不顺应自然规律而学一个人的智巧,这都属于三年雕刻一片叶子之类的行为。因此，冬天耕种的庄稼，后稷不能让它丰产；丰收年景的壮苗，奴婢不能让它歉收。靠一个人的力量，后稷也会觉得不足；顺从自然规律，奴婢也会感到有余。因此说："依靠万物的自然规律而不敢自作自为。"

赵襄子向王于期学习驾车，不久就同王于期比赛竞逐，两人三次交换马匹而赵襄子三次都落在后面。赵襄子说："你教我驾车，技术没有教全。"王于期回答说："技术已经教全了，但是您运用它时有错误。凡是驾车所重视的是，要使马的身体和车协调，人的思想要支配着马，这样才可能前进得快到达得远。现在您落后时就想赶上我，跑到前头时又恐怕被我赶上。引导马向远处竞争奔跑，不是占先就是落后，然而无论占先还是落后，您的心思总是在我身上，又拿什么心思来支配马呢？这就是您所以落后的原因。"

楚庄王执政三年，没有号令可发，没有政事可做。右司马侍奉楚庄王闲坐，用隐语对他说："有一种鸟落在南方的土山上，三年没展开过翅膀，不飞翔不鸣叫，默默无声，这种鸟叫什么名字？"楚庄王说："三年没展开过翅膀，将用这些时间长出翅膀上的羽毛；不飞翔不鸣叫，将用这种办法来观察民众行事的原则。虽然没有飞翔，一飞定会冲向云天；虽然没有鸣叫，一叫定会令人震惊。你放弃这种担心吧，我知道你的用意了。"过了半年，就亲自执政，废止了十件旧政，兴办了九件新政，诛罚了五个大臣，举荐了六个隐士，于是国家治理得很好。兴兵讨伐齐国，在徐州打败了齐国，在河雍战胜了晋国，在宋国同诸侯会盟，于是称霸天下。楚庄王不做细小的善事，所以能有大名；不早早地显露心迹，所以能有大功。因此说："大的器物晚一些才能制成，大的音响听起来没有动静。"

评点 

“喻”，是古代用具体事物来说明抽象道理的一种方法，本篇就是用这种形象化的手段来阐述《老子》一书的思想的，故称“喻老”。

《喻老》原文共二十二段，分别用以阐述《老子》十二章的部分内容。这里节选的是《喻老》中的七则著名的寓言及部分相关联的文字。

“讳疾忌医”这则寓言旨在解说《老子》“图难于其易，为大于其细”这一哲学观点的含义。蔡桓公的命丧黄泉警示人们，凡事应见微知著，防微杜渐，发现祸患的苗头，应及早采取措施，将其消灭于萌芽状态，而不该任其滋蔓，酿成大祸。这篇寓言写扁鹊观察诊断，爽快利落，名医风采跃然纸上。记扁鹊几次进言，语气断然，直言不讳，高尚医德令人感佩。至于写蔡桓公的闭目塞听，讳疾忌医，只用了“不应”、“又不悦”等寥寥十余字，却已穷形尽相，情态毕现。

“纣为象箸”写箕子由纣王使用象牙筷子这么一件小事，预言他必将步步腐化，最终灭亡。韩非指出，这就是《老子》所谓“见小曰明”的含义。韩非借阐释老子之说，告诫执政者以史为鉴，勿蹈纣王之覆辙。

“子罕贱玉”意在以子罕不受玉的作为来说明“欲不欲，不贵难得之货”的道理。看上去，子罕有些犯傻，实则正反映了子罕清心寡欲、廉正不贪的人格魅力。

“王寿焚书”写王寿盲目听从徐冯的“知者不藏书”的蛊惑之说而尽焚其书，然后竟洋洋得意地手舞足蹈起来。寓言意在说明：把不学习当成学习，又回归到众人认为错误的道路上去了。徐冯也好，王寿也罢，他们都在认识论上犯了一个足可将人引向愚昧之渊薮的大错误。

“三年一叶”的主旨在告诫人们要顺从并依靠万物的自然规律而不要自作自为。在韩非看来，所有的不凭借自然资源而逞一个人的本事，或不顺应自然规律而学一个人的智巧的，都属于三年雕刻一叶之类的行为。

“赵襄学御”告诉人们，无论是多么高超的技艺，如果运用不当，甚或有错误，都不能最终达成目标获得成功。驾车竞逐如此，安邦治国岂能例外？

“一鸣惊人”这则寓言中，右司马与楚庄王的一问一答，十分含蓄，又不乏幽默，可看成是两位智者的彼此会心的沟通。其妙处在于问者语言机智，发人深省；而答者即事论说，借题发挥。一问一答，势均力敌，旗鼓相当。寓言本意在于形象地说明《老子》的“大器晚成，大音希声”的命题，而它带给人们的教益却远远超乎韩非的初衷。

说林上（节选）

鸱夷子皮事田成子，田成子去齐，走而之燕，鸱夷子皮负传而从。至望邑，子皮曰："子独不闻涸泽之蛇乎？涸泽蛇将徙，有小蛇谓大蛇曰：'子行而我随之，人以为蛇之行者耳，必有杀子者，不如相衔负我以行，人以我为神君也。'乃相衔负以越公道，人皆避之，曰神君也。今子美而我恶，以子为我上客，千乘之君也；以子为我使者，万乘之卿也。子不如为我舍人。"田成子因负传而随之，至逆旅，逆旅之君待之甚敬，因献酒肉。

绍绩昧醉寐而亡其裘，宋君曰："醉足以亡裘乎？"对曰："桀以醉亡天下，而《康诰》曰'毋彝酒'者。彝酒，常酒也。常酒者，天子失天下，匹夫失其身。"

管仲、隰朋从于桓公而伐孤竹，春往冬反，迷惑失道。管仲曰："老马之智可用也。"乃放老马而随之，遂得道。行山中无水，隰朋曰："蚁冬居山之阳，夏居山之阴，蚁壤一寸而仞有水。"乃掘地，遂得水。以管仲之圣而隰朋之智，至其所不知，不难师于老马与蚁。今人不知以其愚心而师圣人之智，不亦过乎！

有献不死之药于荆王者，谒者操之以入。中射之士问曰："可食乎？"曰："可。"因夺而食之。王大怒，使人杀中射之士。中射之士使人说王曰："臣问谒者曰'可食'，臣故食之，是臣无罪，而罪在谒者也。且客献不死之药，臣食之而王杀臣，是死药也，是客欺王也。夫杀无罪之臣，而明人之欺王也，不如释臣。"王乃不杀。

田驷欺邹君，邹君将使人杀之。田驷恐，告惠子。

惠子见邹君曰："今有人见君则眇其一目，奚如？"君曰："我必杀之。"惠子曰："瞽，两目眇，君奚为不杀？"君曰："不能勿眇。"惠子曰："田驷东慢齐侯，南欺荆王，驷之于欺人，瞽也，君奚怨焉？"邹君乃不杀。

鲁人身善织屦，妻善织缟，而欲徙于越。或谓之曰："子必穷矣。"鲁人曰："何也？"曰："屦为履之也，而越人跣行；缟为冠之也，而越人被发。以子之所长游于不用之国，欲使无穷，其可得乎？"

陈轸贵于魏王，惠子曰："必善事左右。夫杨，横树之即生，倒树之即生，折而树之又生。然使十人树之而一人拔之，则毋生杨。至以十人之众，树易生之物而不胜一人者，何也？树之难而去之易也。子虽工自树于王，而欲去子者众，子必危矣。"

杨子过于宋，东之逆旅，有妾二人，其恶者贵，美者贱。杨子问其故，逆旅之父答曰："美者自美，吾不知其美也；恶者自恶，吾不知其恶也。"杨子谓弟子曰："行贤而去自贤之心，焉往而不美。"

卫人嫁其子而教之曰："必私积聚。为人妇而出，常也，其成居，幸也。"其子因私积聚，其姑以为多私而出之。其子所以反者倍其所以嫁，其父不自罪于教子非也，而自知其益富。今人臣之处官者，皆是类也。

译文 

鸱夷子皮侍奉田成子，田成子离开齐国，逃跑而去了燕国，鸱夷子皮背着出入关口的符信跟随着。到了望邑，子皮说："您难道没听说过干枯的沼泽中的蛇吗？干枯的沼泽中的蛇要迁徙，有条小蛇对大蛇说：'您走而我跟随您，人们会认为这条蛇不过是要过路罢了，一定会有要杀您的人，不如互相衔着背着我走，那样人们一定会以为我是神君的。’于是大蛇与小蛇衔着并背着小蛇越过大道，人们都躲避它们，说他们是神君。现在论长相您美我丑，把您作为我的上等宾客，看上去您是个千乘之国的国君；把您作为我的使者，看上去我就是万乘之国的卿相了。您不如当我的舍人。”田成子于是背着符信而跟随着他，到了旅店，旅店老板对待他们非常恭敬，并献给他们酒肉。

绍绩昧醉酒后睡着了而丢了皮衣，宋国国君说：“醉酒就足以丢失皮衣吗？”回答说：“夏桀就是因为醉酒而丢失天下的，《康诰》上说：‘不要彝酒。’彝酒，就是经常饮酒。经常饮酒的，天子会失去天下，平民会失去性命。”

管仲、隰朋跟随齐桓公攻打孤竹国，春天去，冬天返回，迷迷糊糊找不到路。管仲说：“老马的智慧可以利用。”就放开一匹老马而跟随它，于是找到了路。走到山中没有水喝，隰朋说：“蚂蚁冬天住在山的南面，夏天住在山的北面，蚂蚁洞边的小土堆有一寸高，往下掘地一仞深，就有水了。”于是掘地，就得到了水。凭管仲的聪明和隰朋的智慧，遇到他们所不懂的事，也不认为向老马与蚂蚁讨教有什么难为情。现在的人们不知道因为自己内心愚昧而去向圣人的智慧讨教，不也是错误吗？

有个向楚王进献不死之药的人，负责通报的官员拿着不死之药进去。中射之士问道：“可以吃吗？”回答说：“可以。”于是中射之士

夺过药吃了。楚王大怒，要派人杀掉中射之士。中射之士让人劝说楚王："我问负责通报的官员，他说'可以吃'，我因此吃了它，这是说我没有罪，而罪在负责通报的官员身上。况且客人进献的是不死之药，我吃了它而大王能杀死我，这说明药是死药，这是客人欺骗了大王。杀死没有罪过的臣子，而且证明了别人在欺骗大王，不如放了我。"楚王于是没有杀他。

田驷欺骗邹国国君，邹国国君要派人杀他。田驷恐惧，告诉惠子。惠子晋见邹国国君说："如果有个人晋见您时，闭上他的一只眼睛，您怎么办?"国君说："我一定杀掉他。"惠子说："盲人，两眼都闭着，您为什么不杀?"国君说："盲人不能不闭着眼睛。"惠子说："田驷在东边轻慢齐侯，在南边欺骗楚王，就欺骗人来说，田驷也是个盲人，您为什么怨恨他呢?"邹国国君于是不杀他。

鲁国有个人自己善于编织麻鞋，妻子善于织生绢，想迁徙到越国去。有人对他说："您一定会困窘的。"鲁国人说："为什么?"回答说："麻鞋是为了给人穿的，而越国人光着脚走路；生绢是为了做帽子戴的，而越国人披散着头发。用您所擅长的手艺到不用它的国家去谋生，想要不困窘，那可能办到吗?"

陈轸被魏惠王看重，惠子说："一定要好好侍奉国君左右的人。杨树，横着栽它就活，倒着栽它就活，折断了栽它又活。然而让十个人栽它而用一个人拔它，那就栽不活杨树了。那么用十个人这么一群，去栽容易活的树，却不能战胜一个人，为什么?因为栽树困难而拔树容易。您即使善于在大王面前树立自己，可是想要除去您的人很多，您一定

会危险了。"

杨朱路过宋国，来到宋国东边的旅店，店主有妾两人，那个相貌丑的地位高贵，相貌美的地位低贱。杨朱问这是什么缘故，旅店主人回答说："美的自己认为美，我不知道她是美的；丑的自己认为丑，我不知道她是丑的。"杨朱对弟子说："办贤德的事而去掉自认为贤德的心情，不论干什么没有不美的。"

有个卫国人嫁女儿时教导她说："一定要私下积蓄钱财。做别人妻子而被休弃，这是常事；那能够终生居住在一起的，属于侥幸。"他的女儿于是私下积蓄钱财，她的婆婆认为她多藏私财而赶她回了娘家。他的女儿返回了娘家，这违背了当初出嫁的想法，他的父亲不自责教女无方，反而自以为他增加财富的办法聪明。现在臣子们处在各种官位上的，都是这一类人。

评点

“说林”，即传说故事的汇集。“说”，古时指民间传说、历史故事等；“林”，是形容“说”的众多，有如林木丛集。“说林”分为上、下两篇，分别有故事三十四则和三十七则。这些故事是韩非为写作论文和讨论问题时用为参考或论据的资料。故事的内容涉及古代的政治、经济、民俗、文化、哲学、伦理等许多方面，大多简短生动，形象鲜明，寓意深刻，发人深省，以一种独特的方式反映了韩非思想的丰富性。这些故事有的摘自古代文献，有的采自民间口碑，但都含有改编的内容与创意的发挥，具有较强的哲理意味。“说林”是《韩非子》“寓言群”的重要组成部分。

本篇是《说林上》的节选，共选了其中的九则故事。

“涸泽之蛇”是一则颇有庄子风格的动物寓言。两蛇故弄玄虚，相衔而行，并由大蛇背负着小蛇。人们见状，竟以为是神君而避让。本是咄咄怪事，却揭示出一个真理：涸泽之蛇世上常有，受骗上当者也并非罕见。

绍绩昧“醉寐亡裘”，讲的是醉酒的危害：“常酒者，天子失天下，匹夫失其身。”这则寓言短短几十字，有记叙，有对话，有引证，有结论，虽缺乏情节，却颇富教益，发人深省。

“老马识途”或许是一则真实的历史故事。管仲靠老马识途，隰朋寻蚁穴得水，一“圣”一“智”，令人钦佩。韩非借这个故事表达对世人的感慨——现在的人们不知道因为自己内心愚昧而去向圣人的智慧讨教，不也是一种错误吗？

“不死之药”是一则蕴含辩证思想与逻辑力量的著名寓言。它的点睛之笔是“中射之士使人说王”的那段说辞。说辞表现了进说者的聪明机智和辩说技巧，“王乃不杀”也暗示了楚王的深明事理。矛盾双方都不是等闲之辈，这正是这场幽默剧的“看点”之所在。

“田驷如瞽”的故事，将政治上的盲人同现实生活中的盲人

比类而论，告诫人们不必与田驷这样的“东慢齐侯，南欺荆王”的欺人者计较短长。也许，对于被欺的邹君来说，隐忍漠视是痛苦的，但对于一个成熟的政治家来说，这也未尝不是个明智的选择。

“鲁人徙越”这则寓言的寓意是显而易见的，即以鲁人徙越技无所用比喻不为世用的思想。韩非的本意在于注重功用与参验，坚持主观与客观的统一，这在寓言的结尾已用问句道出，应予关注。

“树难去易”这则故事中，惠子以栽杨为喻，生动有趣地讲述了安全稳妥的为官之道。栽杨是“树难去易”，为官一旦得宠会四面受敌，人人皆欲除之，岂可不慎！

店主有“美丑二妾”，丑者位尊而美者位卑。杨子问其原因，店主答以“美者自美”，“恶者自恶”。于是杨子从中悟出一番道理：办贤德的事而去掉自认为贤德的心情，不论干什么没有不美的。店主的回答语言整饬，前后对称；杨子的感悟定位准确，表述简洁，可谓相映生辉的两段文字。

“卫人嫁女”的故事旨在借卫人的教女无方和卫女的违背为妻之道委婉地阐述为官须注意的原则，韩非认为，有许多臣子处在各种官位上，大都属于卫国人所嫁之女一类。

说林下（节选）

伯乐教二人相踶马，相与之简子厩观马。一人举踶马，其一人从后而循之，三抚其尻而马不踶，此自以为失相。其一人曰："子非失相也，此其为马也，踒肩而肿膝。夫踶马也者，举后而任前，肿膝不可任也，故后不举。子巧于相踶马而拙于任肿膝。"夫事有所必归，而以有所肿膝而不任，智者之所独知也。惠子曰："置猿于柙中，则与豚同。"故势不便，非所以逞能也。

鸟有翢翢者，重首而屈尾，将欲饮于河，则必颠，乃衔其羽而饮之。人之所有饮不足者，不可不索其羽也。

杨朱之弟杨布，衣素衣而出，天雨，解素衣，衣缁衣而反，其狗不知而吠之。杨布怒，将击之。杨朱曰："子毋击也，子亦犹是。曩者使女狗白而往，黑而来，子岂能毋怪哉！"

宋之富贾有监止子者，与人争买百金之璞玉，因佯失而毁之，负其百金，而理其毁瑕，得千溢焉。事有举之而有败，而贤其毋举之者，负之时也。

三虱相与讼，一虱过之，曰："讼者奚说？"三虱曰："争肥饶之地。"一虱曰："若亦不患腊之至而茅之燥耳，若又奚患？"于是乃相与聚嘬其身而食之。彘臞，人乃弗杀。

虫有虺者，一身两口，争食相龁也。遂相杀，因自杀。人臣之争事而亡其国者，皆虺类也。

有与悍者邻，欲卖宅而避之。人曰："是其贯将满也，子姑待之！"答曰："吾恐其以我满贯也。"遂去之。故曰："物之几者，非所靡也。"

郑人有一子，将宦，谓其家曰："必筑坏墙，是不善人将窃。"其巷人亦云。不时筑，而人果窃之。以其子为智，以巷人告者为盗。

译文 

伯乐教两个人相一种踢人的马，两人一起去赵简子的马圈里去观察马。一个人挑选了一匹踢人的马，另一人从后面抚摸它，多次抚摸马的臀部而马也不踢人，这个人自以为看错了。另一个人说："您并没有看错。这是由于这匹马肩头筋骨挫伤而膝部肿胀。那些踢人的马，总是举扬后腿而把体重凭依在前腿上，膝部肿胀就不能凭依了，因此后腿不能举扬。您善于相踢人的马而不明白凭依肿胀的膝部的马不能踢人的道理。"事物都有它必然的归宿，而由于有肿胀的膝部而使体重不能凭依的道理，是聪明的人才能独自知道的。惠子说："把猿猴关在木笼里，它就跟小猪一样了。"因此形势不利，就不能借以表现本领。

鸟类有一种叫翢翢的，头沉重而尾弯曲，如果要到黄河岸边饮水，就一定会栽倒到水中，于是只好由另一只鸟衔着它的羽毛饮水。人们中所有饮不着水的，不能不寻找别人来衔自己的羽毛。

杨朱的弟弟杨布，穿着白衣服出了门，天下了雨，他脱去白衣服，穿上黑衣服回家，他家的狗认不出他而朝他吠叫。杨布很生气，要打它。杨朱说："你别打它，你也是像这样的。假如在从前你的狗是白色的出去，变黑了回来，你难道能不觉得奇怪吗？"

宋国的富商中有个名叫监止子的人，与人争着买价值百金的一块未经雕琢的璞玉，于是假装失手而摔坏了它，赔偿了百金，当他修理好璞玉摔出的毛病时，卖了它得到了千镒金。事情办起来后有时会有些失败，有的人就认为还是不办那件事好，因为他们只看到了赔偿的时候。

三只虱子互相争吵起来，又有一只虱子从它们身边经过，说："你们为什么争吵？"三只虱子说："为了争夺肉肥的地方。那只虱子说："你们也不担忧腊祭一到，人们就杀了猪然后用茅草烧烤猪毛，那你们还担忧什么呢？"于是虱子们就互相聚在一块儿，咬那猪身，吸食猪血。猪瘦了，人们就没有杀猪。

动物中有一种毒蛇，一个身体上长着两张嘴，争夺食物，两张嘴互相啃咬。于是互相残杀，就自己杀了自己。臣子当中那种争权夺势而使国家灭亡的人，都是毒蛇的同类。

有个人同凶狠的人做邻居，想要卖掉住宅而避开他。别人对他说："那个人他穿钱的绳子上穿的钱快满了，您姑且等着吧！"这个人回答说："我恐怕他会拿我作穿满绳子的那个钱。"于是离开了住处。因此说："事情到了紧要关头，就不要再拖延下去。"

一个郑国人有个儿子，将出外为官，对家中人说："一定要筑好坏墙，这墙不修好，别人会来偷窃。"他的同巷人也这么说。没有及时筑好坏墙，别人果然偷了他家东西。这个郑国人认为他的儿子明智，却认为那个提出忠告的同巷人是盗贼。

评点

本篇是《说林下》的节选，共选了其中的八则寓言故事。

"伯乐踶相马"的故事颇耐人寻味。"踶马"是以后蹄踢人的马。踶马抬起后足，体重就全都得靠前足支撑。前膝肿大而无法承重，后足就难以形成踢人之势。寓言的主体内容是"相踶马"，其寓意则是，君主一旦失去权势便难以为治。这篇寓言体现了韩非的重"势"的思想。

"衔羽而饮"这则寓言几乎没有情节。一种名叫翢翢的鸟，因头重尾曲而饮水必颠，只好由另一只鸟衔其羽毛才成。翢翢并非作者讽刺的对象，恰好相反，韩非借这则寓言告诫现实生活中存在某种劣势的人们，他们应当善于求助于人，即"不可不索其羽"。

"衣缁狗吠"讲的是日常生活中时有发生的"少见多怪"的故事。狗看惯了"衣素衣"的主人，一旦主人"衣缁衣"就见而吠叫。杨布怒而欲击狗，杨朱却认为狗的吠叫实属正常。杨朱用换位思考法劝阻其弟，语言幽默机智，逻辑无懈可击。寓言虽无下文，但杨布的心悦诚服是可以想见的。

"毁璞得金"的主人公是个"宋人"，"宋人"常常是先秦寓言嘲弄、挖苦、讥讽的对象，而本寓言中的"宋人"却是韩非所欣赏、肯定的智者。寓言的教诲意义在于以这个宋国富商的惊人之举告诉人们：事情办起来有时会有些失败，但不能只看到赔偿的时候而认为还是不办事的好。

“三虱争讼”讲的是生存哲学，不妨从多种角度加以体认。比如，它至少可以告诉人们，事物之间具有相互依存的关系，彼此纷争打斗，常常会同归于尽；不虑后患，只图眼前些许小利的行为是短视而愚蠢的。

“两口相龁”这则寓言借一身两口的毒蛇为争夺食物而两口相咬，以致自残而死的故事，比喻人臣为争夺权力而彼此残杀并导致国家灭亡的事件。以自残之蛇喻“争事”之臣，极其恰切，可以说是抓住了二者相似的本质。

“恶贯满盈”这则寓言的主旨是主动避祸比被动等待要好。既然已经看出悍邻即将恶贯满盈，那就没有必要因为等待而成为他的最后的牺牲品。《尚书·泰誓上》有“商罪贯盈，天命诛之”的说法，这当是这则寓言中“贯将满”一语之所本。

这则“智子疑邻”可以看作是《说难》篇中“智子疑邻”的又一“版本”。在《说难》中，其主人公是宋人，本篇主人公是郑人。郑在今河南中部，宋在今河南东部，相距不远。那么，可以合理地推想，这类智其子、疑其邻的故事，在当年想必是各处广为流传的，因此情节大体相同，唯主人公“国籍”有别而已。短短四十余字将一个故事交待得清清楚楚，两个“进说者”的不同结局历历在目，可谓笔墨简洁，尽得神理，寓意深长，耐人寻味。

观 行

古之人目短于自见，故以镜观面。智短于自知，故以道正己。故镜无见疵之罪，道无明过之怨。目失镜则无以正须眉，身失道则无以知迷惑。西门豹之性急，故佩韦以缓己。董安于之心缓，故佩弦以自急。故以有余补不足，以长续短之谓明主。

天下有信数三：一曰智有所不能立，二曰力有所不能举，三曰强有所不能胜。故虽有尧之智而无众人之助，大功不立。有乌获之劲而不得人助，不能自举。有贲、育之强而无法术，不得长胜。故势有不可得，事有不可成。故乌获轻千钧而重其身，非其身重于千钧也，势不便也。离朱易百步而难眉睫，非百步近而眉睫远也，道不可也。故明主不穷乌获以其不能自举，不困离朱以其不能自见。因可势，求易道，故用力寡而功名立。时有满虚，事有利害，物有生死，人主为三者发喜怒之色，则金石之士离心焉。圣贤以卜浅深矣。故明主观人，不使人观己。明于尧不能独成，乌获不能自举，贲育之不能自胜，以法术则观行之道毕矣。

译文 

古时的人们，眼睛缺乏自我发现的能力，所以用镜子来观照面孔；智慧缺乏自我认知的能力，所以用道来端正自己。因此，镜子不会因显现毛病而有罪，道不会因彰明过失而遭怨。眼睛失去镜子就没办法端正容貌，自身失去了道就没办法辨知迷惑。西门豹性情急躁，所以佩着皮带来警示自己要从容宽缓；董安于心性迟缓，所以佩着弓弦来警示自己要急迫行事。因此能用有余来补充不足，用长处来弥补短处的才叫做英明的君主。

天下有三件事是有一定限度的：一是智慧有它办不成的事，二是力量有它举不起的物，三是强悍有它战不胜的人。因此即使有尧的智慧而没有众人的帮助，大功仍然不能建立。即使有乌获的力量而得不到别人的帮助，也不能举起自己来。即使有孟贲、夏育的强悍而没有法术，也不能总是取胜。所以情势有得不到的，事情有办不成的。因此乌获不难举起千钧而难以举起他自身，这不是因为他自身比千钧更重，而是情势不便于自举。离朱把看清百步之外的细物当成易事而把看见自己的眉毛、睫毛当成难事，这不是因为百步近而眉睫远，而是客观规律不可能。因此英明的君主不会因乌获不能举起自身而使他窘迫；不会因离朱不能看见自己的眉睫而使他困窘。顺应可利用的形势，探寻简易的办法，所以用力少而功名能够确立。天时有盈虚，事情有利弊，万物有生死，君主为这三件事而表现出或喜或怒的脸色，那么坚贞忠诚之士就离心离德了。圣贤们根据这个去卜测君主用心行事的浅深。因此英明君主能观察别人，而不让别人观察自己。明白了尧不能独自成功，乌获不能举起自己，孟贲、夏育不能胜过自己的道理，再用法术行事，那么观察别人行为的办法就完备了。

评点

“观行”，指观察自己及他人的行为。文章认为，人观察自己总有局限性，因此需借助外物“以有余补不足，以长续短”。能做到这一点才是“明主”。对别人的行为不要苛求，而应以法术为标准去衡量。文章指出，天下有三种必然的道理：“一曰智有所不能立，二曰力有所不能举，三曰强有所不能胜。”也就是说，人只能顺应客观形势去有所作为，而不能超越其局限。文章末尾指出，人主只能去“观人”，而不使人“观己”，以此保证处于主动地位。

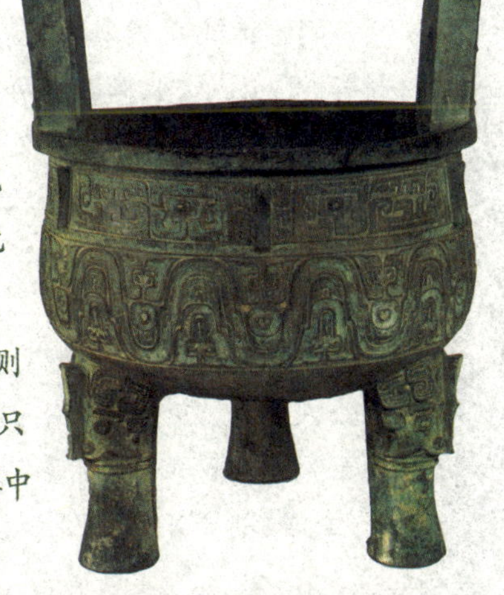

文章中韩非强调君王观察自己和别人行为的原则是“法术”。他说：“以法术则观行之道毕矣。”认为只要运用法术来考察臣下，君主的观行之道就尽在其中了。

安危

安术有七，危道有六。

安术：一曰赏罚随是非，二曰祸福随善恶，三曰死生随法度，四曰有贤不肖而无爱恶，五曰有愚智而无非誉，六曰有尺寸而无意度，七曰有信而无诈。

危道：一曰斫削于绳之内，二曰斫割于绳之外，三曰利人之所害，四曰乐人之所祸，五曰危人于所安，六曰所爱不亲，所恶不疏。如此，则人失其所以乐生而忘其所以重死。人不乐生则人主不尊，不重死则令不行也。

使天下皆极智能于仪表，尽力于权衡，以动则胜，以静则安。治世使人乐生于为是，爱身于为非。小人少而君子多，故社稷常立，国家久安。奔车之上无仲尼，覆舟之下无伯夷。故号令者，国之舟车也，安则智廉生，危则争鄙起。故安国之法，若饥而食，寒而衣，不令而自然也。先王寄理于竹帛，其道顺，故后世服。今使人饥寒去衣食，虽贲育不能行。废自然，虽顺道而不立。强勇之所不能行，则上不能安。上以无厌，责已尽，则下对“无有”，无有则轻法。法所以为国也，而轻之，则功不立，名不成。

闻古扁鹊之治其病也，以刀刺骨；圣人之救危国也，以忠拂耳。刺骨，故小痛在体而长利在身；拂耳，故小逆在心而久福在国。故甚病之人利在忍痛，猛毅之君以福拂耳。忍痛，故扁鹊尽巧；拂耳，则子胥不失：寿安之术也。病而不忍痛，则失扁鹊之巧；危而不拂耳，则失圣人之意。如此，长利不远垂，功名不久立。

人主不自刻以尧，而责人臣以子胥，是幸殷人之尽如比干。尽如比干则上不失，下不亡。不权其力而有田成，而幸其身尽如比干，故国不得一安。废尧舜而立桀纣，则人不得乐所长而忧所短。失所长则国家无功，守所短则民不乐生。以无功御不乐生，不可行于齐民。如此，则上无以使下，下无以事上。

安危在是非，不在于强弱。存亡在虚实，不在于众寡。故齐万乘也，而名实不称，上空虚于国内，不充满于名实，故臣得夺主。杀天子也，而无是非，赏于无功，使谗谀以诈伪为贵，诛于无罪，使伛以天性剖背。以诈伪为是，天性为非，小得胜大。

明主坚内，故不外失。失之近而不亡于远者无有。故周之夺殷也，拾遗于庭。使殷不遗于朝，则周不敢望秋毫于境，而况敢易位乎。

明主之道忠法，其法忠心，故临之而法，去之而思。尧无胶漆之约于当世而道行，舜无置锥之地于后世而德结。能立道于往古，而垂德于万世者之谓明主。

译文

使社会安定的办法有七种，使政权危亡的做法有六种。

使社会安定的办法：一是赏罚要依照是非来执行，二是让人遭祸得福要依照善恶来定，三是决定人的生死要依照法度进行，四是任用人只看有无才能而不凭主观好恶，五是任用人只看愚智而不考虑别人的指责与称誉，六是行事有客观尺度而不去猜测臆断，七是有诚信而无欺诈。

使政权危亡的做法：一是歪曲法度，就像砍削木材到了墨线以内，二是歪曲法度就像砍削木材到了墨线以外，三是从别人的祸害中捞取好处，四是拿别人的灾祸当成欢乐，五是危害别人的安定，六是对所爱的人不加亲近，对所恨的人不加疏远。这样，人们就会丧失乐于生活的目的而忘记珍惜生命的原因。人们不乐于生活，君主就不会有尊严；人们不珍惜生命，政令就不能推行。

假使天下的人们都按着标准极尽可能地献出智慧与能力，按照法度的要求竭尽力量，用这样的人们去动武，就打胜仗；用这样的人虚静地治国，国家就安定。大治的社会，使人们为干合法的事而生活，珍爱自身而不去干非法的事。由于小人少而君子多，所以政权常存，国家久安。奔驰的车子上不会坐着孔子这样的人，倾覆的船只下不会有伯夷这样的人。因此，号令就是国家的船和车，社会安定，明智、清廉的人就会涌现；政权危机，争夺、贪鄙的事就会兴起。因此，使国家安定的法令，正如饥饿时要吃饭，寒冷时要穿衣一样，是不用命令就自然会如此的。先王把治国的道理写在竹简帛书上，这些道理顺应规律，因此后代都信服。假如让人们在饥寒时离开衣食，即使勇士孟贲、夏育也办不到。废弃了人们自然的要求，即使顺应规律的道也建立不了。勉强勇者去干办不到的事，君主就不能安定。君主贪得无厌，责令臣民奉献已经用光了的东西，臣民就回答说“没有了”，啥也没有了就会轻视法度。法度是用来治国的，而臣民轻视它，君主的功业就不能建成，声誉就不能树立。

听说古时的扁鹊治别人的病，用刀去刺骨头；圣人拯救危亡的国家，用忠言进谏去使人听着不顺耳。刺骨头，给躯体带来小的痛苦，却给人本身带来长久的利益；听着不顺耳，给心意带来小的不快，却给国家带来长久的幸福。所以病重的人得到利益，在于忍受痛苦；勇猛坚毅的君主为了幸福就得听逆耳之言。能忍受痛苦，扁鹊才能尽量施展技巧；肯听逆耳之言，才不会失去伍子胥那样的臣子，这是长治久安的办法。有重病而不能忍受痛苦，就失去了扁鹊用技巧来治疗的机会；国家危亡而不听逆耳之言，就失去了圣人试图拯救的可能。像这样，长远利益就不能永垂后世，功业名誉也不会长久确立。

君主不能以尧为楷模而自己铭刻在心，却拿伍子胥做标准来责求臣子，这就好比是侥幸地指望殷商的臣民都像比干一样。都像比干一样，君主就没有过失，臣民就不会丧亡。不客观地权衡自己的力量，就会有田成子那样的乱臣，然而还侥幸地指望他能完全像比干那样，因此国家就一天也不能安宁了。如果废黜了尧、舜而拥立桀、纣为君主，那么人们就不会为自己有长处而快乐，也不会为自己有短处而忧愁。人们丧失了长处，国家就不能建树功业；人们固守短处，民众就会不乐于生活。用一个不能建树功业的国家去驾驭不乐于生活的民众，这在平民当中就行不通。像这样，君主没有办法役使臣下，臣下也没有办法侍奉君主。

安危的关键在于分清是非，而不在于国力的强弱。存亡的关键在于鉴别虚实，而不在于人数的多少。因此齐国这个万乘之国，名实不符，君主在国内徒有虚名，而名位、实权都不充足，所以臣子得以劫夺君主。夏桀作为天子，治国不能分清是非，奖赏无功的人，使那些好进谗言善于阿谀的人凭着欺诈虚伪的手段成为朝中显贵；夏桀还诛杀无罪的人，使得背脊弯曲的人因为先天的缺陷而被剖开背脊。把欺诈虚伪当做正确，把天生的缺陷当成错误，于是本来弱小的商汤能够战胜强大的夏桀。

英明的君主加强国内治理，因此不会失利于外部势力。在近处的治国的事上有失误，而不被远方的国家灭亡的君主是没有的。因此周人夺取殷商的政权，好像在庭院里捡拾别人遗落的东西一样轻而易举。假使殷商的朝廷没有失误，那么周人就连殷商国内的一根毫毛也不敢指望得到，更何况是敢于改变君位呢?

英明君主的治国之道符合法度，国家的法度符合民心，因此用法度去治理国家，一旦去除了法度，民众就会思念。尧并没有同当时的民众订下牢固可靠的盟约，而治国之道得以推行；舜没有留下立锥之地传给后代，而同民众结下了恩德。能借鉴古代圣王而确立治国之道，并把恩德留传千秋万代的，叫做英明君主。

评点

“安危”，指国家的安定与危亡。本篇探讨国家长治久安之策，并谋求君王执政去危之道。文章指出“安术有七，危道有六”。君王安定国家的关键在于以法治国，“安国之法，若饥而食，寒而衣，不令而自然也”。文章还告诫君王对百姓不可诛求无厌，以免把百姓逼上轻视法律的地步。又以扁鹊治病为喻，要求君王从谏如流，不要排拒逆耳忠言。君王应当分清是非，不图虚名，推行法制，巩固国内，这样才能治理好国家。

文章还提出了“安危在是非，不在于强弱。存亡在虚实，不在于众寡”的命题，认为国家安危的关键在于分清是非，而不在于国力的强弱。存亡的关键在于鉴别权力的虚实，而不在于所治之民人数的多少。文章强烈地表现了对治国之道符合法度的“明主”的向往，顺应了战国后期的社会思潮。

守道

圣王之立法也，其赏足以劝善，其威足以胜暴，其备足以必完法。治世之臣，功多者位尊，力极者赏厚，情尽者名立。善之生如春，恶之死如秋，故民劝，极力而乐尽情，此之谓上下相得。上下相得，故能使用力者自极于权衡，而务至于任鄙；战士出死，而愿为贲、育；守道者皆怀金石之心，以死子胥之节。用力者为任鄙，战如贲、育，中为金石，则君人者高枕而守己完矣。

古之善守者，以其所重禁其所轻，以其所难止其所易。故君子与小人俱正，盗跖与曾、史俱廉。何以知之？夫贪盗不赴溪而掇金，赴溪而掇金则身不全；贲、育不量敌则无勇名，盗跖不计可则利不成。

明主之守禁也，贲、育见侵于其所不能胜，盗跖见害于其所不能取。故能禁贲、育之所不能犯，守盗跖之所不能取，则暴者守愿，邪者反正。大勇愿，巨盗贞，则天下公平而齐民之情正矣。

人主离法失人，则危于伯夷不妄取，而不免于田成、盗跖之祸，何也。今天下无一伯夷，而奸人不绝世，故立法度量。度量信则伯夷不失是，而盗跖不得非。法分明则贤不得夺不肖，强不得侵弱，众不得暴寡。托天下于尧之法，则贞士不失分，奸人不侥幸。寄千金于羿之矢，则伯夷不得亡，而盗跖不敢取。尧明于不失奸，故天下无邪；羿巧于不失发，故千金不亡。邪人不寿而盗跖止。如此，故图不载宰予，不举六卿；书不著子胥，不明夫差。孙吴之略废，盗跖之心伏。人主甘服于玉堂之中，而无目切齿倾取之患。人臣垂拱于金城之内，而无扼腕聚唇嗟唶之祸。服虎而不以柙，禁奸而不以法，塞伪而不以符，此贲、育之所患，尧、舜之所难也。故设柙非所以备鼠也，所以使怯弱能服虎也；立法非所以避曾、史也，所以使庸主能止盗跖也；为符非所以豫尾生也，所以使众人不相谩也。不独恃比干之死节，不幸乱臣之无诈也，恃怯之所能服，握庸主之所易守。当今之世，为人主忠计，为天下结德者，利莫长于如此。故君人者无亡国之图，而忠臣无失身之画。明于尊位必赏，故能使人尽力于权衡，死节于官职。通贲、育之情，不以死易生；惑于盗跖之贪，不以财易身。则守国之道毕备矣。

译文

圣明的国君建立法制，他的奖赏足以鼓励善行，他的威刑足以战胜凶暴，他的治国措施足以保证政治的完善。太平盛世的臣子，功劳多的地位尊显，出力大的奖赏丰厚，竭尽忠诚的名声确立。好事像春天一样充满生机，坏事像秋天一样衰败消亡，因此民众勤勉，竭尽全力而乐于效尽忠诚，这就叫上下相互协调。上下相互协调，所以能使出力的人自觉地按着行事准则竭尽全力，努力去赶上任鄙；战士们出生入死，希望成为孟贲、夏育式的勇士；坚守道义的人都怀有金石一般坚定的信念，准备为赢得伍子胥那样的名节而死。出力的人成了任鄙式的力士，战士们像孟贲、夏育一样勇敢，臣子们心如金石一样坚定，君主就可高枕无忧而国家的守备已经完善了。

古时候的善于统治国家的人，用重刑去禁阻轻罪，用人们害怕触犯的法律去制止那些容易发生的犯罪。因此君子和小人都行为端正，盗跖和曾参、史鳍都品行廉洁。根据什么知道这样？贪婪的盗贼不会跳入山涧去拾取黄金，跳入山涧去拾取黄金，自身就不能保全；孟贲、夏育不能正确地估量敌人的强弱，就不会有勇士的名声；盗跖不考虑成功的可能性，就不能得到财利。

英明的君主持守法禁，（意在阻止）孟贲、夏育在他们不能获胜的情况下就表现出侵扰的行为，盗跖在他不能盗取的情况下就表现

出危害的行为。因此法令能禁阻孟贲、夏育去干不能侵犯的事情，防止盗跖去盗取不能盗取的财物，这样，凶暴的人就会老老实实，邪恶的人就会归返正道。大勇士老老实实，大盗贼规规矩矩，天下就会公正太平而平民的思想就端正了。

君主背离法度，用人失策，即使品格比伯夷的廉洁更高，仍不能避免田成子篡位、盗跖作乱那样的灾祸，为什么呢？现在天下没有一个人像伯夷的，而奸邪的人在社会上不绝地出现，因此要确立法度准则。准则诚信不变，伯夷就不会丧失良好的品行，盗跖也不能胡作非为。法度分明，贤能的就不能夺取无能的，强大的就不能侵凌弱小的，众多的就不能欺侮较少的。把天下寄托在尧的法度上，忠贞之士就不会失去本分，奸邪之徒不会心存侥幸。把千金寄托在后羿的箭的射程范围之内，伯夷也不会丢失千金，盗跖也不敢去盗取。尧的英明表现在不放掉一个坏人上，所以天下没有奸邪；后羿的技巧表现在箭不虚发上，所以千金不会丢失。奸邪之徒不能长寿，而盗跖停止作恶。像这样，图书就不会记载宰予，不会列举晋国的六家大卿；书籍就不会著录伍子胥，不会写明吴王夫差。孙武、吴起的谋略废弃不用，盗跖的作乱之心慑伏。君主在宫廷之中甘食美服，而且没有了怒目切齿倾覆夺取的祸患。臣子们在坚固的都城里垂衣拱手而治理政事，而且没有了令人扼腕噘嘴、嗟叹惋惜的灾祸了。制服老虎而不用木笼，禁绝奸邪而不用刑法，堵塞虚伪而不用符契，这就是孟贲、夏育也担忧，尧、舜也为难的事。所以设置木笼不是用它来防备老鼠的，而是为了使懦怯的人也能制服老虎；设立法度不是用来防范曾参、史鳍的，而是使平庸的君主也能制止盗跖作乱；制作符契不是用来防备尾生高的，是为了使民众不能相互欺诈。不仅仅依靠比干那样的肯于为气节而死的忠臣，不侥幸指望乱臣没有欺诈的行为，依靠懦怯的人也能制服老虎，凭借平庸的君主也能轻易地保住政权。当今的社会，替君主忠诚谋划，替天下缔结恩德，没有什么比这更能带给君主长远利益了。所以对这样的君主不会有亡国的记述，对这样的忠臣不会有杀身的描绘。能彰明君主尊贵地位的，一定要奖赏，因此能使人们尽力去贯彻法度的准则，在官位上能为气节而献身。即使具有孟贲、夏育一样的性情，人们也不会用死亡代替生存；即使被盗跖的贪心所迷惑，人们也不会用钱财代替生命。这样一来，坚守政权的治国措施就完备了。

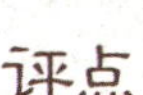

评点

“守道”，即守国之道，君王保有国家政权的原则。本篇的主旨在于阐述确立法度对于治国的重要意义，要求国君像圣明君主那样立法，使“其赏足以劝善，其威足以胜暴，其备足以必完法”。这样，人们就乐于对君王竭尽忠诚，君王就可以高枕无忧，确保权力的措施就可以完备了。文章认为，善于保守治国之道的君王，应当用重刑去禁轻罪，用人们畏惧的法令去制止易犯的罪行，这样一来，君子与小人都能奉行法律。制服老虎要用笼子，禁止奸邪要用刑法，堵塞虚伪要用符信，只有这样，国家才能得以治理。治国之道适合法制，法制符合民心，这样治国的君王就是明君。

用人

闻古之善用人者，必循天顺人而明赏罚。循天则用力寡而功立，顺人则刑罚省而令行，明赏罚则伯夷、盗跖不乱。如此，则白黑分矣。治国之臣，效功于国以履位，见能于官以受职，尽力于权衡以任事。人臣皆宜其能，胜其官，轻其任，而莫怀余力于心，莫负兼官之责于君。故内无伏怨之乱，外无马服之患。明君使事不相干，故莫讼；使士不兼官，故技长；使人不同功，故莫争。争讼止，技长立，则强弱不觳力，冰炭不合形，天下莫得相伤，治之至也。

释法术而心治，尧不能正一国；去规矩而妄意度，奚仲不能成一轮；废尺寸而差短长，王尔不能半中。使中主守法术，拙匠守规矩尺寸，则万不失矣。君人者能去贤巧之所不能，守中拙之所万不失，则人力尽而功名立。

明主立可为之赏，设可避之罚，故贤者劝赏而不见子胥之祸，不肖者少罪而不见伛剖背，盲者处平而不遇深溪，愚者守静而不陷险危。如此，则上下之恩结矣。古之人曰："其心难知，喜怒难中也。"故以表示目，以鼓语耳，以法教心。君人者释三易之数而行一难知之心，如此，则怒积于上而怨积于下，以积怒而御积怨，则两危矣。明主之表易见，故约立；其教易知，故言用；其法易为，故令行。三者立而上无私心，则下得循法而治，望表而动，随绳而斫，因攒而缝。如此，则上无私威之毒，而下无愚拙之诛，故上居明而少怒，下尽忠而少罪。

闻之曰："举事无患者，尧不得也。"而世未尝无事也。君人者不轻爵禄，不易富贵，不可与救危国。故

明主厉廉耻，招仁义。昔者介子推无爵禄而义随文公，不忍口腹而仁割其肌，故人主结其德，书图著其名。人主乐乎使人以公尽力，而苦乎以私夺威。人臣安乎以能受职，而苦乎以一负二。故明主除人臣之所苦，而立人主之所乐。上下之利，莫长于此。不察私门之内，轻虑重事，厚诛薄罪，久怨细过，长侮偷快，数以德追祸，是断手而续以玉也，故世有易身之患。

人主立难为而罪不及，则私怨立；人臣失所长而奉难给，则伏怨结。劳苦不抚循，忧悲不哀怜，喜则誉小人，贤不肖俱赏，怒则毁君子，使伯夷与盗跖俱辱，故臣有叛主。

使燕王内憎其民而外爱鲁人，则燕不用而鲁不附。民见憎，不能尽力而务功，鲁见说，而不能离死命而亲他主。如此，则人臣为隙穴，而人主独立。以隙穴之臣而事独立之主，此之谓危殆。

释仪的而妄发，虽中小不巧。释法制而妄怒，虽杀戮而奸人不恐。罪生甲，祸归乙，伏怨乃结。故至治之国，有赏罚而无喜怒，故圣人极。有刑法而死无螫毒，故奸人服。发矢中的，赏罚当符，故尧复生，羿复立。如此，则上无殷、夏之患，下无比干之祸，君高枕而臣乐业，道蔽天地，德极万世矣。

夫人主不塞隙穴而劳力于赭垩，暴雨疾风必坏。不去眉睫之祸而慕贲、育之死，不谨萧墙之患而固金城于远境，不用近贤之谋而外结万乘之交于千里，飘风一旦起，则贲、育不及救，而外交不及至，祸莫大于此。当今之世，为人主忠计者，必无使燕王说鲁人，无使近世慕贤于古，无思越人以救中国溺者。如此，则上下亲，内功立，外名成。

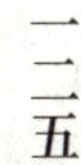

译文

听说古时候的善于用人的君主，一定遵循自然法则顺应民众心意而明确赏罚原则。遵循自然法则，就会用力少而功业得以建立；顺应民众心意，就会少用刑罚而政令得以推行；明确赏罚原则，伯夷、盗跖就不会混淆不清。像这样，就黑白分明了。治国的臣子，为国家建立功劳而担任官职，用在官位上表现出才能的办法来接受职务，又用尽力按法度准则办事的做法来担任职事。臣子们都适宜他们的职能，胜任他们的官职，能轻松地完成他们的任务，而且没有谁有保留一点儿力量的想法，没有谁对国君负有兼任官职的责任。因此在国内没有人心怀怨恨而作乱，在国外没有马服君赵括那样人给国家造成祸患。英明的君主派人从事政务使彼此互不侵犯，因此没有谁为此争辩；使士人没有兼任官职的，因此能发挥每个人的专长；使每个人都有不同的事去做，因此没有谁争功。争辩停止了，专长发挥了，强者与弱者就不用角斗力气，如同冰炭不同在一个器物里一样，天下的人没有谁能互相伤害，这是治国的终极境界。

放弃法术而任凭主观意志治国，尧也不能使一个国家走上正轨；抛下圆规、矩尺而妄用私意猜度，奚仲也造不成一个车轮；废掉了尺和寸而去比较长短，王尔也不能有一半合乎标准。让一个中才君主坚守法术，笨拙的工匠掌握规矩尺寸，就会万无一失了。做君主的能够抛弃圣贤与巧匠所不能办到的，坚守中才君主与笨拙工匠能万无一失的，那就能使人尽其力而建功立名了。

英明的君主设立可以实施的赏赐，设置可以规避的刑罚，因此贤能的人因受赏更努力，而看不到伍子胥那样的惨祸，无能的人很少犯罪，而看不到背脊弯曲的人被剖开背脊的酷刑，盲人居处在平地上而遇不到深涧，愚人保持着平静而不会陷入危险之中。像这样，君上臣下之间的恩德就结合起来了。古时的人说："人的心理难以知晓，喜怒变化难以猜中。"因此用标志显示给眼睛方向，用鼓声告诉耳朵乐律，用法度教育人的心灵。做君主的放弃以上三种简易可行的办法，而凭一种难知臣下好坏的心意办事。像这样，在上的君主就会积下愤怒，在下的臣子就会积下怨恨，用积怒的君主来驾驭积怨的臣子，君臣两方就都有危险了。英明君主的标志容易看见，因此信约确立；他的教诲容易认知，因此语言适用；他的法度容易贯彻，因此政令得行。这三种办法确立了，君主又没

有私心，臣下就会按法度来治国，看着标志行动，顺随绳墨砍木，凭借针线缝衣。像这样，君主就不会因滥施淫威而毒害臣民，臣子也不会因愚蠢笨拙而受诛罚，因此君主明察而少有怒气，臣下尽忠而少犯罪行。

听别人说：“办事情没有忧患，尧也不能做到。”但世上不曾有无事可办的时候。做君主的看重爵位俸禄，不肯轻易赏赐而使臣下富贵，就不可以解救危亡的国家。因此英明的君主奖励廉耻，提倡仁义。从前介之推没有爵位俸禄而仗义地跟随晋文公重耳出逃，不忍心让晋文公重耳饿肚子而出于仁慈割下自己的肉来，因此君主感铭他的恩德，史书记录了他的名字。君主乐于使人们为公竭尽全力，而苦于臣下为谋私而被夺去威权。臣子安于凭能力而接受官职，而苦于以一身任二职。因此英明的君主废除臣下所苦恼的做法，确立君主所喜乐的规定。君上臣下都有利，没有什么比这更好的办法了。不明察臣子私家的事务，轻率地考虑重大事项，过重地诛罚轻微犯罪，长久地怨恨小的过失，经常侮弄臣下苟取一时开心，屡屡地以德报怨而招致祸殃，这是砍断了手而用玉石来接续的做法，因

此世上才有篡夺君位的祸患。

君主确立难以达到的标准而怪罪臣子没有达到，私下里怨恨就产生了；臣子丧失了发挥专长的可能而去从事难以应对的事，隐藏的怨恨就结下了。臣子有劳苦君主不去抚慰，有忧伤君主不去同情，高兴了就称誉小人，贤能与无能的人一起赏赐，发怒了就诋毁君子，使伯夷与盗跖一起受辱，因此臣子中有背叛君主的。

假使燕王对内憎恨他的民众，而对外喜爱鲁国人，那么燕国人不听役使，鲁国人也不亲附。燕国民众被憎恨，就不能竭尽全力去努力建功，鲁国人被喜欢，也不能舍出性命来亲近其他国家的君主。像这样，臣子就有二心，君主就被孤立起来。用有了二心的臣子去侍奉孤立的君主，这就叫做危险。

丢开箭靶而乱射，即使射中细微处也不算有技巧。丢开法制而乱发怒，即使杀了人坏人也不害怕。罪行是甲造成的，而祸殃却归到乙身上，隐藏的怨恨就结下了。所以治理达到终极境界的国家，只有赏罚的规定而没有凭一时喜怒办事的，因此圣人达到了最高境界。有了刑法而被处死的人不是由于滥施刑罚才杀掉的，坏人就会慑服。射箭能射中箭靶，赏罚能恰当合理，因此尧能复活，羿能再生。像这样，君主没有了殷纣、夏桀亡国的祸患，臣子没有了比干的惨祸，君主高枕无忧而臣子尽职乐业，治国之道就充满天地之间，君主恩德就流传千秋万代了。

君主不去堵塞墙上的缝隙孔洞，却劳心费力地用红土、白土粉饰外观，暴雨疾风袭来墙一定会坍塌。不除掉眼前的祸患，却仰慕孟贲、夏育那样的勇士肯于为君主牺牲性命；不谨慎地对待宫中的祸患，却到远方的国境上修筑坚固的城堡；不采用左右贤臣的谋策，却到千里之外与万乘之国结交，当风暴一旦兴起，那么孟贲、夏育也来不及救援，有外交关系的大国也来不及赶到，祸殃没有什么比这更大的了。当今社会，替君主忠心谋划的人，一定不要使君主效法燕王喜欢鲁人，不要使近代君主仰慕古代的贤人，不要想让越国人前来救助中原地区的溺水者。像这样，君上与臣下就亲和，在国内可以立功，在国外可以成名。

评点

本篇阐述了法家所主张的君王用人之道。文章开篇即指出了君王用人应遵循的基本原则:“闻古之善用人者,必循天顺人而明赏罚。”认为做到了这三点,就可以“用力寡而功立”,“省刑罚而令行”,“伯夷、盗跖不乱”。文章主张,君王任官,应使其各自发挥所长,并彼此不凌犯、不争辩,这才能达到治国的最高境界。君王用人应依法行事而不凭主观想法。这样,即使是只有中等才能的国君,因其掌握了法术,也能万无一失。文章还强调,英明国君要“立可为之赏,设可避之罚”;与此同时,也要恰当地运用爵禄富贵,并提倡廉耻、仁义,以培养人们的品德。这些观点显示了韩非思想亦有同儒家主张相通相容之点。

本篇观点鲜明,论证透辟,语言凝炼,行文晓畅。尤其善于运用形象化说理的方法,将抽象的事理阐释得浅显明白,收到了很好的论说效果。

功名

明君之所以立功成名者四：一曰天时，二曰人心，三曰技能，四曰势位。非天时，虽十尧不能冬生一穗；逆人心，虽贲、育不能尽人力。故得天时则不务而自生，得人心则不趣而自劝，因技能则不急而自疾，得势位则不推进而名成。若水之流，若船之浮。守自然之道，行毋穷之令，故曰明主。

夫有材而无势，虽贤不能制不肖。故立尺材于高山之上，则临千仞之溪，材非长也，位高也。桀为天子，能制天下，非贤也，势重也。尧为匹夫，不能正三家，非不肖也，位卑也。千钧得船则浮，锱铢失船则沉，非千钧轻锱铢重也，有势之与无势也。故短之临高也以位，不肖之制贤也以势。人主者，天下一力以共载之，故安；众同心以共立之，故尊；人臣守所长，尽所能，故忠。以尊主主御忠臣，则长乐生而功名成。名实相持而成，形影相应而立，故臣主同欲而异使。人主之患，在莫之应，故曰一手独拍，虽疾无声。人臣之忧，在不得一，故曰右手画圆，左手画方，不能两成。故曰至治之国，君若桴，臣若鼓，技若车，事若马。故人有余力易于应，而技有余巧便于事。立功者不足于力，亲近者不足于信，成名者不足于势，近者已亲而远者不结，则名不称实者也。圣人德若尧、舜，行若伯夷，而位不载于世，则功不立，名不遂。故古之能致功名者，众人助之以力，近者结之以成，远者誉之以名，尊者载之以势。如此，故太山之功长立于国家，而日月之名久著于天地。此尧之所以南面而守名，舜之所以北面而效功也。

译文

英明的君主立功成名的条件有四个：一是天时，二是人心，三是技能，四是势位。违背天时，即使有十个尧也不能在冬季使庄稼长出一棵穗来；不顺民心，即使是孟贲、夏育那样的勇士也不能竭尽人力。所以得天时，就是不努力，庄稼自然会生长；得民心，就是不督促，人们也自会努力；借助技能，就是不着急，成功得也自然会快；取得势位，就是不去推进，也能成就名声。像水一样流动，像船一样漂浮。恪守自然的规律，推行顺畅的政令，因此才叫英明君主。

有才能而没有权势，即使贤能的人也不能制服无能的人。正如把一尺高的木材立在高山顶上，它就会下临千仞深的山涧，这并非木材长，而是由于位置高。桀做天子，能制驭天下，不是由于他贤能，而是由于权势重。尧作为一个普通百姓的话，就不能管理三户家庭，不是他无能，而是由于地位卑下。千钧重物有了船就可以浮在水面，很轻的物体没有船也会沉入水底，这并不是由于千钧轻些，很轻的物体反倒重了，而是因为一个有势，而另一个无势。所以短木材下临深涧是因为有了地位，无能的人控制贤能的人是因为有了权势。君主，天下合力共同拥戴他，所以安定；众人同心共同确立他，所以尊显；臣下坚持发挥专长，竭尽所能，所以忠于君主。用尊显的君主驾驭忠诚的臣子，长久安乐的局面就出现了，君主的功业名声都能建成。名声与实际互相依托而成就功业，形体与影子互相呼应而确立名声，因此臣子与君主有相同的愿望而有不同的事功。君主的忧患，在于没有谁来响应，所以说：一只手独自拍，即使拍得快也没有声音。臣子的忧患，在于不能与君主结为一体，所以说，右手画圆，左手画方，不能两手都画成。因此说，治理得最理想的国家，君主如鼓槌，臣子好比鼓，技能如车，事情如马。所以人有了多余的力量就容易响应君令，技巧绰绰有余就便于办事。(帮助君主)建立功业的人力量不足，君主亲近的人诚信不足，(帮助君主)成就声名的人权势不足，身边的人不亲近，而远方的人又不来结交，那就是个名不符实的君主了。圣人的品德像尧、舜，行为像伯夷，但他的势位却不被世人拥戴，那就会功不成，名不就。因此古时候能成就功名的人，众人用力帮助他，亲近的人用诚意结交他，远方的人用美名赞誉他，尊贵的人用势力拥戴他。

像这样，泰山一般的功业就能长久地在国内建树起来，日月一般的美名就会长久地播洒在天地之间。这就是尧能南面称王保住名位，舜能北面称臣进献功业的原因。

评点

本篇旨在阐述君王应当怎样立功成名。文章首先提到君王立功成名的四个条件："一曰天时，二曰人心，三曰技能，四曰势位。"对于前三个条件，文章只作泛论；而对于"势位"则作了较详尽的阐述。文章指出，"有材而无势，虽贤不能制不肖"。可见，"势"是至关重要的一个条件，没有"势"，君王的才能就无由发挥。君王处势而治，被天下人所拥戴，就能立功成名。君王还要做到名实相符，即真正拥有足以支配臣下的势位；否则，将会"功不成，名不遂"。

本篇对众人在君王成就功名过程中所起的重要作用予以充分肯定，指出君王之所以能立功成名，是众人用力帮助他，亲近的人用诚意结交他，远方的人用美名赞誉他，尊贵的人用势力拥戴他的结果。从这个意义上说，君王的立功成名实在是一项十分复杂的"系统工程"。

难势

慎子曰："飞龙乘云，腾蛇游雾，云罢雾霁，而龙蛇与螾蚁同矣，则失其所乘也。贤人而诎于不肖者，则权轻位卑也；不肖而能服于贤者，则权重位尊也。尧为匹夫不能治三人，而桀为天子能乱天下，吾以此知势位之足恃，而贤智之不足慕也。夫弩弱而矢高者，激于风也；身不肖而令行者，得助于众也。尧教于隶属而民不听，至于南面而王天下，令则行，禁则止。由此观之，贤智未足以服众，而势位足以御贤者也。"

应慎子曰："飞龙乘云，腾蛇游雾，吾不以龙蛇为不托于云雾之势也。虽然，夫释贤而专任势，足以为治乎？则吾未得见也。夫有云雾之势，而能乘游之者，龙蛇之材美之也。今云盛而螾弗能乘也，雾醲而蚁不能游也。夫有盛云醲雾之势而不能乘游者，螾蚁之材薄也。今桀、纣南面而王天下，以天子之威为之云雾，而天下不免乎大乱者，桀、纣之材薄也。且其人以尧之势以治天下也，其势何以异桀之势也？乱天下者也。夫势者，非能必使贤者用已，而不肖者不用已也。贤者用之则天下治，不肖者用之则天下乱。人之情性，贤者寡而不肖者众，而以威势之利济乱世之不肖人，则是以势乱天下者多矣，以势治天下者寡矣。夫势者，便治而利乱者也。故《周书》曰："毋为虎傅翼，将飞入邑，择人而食之。"夫乘不肖人于势，是为虎傅翼也。桀、纣为高台深池以尽民力，为炮烙以伤民性，桀、纣得乘肆行者，南面之威为之翼也。使桀、纣为匹夫，未始行一而身在刑戮矣。势者，养虎狼之心而成暴乱之事者也，此天下之大患也。势之于治乱，本末有位也，而语专言势之足以治天下者，则其智之所至者浅矣。夫良马固车，使臧获御之则为人笑，王良御之而日取千里，车马非异也，或至乎千里，或为人笑，则巧拙相去远矣。今以国位为车，以势为马，以号令为辔，以刑罚为鞭策，使尧、舜御之则天下治，桀、纣御之则天下乱，则贤不肖相去远矣。夫欲追速致远，不知任王良；欲进利除害，不知任贤能。此则不知类之患也。夫尧、舜亦治民之王良也。

复应之曰：其人以势为足恃以治官。客曰"必待贤乃治"，则不然矣。夫势者，名一而变无数者也。势必于自然，则无为言于势矣。吾所为言势者，言人之所设也。今曰尧、舜得势而治，桀、纣得势而乱，吾非以尧舜为不然也。虽然，非一人之所得设也。夫尧舜生而在上位，虽有十桀、纣不能乱者，则势治也；桀、纣亦生而在上位，虽有十尧、舜而亦不能治者，则势乱也。故曰"势治者则不可乱，而势乱者则不可治也。"此自然之势也，非人之所得设也。若吾所言，谓人之所得势也而已矣，贤何事焉?何以明其然也?客曰："人有鬻矛与盾者，誉其盾之坚，物莫能陷也。俄而又誉其矛曰：'吾矛之利，物无不陷也。'人应之曰：'以子之矛，陷子之盾，何如?'其人弗能应也。"以为不可陷之盾，与无不陷之矛，为名不可两立也。夫贤之为道不可禁，而势之为道也无不禁，以不可禁之贤与无不禁之道，此矛盾之说也。夫贤势之不相容亦明矣。且夫尧、舜、桀、纣千世而一出，是比肩随踵而生也，世之治者不绝于中，吾所以为言势者，中也。中者，上不及尧、舜，而下亦不为桀、纣。抱法处势则治，背法去势则乱。今废势背法而待尧、舜，尧、舜至乃治，是千世乱而一治也。抱法处势而待桀、纣，桀、纣至乃乱，是千世治而一乱也。且夫治千而乱一，与治一而乱千也，是犹乘骥駬而分驰也，相去亦远矣。夫弃隐栝之法，去度量之数，使奚仲为车，不能成一轮。无庆赏之功，刑罚之威，释势委法，尧、舜户说而人辨之，不能治三家。夫势之足用亦明矣，而曰“必待贤”，则亦不然矣。且夫百日不食以待粱肉，饿者不活，今待尧、舜之贤乃治当世之民，是犹待粱肉而救饿之说也。夫曰“良马固车，臧获御之则为人笑，王良御之则日取乎千里”，吾不以为然。夫待越人之善海游者以救中国之溺人，越人善游矣，而溺者不济矣；夫待古之王良以驭今之马，亦犹越人救溺之说也，不可亦明矣。夫良马固车，五十里而一置，使中手御之，追速致远，可以及也，而千里可日致也，何必待古之王良乎！且御，非使王良也，则必使臧获败之；治，非使尧、舜也，则必使桀、纣乱之。此味非饴蜜也，必苦莱、亭历也。此则积辩累辞，离理失术，两末之议也，奚可以难夫道理之言乎哉！客议未及此论也。

译文

慎到说：“飞龙乘云升腾，螣蛇驾雾游动，云收雾散之后，龙、蛇就与蚯蚓、蚂蚁相同了，这是由于它们失去了乘驾的条件。贤人被无能的人所屈服，是由于权势小地位低；无能的人能被贤人制服，是由于贤人权势大地位高。尧如果是个普通人，不能治理三个人；而夏桀王作为天子，能扰乱天下，我由此知道权势地位是足以依靠的，而贤能智慧不足以仰慕。弓力弱小而箭射得高，是被风激发了；自身无能而政令能推行，是得了众人的帮助。尧在奴隶中进行教化而民众不听从，等到他南面称王君临天下时，出令就能推行，出禁就能止住。由此看来，贤能智慧不足以让众人服从，而权势地位足以驾御贤人。

有人诘难慎到说：飞龙乘云升腾，螣蛇驾雾游动，我不认为龙、蛇是不依托云雾的势能的。即使如此，放弃贤能而专一依靠权势，就足以治理国家了吗？那我可没能够见到这种情况。有了云雾的势能而能够乘驾它飞行，是由于龙、蛇的材质美好。假使云势兴盛，而蚯蚓还是不能乘它飞行；雾再浓厚，蚂蚁还是不能驾它游动。有兴盛的云，浓厚的雾而不能乘驾而游，是由于蚯蚓、蚂蚁的材质太差。

夏桀王、商纣王南面称王而君临天下，把天子的威势当成可以乘驾的云雾，而天下还是免不了大乱，这是由于夏桀王、商纣王的材质太差。而且慎到这个人认为用尧那种权势就可以治理天下，那么这种权势与夏桀王的权势有什么不同呢?这种权势也是可以扰乱天下的呀!权势，不是一定能使贤能的人运用它，而使无能的人不能运用它。贤能的人运用它，天下就得到治理；无能的人运用它，天下就陷入混乱。人的情形是，贤能的人少而无能的人多，如果用有利的威势来帮助乱世的无能的人，那么用权势来扰乱天下的人就多了，用权势来治理天下的人就少了。权势，既可用来治世又可用来乱国。因此《周书》说：“不要给老虎添翅膀，因为它将飞入城邑，随便吃人。”使无能的人有势可乘，就是给老虎添翅膀。夏桀王、商纣王修筑高台、挖掘深池而耗尽民力，设置炮烙酷刑残害人命，夏桀王、商纣王能够乘势大肆施暴，是由于南面称王的威势成了他们的翅膀。假使夏桀王、商纣王是普通人，不等他们干一件坏事他们本人就会被处死了。威势，是培养虎狼之心而酿成暴乱之事的工具，这是天下的大祸患。威势在治国和乱国方面，本来没有固定的立场，然而有一种言论专门谈势足以治理天下，那么这种人的智慧所能达到的程度也太浅薄了。良马坚车，让奴隶驾驶就会被人耻笑，让王良驾驶就能日行千里。车马是一样的，有人驾驶它可以跑一千里，有人驾驶它就被人耻笑，那么灵巧与笨拙相差得太远了。如果把君位作为车子，把权势作为马匹，把号令作为缰绳，把刑罚作为鞭子，让尧、舜驾驶它就会天下大治，让夏桀王、商纣王驾驶它就会天下大乱，那么贤能与无能相差得太远了。想要追上快速奔跑的车马到达远方，却不知道任用王良；想要兴利除害，却不知道任用贤能。这就是不知道同类事物之间的关系带来的祸患。尧、舜也就是治理民众这一领域中的王良。

又有人诘难这个人说：慎到这个人认为权势是足可靠它来治理政事的。而这位辩客说“一定得等待贤人才能治理”，却不是这样的。势，名称只有一个而实则变化万端有无数不同意义。势一定出于自然，那就不用谈论势了。我所讲的势，说的是人为设置的。现在说尧、舜得了势就天下大治，夏桀王、商纣王得了势就天下大乱，我不是认为尧、舜不是这样的。即使如此，势不是一个人能够设置的，如果尧、舜生来就处在君上的地位，即使有十个夏桀王、商纣王也不能扰乱天下，这乃是以势治理天下的结果；如果夏桀王、商纣王也生来就处在君上的地位，即使有十个尧、舜也不能使天下大治，这乃是以势扰乱天下的结果。所以说：“用势治理天下，就不能扰乱；用势来扰乱天下，就不能治理好。”这是自然之势，而不是人为设置的势。假如我所讲的，指的是人为设置的势罢了，还会有贤人什么事呢?用什么来阐明道理是这样的呢?有个辩客说：“有个卖矛与盾的人，赞誉他的盾坚固，说没有什么东西能够刺穿它。不一会儿，又赞誉他的矛说：‘我的矛很锐利，没有什么东西它不能刺穿。’有个人回应说：‘用你的矛，刺你的盾，怎么样呢?’那个人不能回答。”认为不能刺穿的盾，和能刺穿一切东西的矛，在名理上是不能同时并存的。贤能作为治国之道，什么势力也不能限制它；势作为治国之道，没有什么不能限制，把不能限制的贤能同没有什么不能限制的势并列起来，这是矛盾的说法。贤与势互不相容也就明白了。况且尧、舜、夏桀王、商纣王一千代才出一个，这就算是并立继至了。世上治国的君主属中等才能的源源不绝，我讲势治的原因，是为了中等才能的君主。中等才能的君主，比上不如尧、舜，比下也成不了夏桀王、商纣王。他们拥据法度、占有威势就能治国，背离法度、抛弃威势就会乱国。现在废弃威势、背离法度而等待尧、舜，尧、舜出世了才可治理好国家，这就是千代乱才有一代治。拥据法度、占有威势而等待夏桀王、商纣王，夏桀王、商纣王出世了才乱国，这就是千代治才有一代乱。至于千代治而一代乱，与一代治而千代乱的差异，就像彼此驾着千里马背道而驰，相距得也太远了。抛弃了矫正曲木的隐栝的法度，去掉了度量的标准，让巧匠奚仲造车，不能造成一个车轮。没有奖赏的鼓励，刑罚的威慑，放弃威势，丢掉法度，让尧、舜去挨户劝说，逐人与之辩论，不能治理三家。威势足以凭借也就明白了，却说“一定要等待贤人”，那也就不正确了。而且一百天不吃饭却要等待精美的膳食，挨饿的人不能生存，现在等待尧、舜那样的贤人才能治理当代的民众，这好像等待精美的膳食来挽救饥饿者的说法一样。说什么“良马坚车，让奴隶驾驶就会被人耻笑，让王良驾驶就能日行千里”，我认为不是这样的。等待善于在大海里游泳的越国人来救中原地区的溺水者，越国人善于游泳，而溺水者却不能获救；等待古代的王良来驾驭现在的马匹，也是像越国人救中原地区的溺水者的说法一样，这不可能也就明白了。良马坚车，每五十里设一个驿站，让中等车夫驾驶它，追赶飞驰的马车奔向远方，这可以做到，一千里路程可以逐日到达，为什么一定要等待古代的王良呢?说到驾车，不是让王良来驾驶，就一定让奴隶把车驾翻，说到治国，不是让尧、舜来治，就一定让夏桀王、商纣王把国治乱。这好比说到味道，不是糖浆蜂蜜，就一定是苦菜、亭历。这就是堆积辩辞，背离理术，趋向两个极端的议论，怎么可以用来反驳那样有道理的言论呢?这个辩客的观点不如慎到的理论。

评点

“难势”，是针对“势治”这一问题所作的辩难。“势治”是战国时代思想家慎到(约前395—约前315年)的学说。慎到作为早期法家的代表人物，在政治思想方面，重法、任势，韩非则进一步发展了慎到的观点。本篇先引述慎到关于“势治”的理论，即认为权势对于国君有重要意义，指出贤人屈服于不肖，是因为权势小，地位低；不肖者能被贤人制服，是因为贤人权势大，地位高。接着转述儒家的见解，对慎到的“势治”之说进行辩难反驳，指出不同的人用“势”会有不同的结果：贤者用“势”，天下大治；不肖用“势”，天下大乱。尧的治国属于前者，桀、纣的治国属于后者。文章最后一部分是针对慎到与儒家观点所作的进一步的辩难，认为他们所说的“势”带有主观色彩，真正的“势”应该是顺乎自然规律而客观形成的，有了这样的“势”，中等才能的君王也可以“抱法处势”而治。

文中用了几个小故事形象地阐释了深刻的道理，由此可看出韩非散文说理手段的丰富性。其中最著名的是“自相矛盾”这则寓言故事。它的内容已广为人知，勿庸赘言。韩非以这则寓言讥刺儒家美化尧舜的说法不能成立，因为儒家一方面对尧舜推崇备至，又说舜曾纠正过尧的偏失。所谓“尧舜之不可两誉，矛盾之说也”正是这一思想的概括。另外，韩非也用这则寓言告诉人们，“贤”、“势”两立的说法，也是自相矛盾的。这则寓言也见于《难势一》，文字略异，是“矛盾”一词的最早出处，这是韩非对古代哲学发展的一大贡献。

问辩

或问曰："辩安在乎？"对曰："生于上之不明也。"问者曰："上之不明，因生辩也何哉？"对曰："明主之国，令者，言最贵者也；法者，事最适者也。言无二贵，法不两适，故言行而不轨于法令者必禁。若其无法令而可以接诈应变生利揣事者，上必采其言而责其实。言当则有大利，不当则有重罪，是以愚者畏罪而不敢言，智者无以讼，此所以无辩之故也。乱世则不然，主有令而民以文学非之，官府有法，民以私行矫之，人主顾渐其法令，而尊学者之智行，此世之所以多文学也。夫言行者，以功用为之的彀者也。夫砥砺杀矢而以妄发，其端未尝不中秋毫也，然而不可谓善射者，无常仪的也。设五寸之的，引十步之远，非羿、逢蒙不能必中者，有常也。故有常则羿、逢蒙以五寸的为巧，无常则以妄发之中秋毫为拙。今听言观行，不以功用为之的彀，言虽至察，行虽至坚，则妄发之说也。是以乱世之所言也，以难知为察，以博文为辩；其观行也，以离群为贤，以犯上为抗。人主者说辩察之言，尊贤抗之行，故夫作法术之人，立取舍之行，别辞争之论，而莫为之正。是以儒服带剑者众而耕战之士寡，坚白无厚之词章，而宪令之法息。故曰：上不明则辩生焉。"

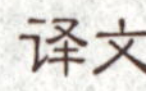

译文

有的人问道："争辩是怎么产生的呢？"回答说："产生于君主的不英明。"问的人又说："君主不英明，于是产生了争辩，为什么呢？"回答说："英明君主的国家里，政令是言辞中最贵重的东西，法度是事情中最适当的东西。言辞不能有两种是同样贵重的，法度不能有两种是同样适当的，因此言论、行动不遵循法度的一定得禁止。像那些没有法律根据却可以对付诈伪、适应变化、生出财利、推测事情的言行，君主一定要采纳那些言论而责求它的实效。进言得当就有大爵赏，不当就处以重罪，所以愚蠢的人害怕治罪就不敢胡说，聪明的人也无可争辩，这就是没有争辩的原因。乱世就不是这样，君主发布政令，而民众用文献典籍作根据非议它；官府制定法规，民众用个人行为来违背它，君主反而抛弃国家的法令，尊重读书人要小聪明的行为，这是社会上学习文献典籍的人增多的原因。言论与行动，是以取得功效为目的的。磨快了箭头而用它乱射，它的锋端没有不射中细小物体的，但是这不能说是善于射箭，因为没有固定的靶子。设置直径五寸的靶子，在十步之外张弓，除了后羿、逄蒙，人们不能一定射中，这是因为有固定的目标。因此，有了固定的目标，后羿、逄蒙就认为射中直径五寸的靶子是技巧；没有固定的目标，就认为乱射而射中了细小物体是笨拙。现在听取言论，观察行动，不把获取实效作为目的，言论即使最明察，行动即使最坚决，也属于乱射箭一类的说法。因此乱世时君主听取言论，认为难懂的话是明察的言论，认为广博而有文采是雄辩；观察行为，认为脱离群体就是贤能，认为违抗君主就是刚直。君主喜欢雄辩明察的言论，尊崇贤能刚直的行为，因此那些制定法术的人，确立了取舍的行为准则，区别了言辞争辩的理论，但没有哪个君王因此而改正。所以身着儒服的学子和身佩利剑的游侠增多，而耕地与作战的人员减少，“坚白”、“无厚”的辩说之辞显耀，而宪令法度濒于灭绝。因此说：“君主不英明，争辩就会产生。”

评点

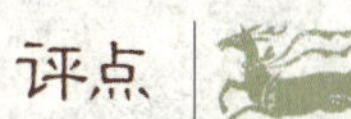

“问”，询问，诘问；“辩”，指争辩，诡辩。本篇的主旨在于对游说之士的诡辩之词进行诘问，并对禁绝诡辩的措施作了较为深入的探讨。文章开门见山，指出诡辩产生的根源是“上之不明”，即君王不英明。君王英明，则以“令”与“法”为贵。言论适当者，予以赏赐；言论不当者，予以重罚。这样一来，愚者不敢妄说，智者也无可争辩。总之，韩非认为，宁息社会上的不利于巩固君权的种种诡辩，枢要操在君王手中，这就是“令”与“法”。

定法

问者曰："申不害、公孙鞅，此二家之言孰急于国？"应之曰："是不可程也。人不食，十日则死；大寒之隆，不衣亦死。谓之衣食孰急于人，则是不可一无也，皆养生之具也。今申不害言术，而公孙鞅为法。术者，因任而授官，循名而责实，操杀生之柄，课群臣之能者也，此人主之所执也。法者，宪令著于官府，刑罚必于民心，赏存乎慎法，而罚加乎奸令者也，此臣之所师也。君无术则弊于上，臣无法则乱于下，此不可一无，皆帝王之具也。"

问者曰："徒术而无法，徒法而无术，其不可何哉？"对曰："申不害，韩昭侯之佐也。韩者，晋之别国也。晋之故法未息，而韩之新法又生；先君之令未收，而后君之令又下。申不害不擅其法，不一其宪令则奸多。故利在故法前令则道之，利在新法后令则道之。利在故新相反，前后相悖，则申不害虽十使昭侯用术，而奸臣犹有所谲其辞矣。故托万乘之劲韩十七年而不至于霸王者，虽用术于上，法不勤饰于官之患也。公孙鞅之治秦也，设告相坐而责其实，连什伍而同其罪，赏厚而信，刑重而必，是以其民用力劳而不休，逐敌危而不却，故其国富而兵强。然而无术以知奸，则以其富强也资人臣而已矣。及孝公、商君死，惠王即位，秦法未败也，而张仪以秦殉韩、魏。惠王死，武王即位，甘茂以秦殉周。武王死，昭襄王即位，穰侯越韩、魏而东攻齐，五年而秦不益尺土之地，乃城其陶邑之封。应侯攻韩八年，成其汝南之封。自是以来，诸用秦者皆应、穰之类也。故战胜则大臣尊，益地则私封立，主无术以知奸也。商君虽十饰其法，人臣反用其资。故乘强秦之资数十年而不至于帝王者，法不勤饰于官，主无术于上之患也。”

问者曰：“主用申子之术，而官行商君之法，可乎？”对曰：“申子未尽于术，商君未尽于法也。申子言‘治不逾官，虽知弗言’。治不逾官，谓之守职也可；知而弗言，是不谓过也。人主以一国目视，故视莫明焉；以一国耳听，故听莫聪焉。今知而弗言，则人主尚安假借矣！商君之法曰：‘斩一首者爵一级，欲为官者为五十石之官；斩二首者爵二级，欲为官者为百石之官。’官爵之迁与斩首之功相称也。今有法曰‘斩首者令为医匠’，则屋不成而病不已。夫匠者，手巧也；而医者，齐药也，而以斩首之功为之，则不当其能。今治官者，智能也；今斩首者，勇力之所加也。以勇力之所加而治智能之官，是以斩首之功为医匠也。故曰：二子之于法术，皆未尽善也。”

译文

发问的人说：“申不害、公孙鞅，这两家的言论哪家对治国来说更急需？”回答的人说：“这是不能估计的。人不吃饭，十天就死，严寒之极，不穿衣服也会死。按说衣服、食物对人来说哪一样更急需呢？那么这是不能没有一样的，它们都是供养生命的用品。现在申不害谈论术，而公孙鞅制定法。术，就是根据能力而授予官职，依照名分而贵在求得实效，掌握生杀的权柄，考核群臣的才能，这是君主掌握的。法，就是由官府制定政令，刑罚条例一定要深入民心，奖赏恪守法律的人，而惩罚触犯法律的人，这是臣子要遵循的。君主没有术，就会在上面被蒙蔽；臣子没有法，就会在下面作乱，这是不能没有一样的，法与术都是帝王统治的工具。”

发问的人说：“仅仅有术而没有法，或是仅仅有法而没有术，这都是不可以的，为什么呢？”回答的人说：“申不害，是韩昭侯的辅佐。韩国，是从晋国分出的国家。晋国的旧法没有废止，而韩国的新法又产生了；晋国国君的政令尚未收回，而韩国国君的政令又下达了。申不害不掌握国家的法律，不统一国家的政令，违法事件就会多。因

此人们认为过去的法律从前的政令有利，就照旧的办理；认为新近的法律后面的政令有利，就照新的办理。获利在于旧的新的法令彼此相反，前后矛盾，那么申不害即使不断地要韩昭侯用术，奸臣还是有狡诈的辩解之辞。因此依托强大的万乘之国韩国，十七年也没达成霸王之业，原因是虽然在上面用了术，而法在官府中没有得到整饬产生了祸患。公孙鞅治理秦国，设立告发和连坐的制度而责求它的实效，把居民组成什与伍的单位，实行一家有罪，同时受罚的制度，奖赏丰厚而诚信，刑罚苛重而坚定，所以民众努力劳作而不休息，追赶敌人时危险也不退却，因此秦国国富而兵强。但是没有用术去探知奸情，那就会用国家的富强来资助臣子而已。到秦孝公时，商鞅死了，秦惠王即位，秦国的法律没有败坏，而张仪却拿秦的国力牺牲在从韩国、魏国谋取私利上。秦惠王死后，秦武王即位，甘茂又拿秦的国力牺牲在从周国谋取私利上。秦武王死后，秦昭襄王即位，穰侯魏冉越过韩国、魏国向东攻打齐国，打了五年秦国也没增加一尺土地，而魏冉竟得了陶邑作为他的封地。应侯范睢攻打韩国八年，那汝水以南的地方成了他的封地。从这以后，在秦国被重用的那些人，都是应侯、穰侯之类的人。因此战争获胜，大臣就尊贵起来；增加了领土，私人的封地就建立起来，原因是君主没用术了解奸情。商鞅即使不断地整饬他的法令，臣下反而利用了它的帮助。因此凭着强大秦国的力量几十年也没有达成帝王之业，原因是法令虽然在官府中整饬了，而君主在上面没有术而产生祸患。”

发问的人说：“君主采用申不害的术，而官府推行商鞅的法，行吗?”回答的人说：“申不害对术不精通，商鞅对法不精通。申不害说‘治政不可逾越官职，即使知道本职之外的事情也不说’。治政不可逾越官职，说这是恪守职责是可以的；知道本职之外的事情也不说，这就叫错了。君主用全国民众的眼睛来看，所以看得最清楚；用全国民众的耳朵来听，所以听得最清楚。如果知道了也不说，那么君主的视听还靠什么做凭借呢?商鞅的法令说：‘砍敌军一颗人头给一级爵位，想做官的可做年俸五十石的官；砍敌军两颗人头给两级爵位，想做官的可做年俸一百石的官。’官职爵位的升迁与砍敌军人头的功劳相当。如果有法令说：‘砍下敌军人头的让他做医生、工匠。’那么房屋就建不成，病也好不了。工匠，是靠手的技巧；医生，是靠调合药剂。可是用砍敌军人头的人来做，那就同他们的技能不相当。治理官事，需要智慧才能；砍敌军的人头，靠的是勇力的施展，如果用勇力的施展来治理需要智慧与能力的官事，那就是用砍敌人头而立功的人来做医生、工匠。因此说：申不害、商鞅二位在法与术上，都没有达到尽善的境界。”

评点 

本篇以设为问答的方式论述了早期法家代表人物商鞅、申不害的法、术思想，并由此为切入点，阐明了国君应当如何制定法令的问题。文章认为，商鞅与申不害二人的法术思想犹如衣食一样，二者皆不可或缺，都是帝王治国的工具。法、术必须兼备，只运用其一是不能治理国家的。文章还指出，商鞅、申不害的思想“皆未尽善也”，这说明，韩非的法术思想恰是继承和发展商、申理论而使之进一步完善的结果。

本篇既注重论说，又注重史证。比如，为了论说只有术或者只有法都不能治理国家的道理，文章先列举史实——申不害为韩国之相，辅佐韩昭侯治理韩国，但他只知用术，其法则前后矛盾，让人无所适从。于是作为万乘之邦的韩国“十七年不至于霸王”；商鞅变法于秦并使秦富强，但却“无术以知奸”，因此在其死后，秦国奸佞迭出，使秦国“数十年而不至于帝王”。以史为证，言之凿凿有据，使立论雄辩服人。

说疑

凡治之大者，非谓其赏罚之当也。赏无功之人，罚不辜之民，非所谓明也。赏有功，罚有罪，而不失其人，方在于人者也，非能生功止过者也。是故禁奸之法，太上禁其心，其次禁其言，其次禁其事。今世皆曰“尊主安国者，必以仁义智能，”而不知卑主危国者之必以仁义智能也。故有道之主，远仁义，去智能，服之以法。是以誉广而名威，民治而国安，知用民之法也。凡术也者，主之所以执也；法也者，官之所以师也。然使郎中日闻道于郎门之外，以至于境内日见法，又非其难者也。

昔者有扈氏有失度，讙兜氏有孤男，三苗有成驹，桀有侯侈，纣有崇侯虎，晋有优施，此六人者，亡国之臣也。言是如非，言非如是，内险以贼，其外小谨，以征其善，称道往古，使良事沮，善禅其主，以集精微，乱之以其所好，此夫郎中左右之类者也。往世之主，有得人而身安国存者，有得人而身危国亡者。得人之名一也，而利害相千万也，故人主左右不可不慎也。为人主者诚明于臣之所言，则别贤不肖如黑白矣。

若夫许由、续牙、晋伯阳、秦颠颉、卫侨如、狐不稽、重明、董不识、卞随、务光、伯夷、叔齐，此十二人者，皆上见利不喜，下临难不恐，或与之天下而不取，有萃辱之名，则不乐食穀之利。夫见利不喜，上虽厚赏无以劝之；临难不恐，上虽严刑无以威之。此之谓不令之民也。此十二者，或伏死于窟穴，或槁死于草木，或饥饿于山谷，或沈溺于水泉。有民如此，先古圣王皆不能臣，当今之世，将安用之？

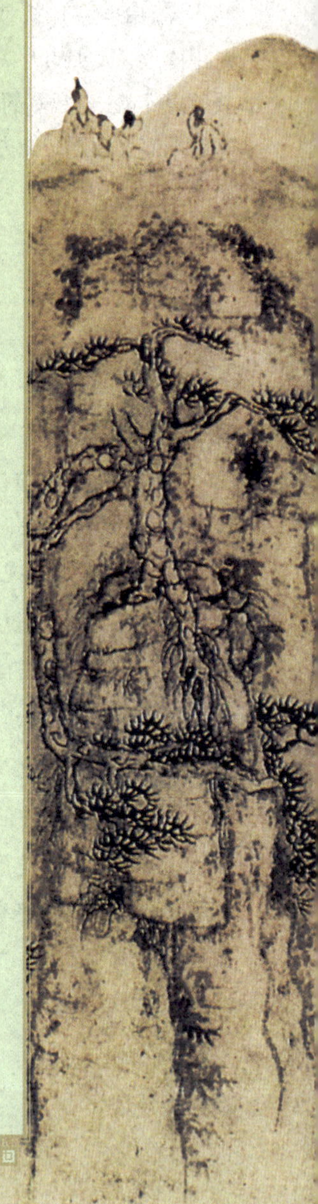

若夫关龙逄、王子比干、随季梁、陈泄冶、楚申胥、吴子胥，此六人者，皆疾争强谏以胜其君。言听事行，则如师徒之势。一言而不听，一事而不行，则陵其主以语，从之以威，虽之以其身，虽身死家破，要领不属，手足异处，不难为也。如此臣者，先古圣王皆不能忍也，当今之时，将安用之？

若夫齐田恒、宋子罕、鲁季孙意如、晋侨如、卫子南劲、郑太宰欣、楚白公、周单荼、燕子之，此九人者之为其臣也，皆朋党比周以事其君，隐正道而行私曲，上逼君，下乱治，援外以挠内，亲下以谋上，不难为也。如此臣者，唯圣王智主能禁之，若夫昏乱之君，能见之乎？

若夫后稷、皋陶、伊尹、周公旦、太公望、管仲、隰朋、百里奚、蹇叔、舅犯、赵衰、范蠡、大夫种、逢同、华登，此十五人者为其臣也，皆夙兴夜寐，卑身贱体，竦心白意，明刑辟，治官职以事其君，进善言，通道法而不敢矜其善，有成功立事而不敢伐其劳。不难破家以便国，杀身以安主，以其主为高天泰山之尊，而以其身为壑谷鬴洧之卑，主有明名广誉于国，而身不难受壑谷鬴洧之卑。如此臣者，虽当昏乱之主尚可致功，况于显明之主乎？此谓霸王之佐也。

若夫周滑之、郑王孙申、陈公孙宁、仪行父、荆芋尹、申亥、随少师、越种干、吴王孙额、晋阳成泄、齐竖刁、易牙，此十二人者之为其臣也，皆思小利而忘法义，进则掩蔽贤良以阴暗其主，退则挠乱百官而为祸难，皆辅其君，共其欲，苟得一说于主，虽破国杀众不难为也。有臣如此，虽当圣王尚恐夺之，而况昏乱之君，其能无失乎？有臣如此者，皆身死国亡，为天下笑。故周威公身杀，国分为二；郑子阳身杀，国分为三；陈灵公身死于夏征舒氏，荆灵王死于乾溪之上；随亡于荆；吴并于越；知伯灭于晋阳之下；桓公身死七日不收。故曰：谄谀之臣，唯圣王知

之，而乱主近之，故至身死国亡。

圣王明君则不然，内举不避亲，外举不避仇，是在焉从而举之，非在焉从而罚之。是以贤良遂进而奸邪并退，故一举而能服诸侯。其在记曰："尧有丹朱，而舜有商均，启有五观，商有太甲，武王有管、蔡。"五王之所诛者，皆父兄子弟之亲也，而所杀亡其身残破其家者何也？以其害国伤民，败法类也。观其所举，或在山林薮泽岩穴之间，或在囹圄缧绁缠索之中，或在割烹刍牧饭牛之事。然明主不羞其卑贱也，以其能，为可以明法，便国利民，从而举之，身安名尊。

乱主则不然，不知其臣之意行，而任之以国。故小之名卑地削，大之国亡身死，不明于用臣也。无数以度其臣者，必以其众人之口断之。众之所誉，从而悦之；众之所非，从而憎之。故为人臣者破家残賥，内构党与，外接巷族以为誉，从阴约结以相固也，虚相与爵禄以相劝也。曰："与我者将利之，不与我者将害之。"众贪其利，劫其威。彼诚喜则能利己，忌怒则能害己。众归而民留之，以誉盈于国，发闻于主。主不能理其清，因以为贤。彼又使谲诈之士，外假为诸侯之宠使，假之以舆马，信之以瑞节，镇之以辞令，资之以币帛，使诸侯淫说其主，微挟私而公议。所为使者，异国之主也；所为谈者，左右之人也。主说其言而辩其辞，以此人者天下之贤士也。内外之于左右，其讽一而语同。大者不难卑身尊位以下之，小者高爵重禄以利之。夫奸人之爵禄重而党与弥众，又有奸邪之意，则奸臣愈反而说之，曰："古之所谓圣君明王者，非长幼弱也及以次序也。以其构党与，聚巷族，逼上弑君而求其利也。"彼曰："何知其然也？"因曰："舜逼尧，禹逼舜，汤放桀，武王伐纣，此四王者，人臣弑者君者也，而天下誉之。察四王之情，贪得人之意也；度其行，暴乱之兵也。然四王自广措也，而天下称大焉；自显名也，而天下称明焉。则威足以临天下，利足以盖世，天下从之。”又曰：“以今时之所闻田成子取齐，司城子罕取宋，太宰欣取郑，单氏取周，易牙之取卫，韩、魏、赵三子分晋，此六人，臣之弑其君者也。”奸臣闻此，蹶然举耳以为是也。故内构党与，外摅巷族，观时发事，一举而取国家。且夫内以党与劫弑其君，外以诸侯之权矫易其国，隐正道，持私曲，上禁君，下挠治者，不可胜数也。是何也？则不明于择臣也。记曰：“周宣王以来，亡国数十，其臣弑其君、取国者众矣。”然则难之从内起与从外作者相半也。能一尽其民力，破国杀身者，尚皆贤主也。若夫转身法易位，全众傅国，最其病也。

为人主者，诚明于臣之所言，则虽毕弋驰骋，撞钟舞女，国犹且存也。不明臣之所言，虽节俭勤劳，布衣恶食，国犹自亡也。赵之先君敬侯，不修德行而好纵欲，适身体之所安，耳目之所乐，冬日毕弋，夏浮淫，为长夜，数日不废御觞，不能饮者以筩灌其口，进退不肃，应对不恭者斩于前。故居处饮食如此其不节也，制刑杀戮如此其无度也，然敬侯享国数十年，兵不顿于敌国，地不亏于四邻，内无君臣百官之乱，外无诸侯邻国之患，明于所以任臣也。燕君子哙，邵公奭之后也，地方数千里，持戟数十万，不安子女之乐，不听钟石之声，内不堙污池台榭，外不毕弋田猎，又亲操耒耨以修畎亩，子哙之苦身以忧民如此其甚也，虽古之所谓圣王明君者，其勤身而忧世，不甚于此矣。然而子哙身死国亡，夺于子之，而天下笑之，此其何故也？不明乎所以任臣也。故曰：人臣有五奸，而主不知也。为人臣者，有侈用财货赂以取誉者，有务庆赏赐予以移众者，有务朋党徇智尊士以擅逞者，有务解免赦罪狱以事威者，有务奉下直曲、怪言、伟服、瑰称以眩民耳目者。此五

者，明君之所疑也，而圣主之所禁也。去此五者，则谲诈之人不敢北面谈立，文言多实行寡而不当法者，不敢诬情以谈说。是以群臣居则修身，动则任力，非上之令不敢擅作疾言诬事，此圣王之所以牧臣下也。彼圣主明君，不适疑物以窥其臣也。见疑物而无反者，天下鲜矣。故曰：孽有拟适之子，配有拟妻之妾，廷有拟相之臣，臣有拟主之宠，此四者，国之所危也。故曰：内宠并后，外宠贰政，枝子配适，大臣拟主，乱之道也。故《周记》曰："无尊妾而卑妻，无孽适子而尊小枝，无尊嬖臣而匹上卿，无尊大臣以拟其主也。"四拟者破，则上无意，下无怪也。四拟不破，则陨身灭国矣。

译文 

举凡治国中的大事，不是说君主赏罚得当就行了。奖赏无功的人，惩罚无罪的人，不是所说的英明。奖赏有功的人，惩罚有罪的人，而在被赏被罚的人身上没有失误，这仅仅是在个别人身上起作用，并不是能产生功效制止过失的措施。所以禁止奸邪的办法，最上策是禁止奸邪的思想，其次是禁止奸邪的言论，再次是禁止奸邪的事件。当今社会上都说“使君主尊显国家安定，一定要用仁义智能”，却不懂得使君主地位卑下国家面临危机的也一定是由于仁义智能。因此有治国之道的君主，远离仁义，弃绝智能，用法度使民众服从。所以声誉广播而威名大振，民众得治理而国家得安定，这是懂得役使民众的方法的缘故。凡是术，都是君主所掌握的；法，是官吏所遵奉的。那么让郎中每天到廊门外宣讲治国之道，甚至让国内民众每天都知道法令，也不是一件难事。

从前有扈氏有个臣叫失度，谨兜氏有个臣叫孤男，三苗有个臣叫成驹，夏桀王有个臣叫侯侈，商纣王有个臣叫崇侯虎，晋国有个臣叫优施，这六个人，都是使国家灭亡的臣子。把对的说得像是错的，把错的说得像是对的，内心阴险残忍，外表小心谨慎，以此表明他们是善良的，称引往古旧事，以使好事遭到败坏，善于操纵他们的君主，来收集君主细微的隐情，投其所好扰乱君主的心意，这就是那些郎中及君主左右侍从一类的人。以往各代的君主，有得人而自身安定国运长存的，有得人而自身危殆国家灭亡的。“得人”的名义是一样的，而或利或害的结果相差千万倍，因此君主对左右侍从不可不谨慎小心。做君主的诚能明察臣子的进言，那么辨别贤人和无能的人就如黑白分明了。

至于许由、续牙、晋国的伯阳、秦国的颠颉、卫国的侨如、狐不稽、重明、董不识、卞随、务光、伯夷、叔齐，这十二个人，都是看到好处也不高兴，面临患难也不恐惧，有的人把天下让给他们也不要，有劳苦屈辱的名声，却不乐意靠俸禄生活。他们看到好处也不高兴，君主即使重赏也没办法鼓励他们；他们面临患难也不恐惧，君主即使严惩也没有办法威慑他们。这就叫做不服从政令的人。这十二个人，有的在洞穴里隐居而死，有的在草木丛中枯槁而死，有的在山谷之中饥饿而死，有的在水泉之中沉溺而死。有这样的一些人，连古代的圣王都不能让他们做臣子，当今社会，又怎么能用他们呢？

至于关龙逄、王子比干、随国的季梁、陈国的泄冶、楚国的申胥、吴国的子胥，这六个人，都是用疾言的争辩和固执的劝谏试图胜过他们的君主。言论得听从，事情得照办，他们同君主好像是师徒关系。一句话没听从，一件事没照办，他们就用语言冒犯他们的君主，用自己的性命威胁君主，即使人死家破，腰颈分离，手足异处，也不认为这有什么困难。像这样的臣子，古代的圣王都不能容忍，当今时代，又怎么能用他们呢？

至于齐国的田恒、宋国的子罕、鲁国的季孙意如、晋国的侨如、卫国的子南劲、郑国的太宰欣、楚国的白公胜、周国的单荼、燕国的子之，这九个人作为臣子，都结成宗派紧密勾结来侍奉他们的君主，不走正道而追随邪曲，向上威逼君主，向下扰乱政治，里通外国来使国内力量屈服，亲近下属而谋夺君权，他们不认为这有什么困难。像这样的臣子，只有圣明的君主能够禁阻他们，像那

些昏乱的君主，能够发现他们的奸邪吗?

至于后稷、皋陶、伊尹、周公姬旦、太公吕望、管仲、隰朋、百里奚、蹇叔、舅犯、赵衰、范蠡、大夫种、逢同、华登，这十五个人作为臣子，都能早起晚睡，谦卑低下，用恭敬的心情表白自己的想法，彰明刑法，治理为官的政事来侍奉他们的君主，进谏良言，通晓治国的道术而不敢夸耀自己的长处，有了成功，办了好事也不敢炫耀自己的功劳。他们不把毁掉家庭而为国谋利，自我牺牲而安定君主看难事，认为他们的君主如同高天、泰山那样尊贵，而认为自身如同沟壑、山谷、锅底那样低下，君主在国内有圣明的名望和广泛的声誉，而他们自己也不把身处沟壑、山谷、锅底那样卑下的地位看成难事。像这样的臣子，即使面临昏乱的君主尚且可以建功，何况面临英明的君主呢?这就叫做成就霸业的君主的辅佐之臣。

至于周国的滑之、郑国的王孙申、陈国的公孙宁、仪行父、楚国的芋尹、申亥、随国的少师、越国的种干、吴国的王孙领、晋国的阳成泄、齐国的竖刁、易牙，这十二个人作为臣子，都是想到小利而忘记法度义理，进身朝廷就埋没贤良而蒙蔽他们的君主，退出朝廷就扰乱百官而为祸造难，都在辅佐他们的君主时，迎合君主的欲望，如果能讨得君主欢心，即使让国家破灭，民众被杀，也不认为是难事。有像这样的臣子，即使正当圣明的君主执政也害怕他们劫夺王位，更何况是昏乱的君主执政，能够不丧失王位吗?有像这样的臣子的君主，都会自身被杀国家灭亡，被天下人耻笑。因此周威公被杀死，国家分裂为东周、西周两部分；郑子阳被杀，国家分裂为三部分；陈灵公被夏征舒杀死；楚灵王死在乾溪岸边；随国被楚国灭掉；吴国被越国吞并；知伯在晋阳城下被灭掉；齐桓公死了七天以后也没人收尸安葬。所以说：谄媚逢迎的臣子，只有圣明的君主了解他们，而昏乱的君主亲近他们，因此竟至于本人被杀而国家灭亡。

圣明的君主就不这样，他们在内部推举人才不回避亲属，在外部推举人才不回避仇人，优点存在在谁身上就推举谁，错误存在在谁身上就惩罚谁。因此贤良的人得以顺利提拔而奸邪之徒一并被斥退，所以一举就能使诸侯服从。这类事在史籍中记载说："唐尧有丹朱，虞舜有商均，夏启有五观，商汤有太甲，周武有管叔、蔡叔。"五位帝王诛罚的，都是有父子、兄弟关系的亲人，而这些被杀的人亡身破家为什么呢?因为他们残害国家，伤害民众，败坏法度。看看这些被君主推举的人，有的居处在山林、湖泽、洞穴之间，有的陷入监牢和绳索捆缚之中，有的从事宰割烹饪、割草牧牛等工作。但是英明的君主不以他们地位卑贱为羞，运用他们的本事，认为这可以彰明法度，利国利民，于是就推举他们，自身安全，声名尊显。

昏乱的君主就不这样，不了解臣子的想

法和行为，却把国政委任给他们。所以轻则名声卑弱，国土被削，重则国家灭亡，本人被杀。这是不明白用臣之道的结果。君主没有权术来测度他的臣子，一定会用众人的话来判断他。众人赞誉的人，君主就喜欢他；众人非难的人，君主就憎恶他。因此做臣子的破费家产，在内部勾结党羽，在外部勾结乡党来抬高声望，从而暗中勾结帮助巩固自己的地位，假意以爵禄相许来鼓励同伙。说："做我的同伙就给好处，不做我的同伙就伤害他。"众人贪图他给的好处，并被他的威势所胁迫。认为他真的高兴了，就能给自己好处；他忌恨发怒了，就能残害自己。众人归附他，人们聚留在他身边，靠这些誉满全国，传播到君主那里。君主不能弄清真相，于是认为他贤能。他又指使狡诈的士人，在国外假冒诸侯宠信的使者，把车马借给他们，用外交凭证给他们增加信誉，用外交辞令来安抚他们，用礼品来资助他们，出使诸侯国就向该国的君主夸夸其谈，暗怀私心而假作公正的议论。他们为之出使的，是别国的君主；他们为之讲谈的，是君主的左右侍从。君主喜欢他们的言谈而认为他们的言辞善辩，并把这个人当做天下的贤士。朝廷内外对于君主左右的那个人，议论一律，语调相同。重则不把降低身份地位而居于他之下看作难事，轻则晋升爵位提高俸禄来使他得利。那个奸邪的人爵禄丰厚而党羽更加众多，又有了奸邪之心，那么奸臣们反而更加喜欢他，说："古时候所说的圣明君主，不是按照父死子继、兄死弟及的长幼次序传位的。他们靠的是勾结党羽，聚集乡党，逼迫杀害君主而谋求自己的利益。"那个人说："怎么知道是这样的呢？"于是有人回答说：

“虞舜逼迫唐尧，夏禹逼迫虞舜，商汤放逐夏桀，周武讨伐商纣，这四个君王，都是身为臣子而杀死他们的君主的人，而天下人却赞誉他们。考察这四个君王的情况，都有贪婪的念头；测度他们的行为，用的是暴乱的武力。但是这四个君王自己扩大他们的举措，从而天下人称颂他们伟大；自己炫耀他们的名声，从而天下人称颂他们英明。那么，他们的威望就足能君临天下，利益就足能盖过一世，天下人就顺从了他们。”又说：“依照现在听到的，田成子夺取齐国政权，司城子罕夺取宋国政权，太宰欣夺取郑国政权，单氏夺取周国政权，易牙夺取齐国政权，韩、魏、赵三家分晋，这八个人，都是身为臣子而杀掉他们的君主的人。”奸臣听到这些话，竖起耳朵认为说得正确。因此在朝廷内勾结党羽，在朝廷外勾结乡党，观察时机发难，一举而夺取国家。那些在内部依靠党羽劫持杀害君主，在外部借助诸侯权力来颠覆国家政权，遮挡正道，坚持私曲，对上禁阻君主，对下屈挠法治的人，多得不可胜数。这是为什么呢?原因就是不明白怎么鉴别臣子。史籍记载说：“周宣王以来，灭亡的国家有几十个，这当中臣子杀害他们的君主而夺取国家政权的多了。”那么就是说，灾难从内部产生的与从外部酿成的各占半数。能够专心竭尽他的民众的力量，结果还是国破身亡，还都是贤能的君主。至于转身让位，把全体民众及国家都交给别人，那是最严重的弊病。

做君主的人，真能够明辨臣子说的话，那么即使张网射箭，驰骋打猎，欣赏钟鼓音乐，观看美女舞蹈，国家还是将会存在的。不能明辨臣子说的话，即使节俭勤劳，穷布衣，吃粗食，国家还得灭亡。赵国的先君赵敬侯，不修养品行而喜好放纵欲望，追求身体的安逸，耳目的欢娱，冬天张网射箭，夏天乘船遨游，作长夜饮酒，几天不停地举杯，不能喝酒的人用竹筒往他们嘴里灌，进退举止不严肃，回答不恭敬的人，就在宴席前斩杀。因此居住饮食这样地不节俭，掌刑杀戮这样地无法度，然而赵敬侯却执政几十年，军队没有被敌国挫败，土地没有被四邻侵削，内部没有群臣百官作乱，外部没有诸侯邻国犯边的祸患，原因就是君主明白怎样任用臣子。燕国国君子哙，是邵公奭的后代，燕国土地方圆几千里，武装士兵有几十万，他不耽于女色的欢乐，不听钟、石等打击器乐，在宫内不挖深池，不修台榭，在野外不张网射箭打猎，还亲自操起农具整治田亩。子哙让自身辛苦而忧虑民众是如此卖力，即使古代所说的圣明君主，他们使自身勤苦而替世人忧虑，也不能超过他了。然而子哙身死国亡，政权被子之夺去，天下人取笑他，这是什么原因呢?原因是不明白怎样任用臣子。所以说：臣子有五类奸臣，而君主却不知道。当臣子的，有靡费钱财货物来博取名声的，有专门用赏赐来转移民心的，有专门结党营私，网罗尊显的智士来专权逞能的，有专门用解除力役赦免罪人的手段来树立威望的，有专门奉行下级的曲直判断，出语怪异，身穿奇服，使用漂亮的称号来眩惑民众视听的。这五类人，是被英明的君主怀疑，被圣明的君主禁止的。去掉这五类人，聒噪狡诈的人就不敢面对君主进说，文饰的话多实际行动少而不合法度的人，就不敢歪曲情理来议论。因此群臣平素就修养品德，运作就出力，没有君主的政令不敢擅自用激烈的言辞歪曲事实。这是圣明君王驾驭臣子的方法。那些圣明的君主，不喜欢怀疑事实来窥察他的臣子。发现可疑的事情而不反思的，天下少有了。因此说：庶出子中有与嫡出子地位相似的，妃嫔中有与正妻地位相似的，朝廷群臣中有与相国地位相似的，大臣中有与君主地位一样荣宠的，这四种情形，是国家的危害。所以说：内宫得宠的妃嫔与王后并列，外宫得宠的朝臣与君主抗衡，庶出子与嫡出子匹敌，大臣的地位与君主相等，这是国家祸乱的根源。因此《周记》说："不要尊崇妃嫔而降低正妻的身分，不要把嫡出子当成庶出子而尊崇庶出子，不要尊崇亲近小臣而使他与上卿地位相当，不要尊崇大臣而使他与他的君主地位相似。"这四种地位相似的情况消除掉，君主就不会臆度猜测，臣子就不会干出怪事。这四种地位相似的情况不破除，国君就会身亡国灭了。

评点

"说疑"，即论说国君所当怀疑之事。"疑"，指臣下的各种可疑的言行。本篇认为，赏罚并非是君主治国最重大的事，因为赏罚并不能"生功止过"。要禁绝奸邪行为，"太上禁其心，其次禁其言，其次禁其事"，这一切应通过推行法治来实现。阐明基本观点之后，文章对众多的历史或传说人物的所作所为作了扼要评述，生动地论证了君王得其人则"身安国存"，不得其人则"身亡国危"的道理，与此同时，文中还提出了君王用人的一个重要原则，即"内举不避亲，外举不避仇"。文章末段列举了人臣之"五奸"及庶出子与嫡子匹敌、妃子与王后并列等四种僭越等级名分的行为，要求君王予以明察或破除。

诡使

圣人之所以为治道者三：一曰利，二曰威，三曰名。夫利者所以得民也，威者所以行令也，名者上下之所同道也。非此三者，虽有不急矣。今利非无有也而民不化，上威非不存也而下不听从，官非无法也而治不当名。三者非不存也，而世一治一乱者何也？夫上之所贵与其所以为治相反也。

夫立名号所以为尊也。今有贱名轻实者，世谓之高。设爵位所以为贱贵基也，而简上不求见者，世谓之贤。威利所以行令也，而无利轻威者，世谓之重。法令所以为治也，而不从法令为私善者，世谓之忠。官爵所以劝民也，而好名义不进仕者，世谓之烈士。刑罚所以擅威也，而轻法不避刑戮死亡之罪者，世谓之勇夫。民之急名也，甚其求利也，如此，则士之饥饿乏绝者，焉得无岩居苦身以争名于天下哉？故世之所以不治者，非下之罪，上失其道也。常贵其所以乱而贱其所以治，是故下之所欲，常与上之所以为治相诡也。今下而听其上，上之所急也。而惇悫纯信，用心怯言，则谓之窭。守法固，听令审，则谓之愚。敬上畏罪，则谓之怯。言时节，行中适，则谓之不肖。无二心私学，听吏从教者，则谓之陋。难致谓之正。难予谓之廉。难禁谓之齐。有令不听从谓之勇。无利于上谓之愿。少欲宽惠行德谓之仁。重厚自尊谓之长者。私学成群谓之师徒。闲静安居谓之有思。损仁逐利谓之疾。险躁反覆谓之智。先为人而后自为，类名号，言泛爱天下，谓之圣。言大本，称而不可用，行而乖于世者，谓之大人。贱爵禄，不挠上者，谓之杰。下渐行如此，入则乱民，出则不便也。上宜禁其欲，灭其迹而

不止也，又从而尊之，是教下乱上以为治也。

凡所治者刑罚也，今有私行义者尊。社稷之所以立者安静也，而躁险谗谀者任。四封之内所以听从者信与德也，而陂知倾覆者使。令之所以行，威之所以立者，恭俭听上，而岩居非世者显。仓廪之所以实者，耕农之本务也，而綦组锦绣刻画为末作者富。名之所以成，城池之所以广者战士也，今死士之孤饥饿乞于道，而优笑酒徒之属乘车衣丝。赏禄所以尽民力易下死也，今战胜攻取之士劳而赏不沾，而卜筮视手理狐蛊为顺辞于前者日赐。上握度量，所以擅生杀之柄也，今守度奉量之士欲以忠婴上而不得见，巧言利辞，行奸轨以幸偷世者数御。据法直言，名刑相当，循绳墨，诛奸人，所以为上治也而愈疏远，谄施顺意从欲以危世者近习。悉租税，专民力，所以备难充仓府也，而士卒之逃事伏匿，附托有威之门以避徭赋，而上不得者万数。夫陈善田利宅所以厉战士也，而断头裂腹播骨乎平原野者，无宅容身，身死田收。而女妹有色，大臣左右无功者，择宅而受，择田而食。赏利一从上出，所善制下也，而战介之士不得职，而闲居之士尊显。上以此为教，名安得无卑，位安得无危？夫卑名位者，必下之不从法令，有二心私学，反世者也。而不禁其行，不破其群以散其党，又从而尊之，用事者过矣。上之所以立廉耻者，所以属下也。今士大夫不羞污泥丑辱而宦，女妹私义之门不待次而宦。赏赐之所以为重也，而战斗有功之士贫贱，而便辟优徒超级。名号诚信所以通威也，而主掩障。近习女谒并行，百官主爵迁人，用事者过矣。大臣官人与下先谋，比周虽不法，行威利在下，则主卑而大臣重矣。

夫立法令者以废私也，法令行而私道废矣。私者，所以乱法也。而士有二心私学，岩居窞路，托伏深虑，大者非世，细者惑下，上不禁，又从而尊之以名，化之以实，是无功而显，无劳而富也。如此，则士之有二心私学者，焉得无深虑、勉知诈与诽谤法令，以求索与世相反者也。凡乱上反世者，常士有二心私学者也。故《本言》曰："所以治者法也，所以乱者私也。法立，则莫得为私矣。"故曰：道私者乱，道法者治。上无其道，则智者有私词，贤者有私意。上有私惠，下有私欲，圣智成群，造言作辞，以非法措于上。上不禁塞，又从而尊之，是教下不听上不从法也。是以贤者显名而居，奸人赖赏而富。贤者显名而居，奸人赖赏而富，是以上不胜下也。

译文

圣人用以治国之道的措施有三项：第一项是利禄，第二项是权威，第三项是名号。利禄是用来争得民心的，权威是用来推行政令的，名号是君上与臣下共同遵循的。除了这三项，即使还有别的也不是当务之急了。现在利禄不是没有而民众不被教化，君主的权威不是不存在而臣民不听从，官方不是没有法令而治理与名号不符。这三项不是不存在，而社会时而太平时而混乱，为什么呢?原因是君上认为宝贵的与他采用的治国之道相反。

确立名号是为了表示出尊贵。现在有看不起名号轻视实际职权的人，社会上却称他清高。设置爵位是为了有区别贵贱的基础，而简慢君主不愿求见的人，社会上却称他贤能。权威与利禄是推行政令的办法，而无视利禄看轻权威的人，社会上却称他自重。法令是用来治国的，而不遵从法令为私人办好事的人，社会上却称他忠实。官职爵位是用来鼓励民众的，而喜欢声誉不求仕进的人，社会上却称他为刚烈之士。刑罚是用来专擅权威的，而轻视法律不躲避杀戮刑罚的罪犯，社会上却称他为勇敢者。民众急于出名，超过求利，这样，士人中那些饥饿贫困的人，怎么能不隐居山岩之间使自身受苦而在天下争得名声呢?因此社会不能得到治理的原因，不是臣下的罪过，而是君上丧失了他的治国之道。由于经常看重乱国的措施而轻视可以治国的道术，所以臣下想做的事，常常同君上治国的道术相反。

现在，让臣下听从君上，这是君上急于要求的。而忠厚诚笃，纯朴老实，善于思考，说话小心，就被说成是萎缩。遵守法律坚决，服从政令严肃，就被说成是愚笨。恭敬上司，害怕犯罪，就被说成是胆怯。言语适时有节，行为正确适度，就被说成是无能。没有法令以外的思想与学术，听从官吏，服从教化的人，就被说成是鄙陋。君主召而不就，被说成是刚正。君主赏而不受，被说成是廉洁。君主禁而不止，被说成是庄重。有命令而不听从，被说成是勇敢。不从君主那获利，被说成是老实。减少欲望，宽厚惠爱，实行德政，被说成是仁慈。自持重厚，妄自尊大，被说成是长者。开设私学，聚众成群，被说成是师徒。闲静安居，被说成是有思想。损害爱心，追名逐利，被说成是机敏。阴险浮躁，反复无常，被说成是智慧。先为

别人，而后为自己，把一切名号等类齐观，主张泛爱天下，被说成是圣明。说的是治国的要领，但称道的内容不能用，实践起来违背社会现实，被说成是大人。轻视爵位利禄，不对上级屈服，被说成是豪杰。臣民们逐渐形成这样的风气，在国内就会扰乱臣民，到国外就会不利于国计。君主应当禁锢他们的欲望，消除他们的踪迹；这样也没能禁止，于是反过来尊崇他们，这是教导臣下犯上作乱，并把这当做治国之道。

凡是用来治国的手段，是刑罚，现在有私下推行恩义的人却受到尊崇。国家政权之所以建立，靠的是安定静默，而浮躁阴险，进谗阿谀的人却得到任用。四方边境之内的人们能听从的原因，是讲求信用与恩德，而偏私狡诈，互相倾轧的人却得到任用。政令能够推行，权威能够树立的原因，是人们能恭敬谦卑地听从君上，而隐居山岩之间的对社会不满的人却名声显赫。仓库充实的原因，是务农耕这个本业，而从事织布、绣花、雕刻这些细小工作的人却富了起来。成就声名，扩大城池的原因，是拥有战士，现在战死者的遗孤却忍饥挨饿沿街乞讨，而倡优酒徒之流却乘着车子穿着丝衣。奖赏和俸禄是用来竭尽民力，换取臣民们卖命的，现在战胜敌人攻取土地的士兵很劳苦，却不沾奖赏的边儿，而占卜者，看手相的，施展手段迷惑人在君主面前说奉承话的人，却每天得到赏赐。君主掌握法度法规，用它来独揽生杀大权，现在奉守法度法规的人想用他们的忠诚来劝谏君主却不能被接见，而花言巧语，行为奸邪，侥幸投机的人，却屡屡得到重用。依法直言，名实相符，遵循法度，诛除坏人的臣子，本是为君主治国的人却越来越被君主疏远，谄媚邪恶，顺从君主意欲而危害社会的人被君主亲近宠幸。收缴租税，集中民力，是为了防备灾害充实仓库，然而士兵逃避兵役而潜伏藏匿起来，以及依托在有权有势者家中来躲避徭役赋税的人，君主无法得到的数以万计。陈列出良田美宅，是为了鼓励士兵作战，然而遭砍头剖腹而抛尸骨于荒野的人，活着时没有住宅容身，死后田产被收回。而有姿色的少女，没功劳的大臣及左右侍从，却能选择住宅而居住，选择田地而生活。赏赐全从君上发出，是好好控制臣民的办法，然而披甲作战的士兵得不到职位，而闲着没事的人却尊显起来。君主用这样的做法来教化臣民，名声怎么能不低下，地位怎么能不危险?那降低君主名声与地位的原因，一定是臣民不服从法律命令，怀有法度以外的想法，张扬法度以外的学术，反对社会现实。却不去禁止他们的行为，不去打破他们的群体并拆散他们的宗派，反而又尊崇他们，这是执政者的过错了。君上确立廉耻的标准，是用来鼓励臣民的。现在士大

夫们不以污秽丑恶的行为为耻却能当官，通过进献女色和私拉关系的门路，不按着次序却能当官。赏赐是造成权势的手段，然而作战立功的士兵却贫困低贱，而善于逢迎谄媚的倡优却能越级提拔。名号真实可信是提高威望的手段，然而君主受到蒙蔽。君主宠幸亲近的人，以及宫中得宠弄权为人请托的女子一起得势，各种官员都能主管爵位来提升别人的官职，这是执政者的过错了。大臣能给别人封官，并与下面的人事先谋划，勾结虽然不合法，执行赏罚的大权却落到了下面，那么君主就会地位卑下而大臣权势太重了。

建立法令是为了废除私弊的，法令得以推行而谋私之道就废除了。私弊，是扰乱法度的东西。而士人中有的怀有二心宣扬私学，隐居山岩之间，露处坑坎之中，假托隐居而处心积虑，重的反对现实，轻的迷惑臣民，君主不加禁止，反而用声誉尊崇他们，用实际好处来改变他们的状况，这是没有功绩就显赫起来，没有劳苦就富裕起来。像这样，士人中那些怀有二心宣扬私学的人，怎么能不处心积虑，钻研狡诈之术并诽谤法令，来追求与社会背道而驰呢?凡是犯上作乱反对现实的人，通常是士人中那些怀有二心宣扬私学的人。因此《本言》说："用来治国的，是法度，用来乱国的，是私弊。法度确立起来，就没有谁能够营私了。"所以说：依照私弊治国，国家混乱，依照法度治国，国家太平。君主没有治国之道，那么聪明人就有私家言论，贤能者就有私家主张。君主实行个人的恩惠，臣民就有个人的欲望，圣人智者成群，造谣诡辩，用不法手段对付君上。君上不禁止阻扼，反而尊崇他们，这是教导臣民不要听从君上，不要服从法令。所以贤者名声显赫而安居要职，奸邪的人依赖赏赐而富裕起来，所以君上就不能制伏臣下了。

评点

“诡”，指诡异，即相反的意思；“使”，指举动。“诡使”，就是与法治原则相背离的行为。本篇列举了社会上一些混淆是非、悖谬法治的现象，并探讨了这些现象产生的原因。文章认为，君王的治国之道有三，就是利、威、名。但是，运用了这些治国之道，社会依然“一治一乱”，其原因就在于国君所看重的与应当用以治国的原则相反。文中列举的种种是非颠倒的现象，真实地反映了战国后期社会政治的混乱，同时也构成了韩非倡言法治理论的现实依据。

文章列举社会上形形色色的是非颠倒现象的段落写得尤为精彩。韩非指出，君主们都希望巩固自己的统治，希望臣民们能为其效力，但君主们所称许的高人、长者、烈士、勇夫，却尽是些蔑视法令制度，轻贱爵位俸禄的人。被这些人鄙夷的所谓愚蠢、怯懦的人，倒是敬上畏罪、守法听令的。耕夫战士是国家赖以取得富强的人，却只能劳苦贫贱；危害国家扰乱社会的蠹虫，却能安享荣华富贵。为此，韩非激愤之至，大声疾呼“道私者乱，道法者治”，表现出一位深思熟虑的政治家的坚强信念。

六反

畏死远难，降北之民也，而世尊之曰"贵生之士"。学道立方，离法之民也，而世尊之曰"文学之士"。游居厚养，牟食之民也，而世尊之曰"有能之士"。语曲牟知，伪诈之民也，而世尊之曰"辩智之士"。行剑攻杀，暴憿之民也，而世尊之曰"磏勇之士"。活贼匿奸，当死之民也，而世尊之曰"任誉之士"。此六民者，世之所誉也。赴险殉诚，死节之民，而世少之曰"失计之民"也。寡闻从令，全法之民也，而世少之曰"朴陋之民"也。力作而食，生利之民也，而世少之曰"寡能之民"也。嘉厚纯粹，整谷之民也，而世少之曰"愚戆之民"也。重命畏事，尊上之民也，而世少之曰"怯慑之民"也。挫贼遏奸，明上之民也，而世少之曰"谄谗之民"也。此六民者，世之所毁也。奸伪无益之民六，而世誉之如彼；耕战有益之民六，而世毁之如此。此之谓六反。布衣循私利而誉之，世主听虚声而礼之，礼之所在，利必加焉。百姓循私害而訾之，世主壅于俗而贱之，贱之所在，害必加焉。故名赏在乎私恶当罪之民，而毁害在乎公善宜赏之士，索国之富强，不可得也。

古者有谚曰："为政犹沐也，虽有弃发，必为之。"爱弃发之费，而忘长发之利，不知权者也。夫弹痤者痛，饮药者苦，为苦惫之故，不弹痤饮药，则身不活，病不已矣。

今上下之接，无子父之泽，而欲以行义禁下，则交必有郄矣。且父母之于子也，产男则相贺，产女则杀之，此俱出父母之怀衽，然男子受贺，女子杀之者，虑其后便，计之长利也。故父母之于子也，犹用计算之心以相待也，而况无父子之泽乎。

今学者之说人主也，皆去求利之心，出相爱之道，是求人主之过父母之亲也，此不熟于论恩诈而诬也，故明主不受也。圣人之治也，审于法禁，法禁明著则官法；必于赏罚，赏罚不阿则民用。官官治则国富，国富则兵强，而霸王之业成矣。霸王者，人主之大利也。人主挟大利以听治，故其任官者当能，其赏罚无私。使士民明焉，尽力致死，则功伐可立而爵禄可致，爵禄致而富贵之业成矣。富贵者，人臣之大利也。人臣挟大利以从事，故其行危至死，其力尽而不望。此谓君不仁，臣不忠，则可以霸王矣。

夫奸必知则备，必诛则止；不知则肆，不诛则行。夫陈轻货于幽隐，虽曾、史可疑也；悬百金于市，虽大盗不取也。不知则曾、史可疑于幽隐，必知则大盗不取悬金于市。故明主之治国也，众其守而重其罪，使民以法禁而不以廉止。母之爱子也倍父，父令之行于子者十母；吏之于民无爱，令之行于民也万父。母积爱而令穷，吏威严而民听从，严爱之策亦可决矣。且父母之所以求于子也，动作则欲其安利也，行身则欲其远罪也。君上之于民也，有难则用其死，安平则尽其力。亲以厚爱关子于安利而不听，君以无爱利求民之死力而令行。明主知之，故不养恩爱之心而增威严之势。故母厚爱处，子多败，推爱也。父薄爱教笞，子多善，用严也。

今家人之治产也，相忍以饥寒，相强以劳苦，虽犯军旅之难，饥馑之患，温衣美食者必是家也。相怜以衣食，相惠以佚乐，天饥岁荒，嫁妻卖子者必是家也。故法之为道，前苦而长利；仁之为道，偷乐而后穷。圣人权其轻重，出其大利，故用法之相忍，而弃仁人之相怜也。学者之言，皆曰轻刑，此乱亡之术也。凡赏罚之必者，劝禁也。赏厚则所欲之得也疾，罚重则所恶之禁也急。夫欲利者必恶害，害者，利之反也。反于所欲，焉得无恶？欲治者必恶乱，乱者，治之反也。是故欲治甚者其赏必厚矣，其恶乱甚者其罚必重矣。今取于轻刑者，其恶乱不甚也，其欲治又不甚也，此非特无术也，又乃无行。是故决贤不肖愚智之策，在赏罚之轻重。且夫重刑者，非为罪人也，明主之法揆也。治贼，非治所揆也，治所揆也者，是治死人也。刑盗，非治所刑也，治所刑也者，是治胥靡也。故曰重一奸之罪而止境内之邪，此所以为治也。重罚者盗贼也，而悼惧者良民也，欲治者奚疑于重刑？若夫厚赏者，非独赏功也，又劝一国。受赏者甘利，未赏者慕业，是报一人之功而劝境内之众也，欲治者何疑于厚赏？今不知治者，皆曰"重刑伤民，轻刑可以止奸，何必于重哉？"此不察于治者也。夫以重止者，未必以轻止也，以轻止者，必以重止矣。是以上设重刑者而奸尽止，奸尽止则此奚伤于民也？所谓重刑者，奸之所利者细，而上之所加焉者大也。民不以小利蒙大罪，故奸必止者也。所谓轻刑者，奸之所利者大，上之所加焉者小也。民慕其利而傲其罪，故奸不止也。故先圣有谚曰："不踬于山，而踬于垤。"山者大，故人顺之；垤微小，故人易之也。今轻刑罚，民必易之。犯而不诛，是驱国而弃之也；犯而诛之，是为民设陷也。是故轻罪者，民之垤也。是以轻罪之为道也，非乱国也则设民陷也，此则可谓伤民矣。

今学者皆道书策之颂语，不察当世之实事，曰："上不爱民，赋敛常重，则用不足而下怨上，故天下大乱。"此以为足其财用以加爱焉，虽轻刑罚可以治也。此言不然矣。凡人之取重刑罚，固已足之之后也。虽财用足而后厚爱之，然而轻刑犹之乱也。夫富家之爱子，财货足用；财货足用则轻用，轻用则侈泰。亲爱之则不忍，不忍则骄恣。侈泰则家贫，骄恣则行暴，此虽财用足而爱厚轻刑之患也。凡人之生也，财用足则隳于用力，上治懦则肆于为非。财用足而力作者神农也，上治懦而行修者曾、史也。夫民之不及神农、曾、史亦明矣。

老聃有言曰："知足不辱，知止不殆。"夫以殆辱之故而不求于足之外者老聃也。今以为足民而可以治，是以民为皆如老聃也。故桀贵在天子而不足于尊，富有四海之内而不足于宝。君人者虽足民，不能足使为君、天子，而桀未必为天子为足也，则虽足民，何可以为治也？故明主之治国也，适其时事以致财物，论其税赋以均贫富，厚其爵禄以尽贤能，重其刑罚以禁奸邪，使民以力得富，以事致贵，以过受罪，以功致赏而不念慈惠之赐，此帝王之政也。

人皆寐则盲者不知，皆嘿则喑者不知。觉而使之视，问而使之对，则喑盲者穷矣。不听其言也，则无术者不知；不任其身也，则不肖者不知。听其言而求其当，任其身而责其功，则无术不肖者穷矣。夫欲得力士而听其自言，虽庸人与乌获不可别也，授之以鼎俎，则罢健效矣。故官职者，能士之鼎俎也，任之以事而愚智分矣。故无术者得于不用，不肖者得于不任。言不用而自文以为辩，身不任而自饰以为高，世主眩其辩，滥其高而尊贵之，是不须视而定明也，不待对而定辩也，喑盲者不得矣。明主听其言必责其用，观其行必求其功，然则虚旧之学不谈，矜诬之行不饰矣。

译文

畏惧死亡远离患难，是投降败北的人，可社会上却尊称他们是“珍爱生命的人”。学习道术建立学说，是些背离法度的人，可社会上却尊称他们是“研究文献典籍的人”。游手好闲饱食终日的，是混饭吃的人，可社会上却尊称他们是“有能力的人”。语言诡辩投机取巧的，是虚伪狡诈的人，可社会上却尊称他们是“聪明善辩的人”。用剑攻击杀害别人的，是残暴过激的人，可社会上却尊称他们是“自厉而勇敢的人”。救活逆贼藏匿奸人的人，是应该处死的人，可社会上却尊称他们是“负有声誉的人”。这六种人，是社会上称誉的。奔赴危险境地，为忠于国家而死的，是为节操而死的人，可社会上却批评他们是“打错主意的人”。见闻虽少却服从政令的，是守法的人，可社会上却批评他们是“朴野鄙陋的人”。努力耕作而生活的，是为社会谋利的人，可社会上却批评他们是“缺乏能力的人”。优秀厚道，纯朴老实的，是正派善良的人，可社会上却批评他们是“愚昧死板的人”。尊重命令，敬畏职事的，是尊敬君主的人，可社会上却批评他们是“胆怯懦弱的人”。摧挫贼人，遏止奸邪的，是彰显君主的人，可社会上却批评他们是“谄媚进谗的人”。这六种人，是社会上诋毁的。奸邪伪诈对社会没有好处的人有六种，可社会上却那样称誉他们；耕田作战对国家有好处的人有六种，可社会上又这样地诋毁他们。这就叫做六种毁誉相反的现象。平民百姓是从个人利益出发来称誉别人的，而当代的君主听到虚名就礼遇他们，给予礼遇的人，一定会给他们好处。平民百姓是从个人的利害出发来批评别人的，而当代君主被世俗看法蒙蔽就轻视他们，受到轻视的人，伤害一定会加在他们身上。所以名誉和奖赏给了私下作恶而应当治罪的人，而诋毁和伤害加在了为公家做好事而应当奖赏的人身上，这么做还想求得国家富强，是不可能的。

古时候有谚语说：“治理政务好比洗头，即使有时脱发，也一定要洗。”吝惜脱落的几根头发的耗损，而忘记了生长新头发的好处，这是不知道权衡得失。用砭针刺痈疽是疼痛的，喝汤药是苦的，因为痛苦疲惫的缘故，就不刺痈喝药，生命就不能存活，病就不能治好了。

现在君上与臣下的交往，没有父子之间的恩情，而想用推行仁义的手段来禁阻臣民干坏事，那么上下的交往一定会出现裂痕了。况且父母对于子女来说，生了男孩就互相贺喜，生了女孩就杀掉她，这些孩子都是出自父母的怀抱，然而生男孩就接受贺喜，生女孩就杀掉她，这是因为要考虑以后的好处，谋划长远的利益。因此父母对于子女，尚且用计较得失的心理来对待他们，更何况没有父子之间的恩情呢？

现在的读书人劝说君主，都主张去除求利的想法，采用相爱的原则，这是要求君主具有超过父母对待子女的亲情，这是对于什么是恩德不熟悉，是狡诈与欺骗，因此英明的君主不接受。圣人治国，详明地考察法律禁令，法律与禁令彰明，各个官吏就守法；坚定地实行赏罚，赏罚不偏颇，民众就听用。各个官职都得到治理，国家就富裕，国家富裕了军队就强大，那么霸王的事业就成

功了。成为霸王，这是君主的最大利益。君主控制了最大的利益来听政治国，因此他委任的官员与他们的能力相当，他进行赏罚没有私心。让臣民明白这些，他们会竭尽全力地卖命，那么功劳可以建立，爵禄可以获得，爵禄获得了，富贵大业就成功了。得到富贵，是臣子最大的利益。臣子控制最大的利益来治理政事，因此他们冒着危险直至死亡，他们竭尽全力而不抱怨。这就叫君主不主张仁爱，臣子不主张忠诚，就能成就霸王之业了。

对奸人一定得察知才能防备，一定得诛罚才能制止；不能察知他们就会肆无忌惮，不能诛罚他们就横行无阻。把价值小的物品陈放在隐蔽的地方，即使是曾参、史鳍也会可疑；把一百两黄金悬挂在集市里，即使有名的盗贼也不会去拿。不能被察知，就可以怀疑曾参、史鳍去拿隐藏的物品；一定被察知，就是有名的盗贼也不会去拿悬挂在集市里的黄金。因此英明君主治理国家，增多防守的人员而加重对罪人的惩处，使民众靠法律禁令而不是靠廉耻之心来制止犯罪。母亲爱子女是父亲的一倍，父亲对子女推行禁令是母亲的十倍，官吏对于民众没有恩爱，但对民众推行禁令是父亲的一万倍。母亲厚爱子女而禁令无法推行，官吏对民众威严而民众听从，实行威严还是恩爱的政策也就可以决定了。而且父母要求子女做到的是，行动，就希望他们平安有利；做人，就希望他们远离罪过。君主对于民众，有患难，就要他们拼命效死；安定太平时，就要他们竭力劳作。双亲怀着深厚的爱把子女安置在有利的地方而子女不听从，君主用没有爱利的想法要求民众效命尽力而命令得以推行。英明的君主懂得这些，因此不培养恩爱之心而增强威严的权势。所以母亲怀着深厚的爱对待，子女多数失败，这是推行仁爱的结果。父亲少爱而用鞭打来教育，子女多数很好，这是运用威严的结果。

现在家长治理产业，让家庭成员用饥寒互相促进，用劳苦互相勉励，即使遭遇兵祸，或者饥荒岁月的灾难，依旧穿得暖吃得好的一定是这种家庭。用丰衣足食互相关爱，用安逸行乐互相得利，天灾降临，年成荒歉，嫁出妻子，卖掉孩子的一定是这种家庭。所以法作为治国之道，是开头时痛苦而长久获得；仁作为治国之道，是苟且欢乐一时而最终困窘。圣人权衡了两者的轻重，追求那大的利益，因此采用了法治所主张的相互抑制，抛弃了仁人主张的相互怜爱。读书人的言论，都说要减轻刑罚，这是乱国亡国的主张。凡是赏罚要坚定不移，是为了鼓励好事禁止坏事。奖赏丰厚，民众想获得它就急于立功；处罚严厉，民众讨厌的东西就急于禁止。想要获利的人一定讨厌祸害，祸害，是利益的反面。对于跟欲望相反的东西，怎么能不讨厌呢?想把国家治理好的人一定讨厌混乱，混乱，是安治的反面。所以想治理好国家的心情迫切的人，他的奖赏一定丰厚；讨厌混乱的心情迫切的人，他的惩罚一定苛重。现在采取减轻刑罚的主张来治国的人，他讨厌混乱的心情不迫切，这不仅是没有实践方法，而且是没有理论原则。因此判定贤能与无能、愚蠢与明智，在于他赏罚的轻重。至于加重刑罚，不是为了治别人的罪，是为了彰明君主的法度的准则。惩治逆贼，不是为了惩治这个人本身，惩治这个人本身，不过是惩治了一个死人而已。对盗贼施以刑罚，不是为了惩治他本人，惩治一个该惩罚的人，不过是惩治了一个囚徒而已。因此说，加重对一个坏人的惩罚，而能制止国境以内的奸邪，这是惩治犯罪的目的。加重惩罚的是盗贼，而恐惧的是善良民众。想治理好国家的人为什么要怀疑加重刑罚的作用呢?至于丰厚的奖赏，不仅奖赏了有功的人，而且也鼓舞了全国民众。受赏的人高兴获利，没有受赏的人羡慕别人的功业，这是回报了一个人的功劳而鼓励了国境之内的全体民众。想

治理好国家的人为什么要怀疑丰厚奖赏的作用呢?现在不懂治国的人，都说"加重刑罚会伤害民众，减轻刑罚也可以禁止奸邪，为什么一定要加重刑罚呢?"这是些没有详察治国之道的人。能用重刑禁止的，不一定能用轻刑禁止，能用轻刑禁止的，一定能用重刑禁止。所以君主设置重刑而奸邪全被禁止，奸邪全被禁止了，对民众有什么伤害呢?所说的重刑，是坏人得到的利益微小，而君主给坏人的惩罚很重。民众不会为了微小的利益而犯大罪，因此奸邪一定能止住。所说的轻刑，是坏人得到的利益重大，而君主给坏人的惩罚很轻。民众贪图那利益而傲视犯罪，因此奸邪不能止住。所以先前的圣人有谚语说："高山绊不倒，土堆上跌跤。"山高大，因此人们谨慎对待它；土堆微小，因此人们轻视它。如果减轻刑罚，民众一定会轻视它。犯了罪而不诛罚，这是驱使国民去犯罪而抛弃他们；犯了罪而诛罚他们，这就是给民众设下陷阱。因此减轻刑罚，是给民众一个小土堆。所以把减轻刑罚当成治国之道，不是使国家混乱，就是给民众设下陷阱，这才叫做残害民众呢!

现在的读书人都称道文献上称颂的话，而不考察当代社会的实际，说："君主不慈爱民众，赋敛常常很重，那么用度不足民众就会抱怨君主，因此天下大乱。"这是认为满足民众的资财用度而把爱抚加给他们，即使减轻刑罚也可以治理好国家。这些说法是不正确的。凡是受重刑惩处的人，本来就是在用度充足以后犯的罪。即使资财用度充足之后而厚爱他们，但是减轻刑罚还是会导致混乱的。那些富裕的家庭爱抚孩子，资财物品足够他们使用；资财物品足够使用，就会轻易使用；轻易使用，就会奢侈过度。亲近喜欢他们，就不忍心责罚；不忍心责罚，他们就骄横跋扈。奢侈过度，家道就会贫穷；骄横跋扈，行为就会残暴，这就是资财用度充足而爱抚过分减轻刑罚的祸患。凡是人的本性，资财用度充足，就会懒于出力，君上治政懦弱，下面就会放肆地干坏事。资财用度充足还能用力耕作的，只有神农，君上治政懦弱而还能行为美好的，只有曾参、史鳍。民众不如神农、曾参、史鳍，这也是明显的。

老聃说过这样的话：“知道满足的人不蒙耻辱，知道适可而止的人不会危险。”因为害怕危险与耻辱的缘故，满足之后不再有别的要求的是老聃。现在认为使民众满足后就可以治理好，这是认为民众都能成为像老聃一样的人。因此夏桀贵为天子而不满足地位的尊贵，富有四海之内的财产而不满足这些财宝。身为君主的即使能使民众满足，却不能足以使他们都成为君主和天子，而夏桀未必认为当了天子就满足了，那么即使使民众满足了，怎么能靠这种办法来治政呢？因此英明的君主治理国家，不违农时来获得财物，评定征收赋税的多寡来平均贫富，提升爵位多给俸禄来竭尽人们的智慧与才能，加重刑罚来禁止奸邪，使民众出力致富，办事得贵，有罪受罚，立功获赏，而不指望君主仁慈惠爱给予赏赐，这就是帝王的政策。

人们都睡着了，就分不清谁是盲人；人们都沉默了，就分不清谁是哑巴。睡醒后让他们看，提问题让他们答，那么哑巴、盲人就无法蒙混了。不听他们的言论，就不能分清谁是不学无术的人；不让他们任职，就不能分清谁是无能的人。听他们的言论，而责求他们言行一致；让他们任职，而责求他们取得功效，那么不学无术的人和无能的人就无法蒙混了。想要得到大力士而听他自己讲说，即使是平庸的人也不可能把他同乌获区别开；交给他鼎、俎让他举一举，那么是疲弱还是强健就显示出来了。因此官职，就是检试能人的鼎、俎，交给他政事让他去办，是愚蠢还是聪明就分清了。所以对不学无术的人，得知实情就不任用他；对无能的人，得知实情就不任用他。言论没有实用价值而仅靠他自己文饰就认为他善辩，自身没有担任官职而仅靠他自己文饰就认为他高明，当代君主被他们的诡辩迷惑，贪慕他们的高明而尊崇他们，这是不等让他看东西就认定他眼力好，不等他回答问题就认定他善于辩说，这就不知道谁是哑巴谁是盲人了。英明的君主听了他的言论，一定责求它的实用价值，观察他的行为，一定责求它的实际功效，这样一来，空洞陈旧的学说就没有人谈了，自大虚妄的行为就无法掩饰了。

评点

“六反”，指社会上常见的六种毁誉相反的现象。本篇前半部分具体列举“六反”的内容：一是社会舆论称“降北之民”为“贵生之士”，二是称“离法之民”为“文学之士”，三是称“牟食之民”为“有能之士”，四是称“伪诈之民”为“辩智之士”，五是称“暴憿之民”为“磏勇之士”，六是称“当死之民”为“任誉之士”。文章指出，上述六种人都是“奸伪无益之民”，对他们不该谬加称誉。应当予以称誉的是“死节之民”、“合法之民”、“生利之民”、“整谷之民”、“尊上之民”、“明上之民”，而这些人在社会上却遭到诋毁。文章的后半部分针对儒、墨学者的主张作深入的论证与批判，指出只有“君不仁，臣不忠”才可成就王霸之业，只有用“重刑”才可治理国家。

五蠹

上古之世，人民少而禽兽众，人民不胜禽兽虫蛇，有圣人作，构木为巢以避群害，而民悦之，使王天下，号曰有巢氏。民食果蓏蜯蛤，腥臊恶臭而伤害腹胃，民多疾病，有圣人作，钻燧取火，以化腥臊，而民说之，使王天下，号之曰燧人氏。中古之世，天下大水，而鲧、禹决渎。近古之世，桀、纣暴乱，而汤、武征伐。今有构木钻燧于夏后氏之世者，必为鲧、禹笑矣。有决渎于殷、周之世者，必为汤、武笑矣。然则今有美尧、舜、汤、武、禹之道于当今之世者，必为新圣笑矣。是以圣人不期修古，不法常可，论世之事，因为之备。宋人有耕田者，田中有株，兔走触株，折颈而死，因释其耒而守株，冀复得兔，兔不可复得，而身为宋国笑。今欲以先王之政，治当世之民，皆守株之类也。

古者丈夫不耕，草木之实足食也；妇人不织，禽兽之皮足衣也。不事力而养足，人民少而财有余，故民不争。是以厚赏不行，重罚不用，而民自治。今人有五子不为多，子又有五子，大父未死而有二十五孙，是以人民众而货财寡，事力劳而供养薄，故民争，虽倍赏累罚而不免于乱。

尧之王天下也，茅茨不剪，采椽不斫，粝粢之食藜藿之羹，冬日麑裘，夏日葛衣，虽监门之服养，不亏于此矣。禹之王天下也，身执耒臿以为民先，股无完肤，胫不生毛，虽臣虏之劳不苦于此矣。以是言之，夫古之让天子者，是去监门之养而离臣虏之劳也，古传天下而不足多也。今之县令，一日身死，子孙累世絜驾，故人重之。是以人之于让也，轻辞古之天子，难去今之县令者，薄厚之实异也。夫山居而谷汲者，膢腊而相遗以水；泽居苦水者，买庸而决窦。故饥岁之春，幼弟不饟；穰岁之秋，疏客必食。非疏骨肉爱过客也，多少之实异也。是以古之易财，非仁也，财多也；今之争夺，非鄙也，财寡也。轻辞天子，非高也，势薄也；争土橐，非下也，权重也。故圣人议多少论薄厚为之政，故罚薄不为慈，诛严不为戾，称俗而行也。故事因于世，而备适于事。

古者文王处丰、镐之间，地方百里，行仁义而怀西戎，遂王天下。徐偃王处汉东，地方五百里，行仁义，割地而朝者三十有六国，荆文王恐其害己也，举兵伐徐，遂灭之。故文王行仁义而王天下，偃王行仁义而丧其国，是仁义用于古不用于今也。故曰：世异则事异。当舜之时，有苗不服，禹将伐之，舜曰："不可。上德不厚而行武，非道也。"乃修教三年，执干戚舞，有苗乃服。共工之战，铁铦短者及乎敌，铠甲不坚者伤乎体，是干戚用于古不用于今也。故曰：事异则备变。上古竞于道德，中世逐于智谋，当今争于气力。齐将攻鲁，鲁使子贡说之。齐人曰："子言非不辩也，吾所欲者土地也，非斯言所谓也。"遂举兵伐鲁，去门十里以为界。故偃王仁义而徐亡，子贡辩智而鲁削。以是言之，夫仁义辩智，非所以持国也。去偃王之仁，息子贡之智，循徐、鲁之力，使敌万乘，则齐、荆之欲不得行于二国矣。

夫古今异俗，新故异备，如欲以宽缓之政治急世之民，犹无辔策而御駻马，此不知之患也。今儒、墨皆称先王兼爱天下，则视民如父母。何以明其然也？曰："司寇行刑，君为之不举乐，闻死刑之报，君为流涕。"此所举先王也。夫以君臣为如父子则必治，推是言之，是无乱父子也。人之情性，莫先于父母，皆见爱而未必治也，虽厚爱矣，奚遽不乱？今先王之爱民，不过父母之爱子，子未必不乱也，则民奚遽治哉！且夫以法行刑而君为之流涕，此以效仁，非

以为治也。夫垂泣不欲刑者仁也，然而不可不刑者法也。先王胜其法不听其泣，则仁之不可以为治亦明矣。且民者固服于势，寡能怀于义。仲尼，天下圣人也，修行明道以游海内，海内说其仁，美其义，而为服役者七十人，盖贵仁者寡，能义者难也。故以天下之大，而为服役者七十人，而为仁义者一人。鲁哀公，下主也，南面君国，境内之民莫敢不臣。民者固服于势，诚易以服人，故仲尼反为臣而哀公顾为君。仲尼非怀其义，服其势也。故以义则仲尼不服于哀公，乘势则哀公臣仲尼。今学者之学人主也，不乘必胜之势，而务行仁义则可以王，是求人主之必及仲尼，而以世之凡民皆如列徒，此必不得之数也。

今有不才之子，父母怒之弗为改，乡人谯之弗为动，师长教之弗为变。夫以父母之爱，乡人之行，师长之智，三美加焉而终不动，其胫毛不改。州部之吏，操官兵，推公法，而求索奸人，然后恐惧，变其节，易其行矣。故父母之爱不足以教子，必待州部之严刑者，民固骄于爱，听于威矣。故十仞之城，楼季弗能逾者，峭也；千仞之山，跛牂易牧者，夷也。故明王峭其法而严其刑也。布帛寻常，庸人不释；铄金百溢，盗跖不掇。不必害则不释寻常，必害手则不掇百溢，故明主必其诛也。是以赏莫如厚而信，使民利之；罚莫如重而必，使民畏之；法莫如一而故，使民知之。故主施赏不迁，行诛无赦。誉辅其赏，毁随其罚，则贤不肖俱尽其力矣。

今则不然。以其有功也爵之，而卑其士官也；以其耕作也赏之，而少其家业也；以其不收也外之，而高其轻世也；以其犯禁也罪之，而多其有勇也。毁誉、赏罚之所加者相与悖缪也，故法禁坏而民愈乱。今兄弟被侵必攻者廉也，知友被辱随仇者贞也。廉贞之行成，而君上之法犯矣。人主尊贞廉之行，而忘犯禁之罪，故民程于勇而吏不能胜也。不事力而衣食

则谓之能，不战攻而尊则谓之贤。贤能之行成而兵弱而地荒矣。人主说贤能之行而忘兵弱地荒之祸，则私行立而公利灭矣。

儒以文乱法，侠以武犯禁，而人主兼礼之，此所以乱也。夫离法者罪，而诸先生以文学取；犯禁者诛，而群侠以私剑养。故法之所非，君之所取；吏之所诛，上之所养也。法趣上下，四相反也，而无所定，虽有十黄帝不能治也。故行仁义者非所誉，誉之则害功；文学者非所用，用之则乱法。楚之有直躬，其父窃羊而谒之吏，令尹曰："杀之！"以为直于君而曲于父，报而罪之。以是观之，夫君之直臣，父之暴子也。鲁人从君战，三战三北。仲尼问其故，对曰："吾有老父，身死，莫之养也。"仲尼以为孝，举而上之。以是观之，夫父之孝子，君之背臣也。故令尹诛而楚奸不上闻，仲尼赏而鲁民易降北。上下之利若是其异也，而人主兼举匹夫之行，而求致社稷之福，必不几矣。古者苍颉之作书也，自环者谓之私，背私谓之公，公私之相背也，乃苍颉固以知之矣。今以为同利者，不察之患也。然则为匹夫计者，莫如修仁义而习文学。仁义修则见信，见信则受事；文学习则为明师，为明师则显荣。此匹夫之美也。然则无功而受事，无爵而显荣，为有政如此，则国必乱，主必危矣。故不相容之事，不两立也。斩敌者受赏，而高慈惠之行；拔城者受爵禄，而信兼爱之说；坚甲厉兵以备难，而美荐绅之饰；富国以农，距敌恃卒，而贵文学之士；废敬上畏法之民，而养游侠私剑之属。举行如此，治强不可得也。国平养儒侠，难至用介士，所利非所用，所用非所利。是故服事者简其业，而游学者日众，是世之所以乱也。

且世之所谓贤者，贞信之行也。所谓智者，微妙之言也。微妙之言，上智之所难知也。今为众人法，而以上智之所难知，则民无从识之矣。故糟糠不饱者不务梁肉，短褐不完者不待文绣。夫治世之事，急者不得，则缓者非所务也。今所治之政，民间之事，夫妇所明知者不用，而慕上知之论，则其于治反矣。故微妙之言，非民务也。若夫贤贞信之行者，必将贵不欺之士。不欺之士者，亦无不欺之术也。布衣相与交，无富厚以相利，无威势以相惧也，故求不欺之士。今人主处制人之势，有一国之厚，重赏严诛，得操其柄，以修明术之所烛，虽有田常、子罕之臣，不敢欺也，奚待于不欺之士！今贞信之士不盈于十，而境内之官以百数，必任贞信之士，则人不足官，人不足官则治者寡而乱者众矣。故明主之道，一法而不求智，固术而不慕信，故法不败而群官无奸诈矣。

今人主之于言也，说其辩而不求其当焉；其用于行也，美其声而不责其功。是以天下之众，其谈言者务为辩而不周于用，故举先王言仁义者盈廷，而政不免于乱。行身者竞于为高而不合于功，故智士退处岩穴，归禄不受，而兵不免于弱，政不免于乱，此其故何也？民之所誉，上之所礼，乱国之术也。今境内之民皆言治，藏商、管之法者家有之，而国愈贫，言耕者众，执耒者寡也。境内皆言兵，藏孙、吴之书者家有之，而兵愈弱，言战者多，被甲者少也。故明主用其力，不听其言；赏其功，必禁无用。故民尽死力以从其上。夫耕之用力也劳，而民为之者，曰可得以富也。战之为事也危，而民为之者，曰可得以贵也。今修文学，习言谈，则无耕之劳而有富之实，无战之危而有贵之尊，则人孰不为也！是以百人事智而一人用力，事智者众则法败，用力者寡则国贫，此世之所以乱也。故明主之国，无书简之文，以法为教；无先王之语，以吏为师；无私剑之捍，以斩首为勇。是境内之民，其言谈者必轨于法，动作者归之于功，

为勇者尽之于军。是故无事则国富，有事则兵强，此之谓“王资”。既畜“王资”而承敌国之亹，超五帝，侔三王者，必此法也。

今则不然，士民纵恣于内，言谈者为势于外，外内称恶以待强敌，不亦殆乎！故群臣之言外事者，非有分于从衡之党，则有仇雠之忠而借力于国也。从者，合众弱以攻一强也；而衡者，事一强以攻众弱也。皆非所以持国也。今人臣之言衡者皆曰：“不事大则遇敌受祸矣。”事大未必有实，则举图而委，效玺而请兵矣。献图则地削，效玺则名卑，地削则国削，名卑则政乱矣。事大为衡，未见其利也，而亡地乱政矣。人臣之言从者皆曰：“不救小而伐大则失天下，失天下则国危，国危而主卑。”救小未必有实，则起兵而敌大矣。救小未必能存，而交大未必不有疏，有疏则为强国制矣。出兵则军败，退守则城拔，救小为从未见其利，而亡地败军矣。是故事强则以外权士官于内，救小则以内重求利于外。国利未立，封土厚禄至矣。主上虽卑，人臣尊矣；国地虽削，私家富矣。事成则以权长重，事败则以富退处。人主之听说于其臣，事未成则爵禄已尊矣。事败而弗诛，则游说之士，孰不为用矰缴之说而侥幸其后？故破国亡主，以听言谈者之浮说。此其故何也？是人君不明乎公私之利，不察当否之言，而诛罚不必其后也。皆曰：“外事大可以王，小可以安。”夫王者，能攻人者也；而安，则不可攻也。强则能攻人者也，治则不可攻也。治强不可责于外，内政之有也。今不行法术于内，而事智于外，则不至于治强矣。鄙谚曰：“长袖善舞，多钱善贾。”此言多资之易为工也。故治强易为谋，弱乱难为计。故用于秦者十变而谋希失，用于燕者一变而计希得，非用于秦者必智，用于燕者必愚也，盖治乱之资异也。故周去秦为从，期年而举；卫离魏为衡，半岁而亡。是周灭于从，卫亡

于衡也。使周、卫缓其从衡之计，而严其境内之治，明其法禁，必其赏罚，尽其地力以多其积，致其民死以坚其城守，天下得其地则其利少，攻其国则其伤大，万乘之国莫敢自顿于坚城之下，而使强敌裁其弊也，此必不亡之术也。舍必不亡之术而道必灭之事，治国者之过也。智困于内而政乱于外，则亡不可振也。

民之政计，皆就安利如辟危穷。今为之攻战，进则死于敌，退则死于诛，则危矣。弃私家之事而必汗马之劳，家困而上弗论，则穷矣。穷危之所在也，民安得勿避？故事私门而完解舍，解舍完则远战，远战则安。行货赂而袭当涂者则求得，求得则私安，私安则利之所在，安得勿就？是以公民少而私人众矣。

夫明王治国之政，使其商工游食之民少而名卑，以趣本务而寡末作。今世近习之请行则官爵可买，官爵可买则商工不卑也矣，奸财货贾得用于市则商人不少矣。聚敛倍农而致尊过耕战之士，则耿介之士寡而高价之民多矣。

是故乱国之俗，其学者则称先王之道，以籍仁义，盛容服而饰辩说，以疑当世之法而贰人主之心。其言谈者，为设诈称，借于外力，以成其私而遗社稷之利。其带剑者，聚徒属，立节操，以显其名而犯五官之禁。其患御者，积于私门，尽货赂而用重人之谒，退汗马之劳。其商工之民，修治苦窳之器，聚弗靡之财，蓄积待时而侔农夫之利。此五者，邦之蠹也。人主不除此五蠹之民，不养耿介之士，则海内虽有破亡之国，削灭之朝，亦勿怪矣。

译文

上古社会，人民少而禽兽多，人民受不了禽兽虫蛇的危害，有圣人出现，架起树枝做窝来躲避群兽的危害，民众喜欢他，让他称王天下，称呼他为有巢氏。民众吃瓜果、河蚌、蛤蜊，腥臊之气难闻而且伤害肠胃，民众时常患病，有圣人出现，钻木取火来化解腥臊之气，民众喜欢他，让他称王天下，称呼他为燧人氏。中古社会，天下发大水，鲧、禹开掘河道疏导河水。近古社会，夏桀王、商纣王残暴作乱，商汤王、周武王出征讨伐他们。如果有人在夏王朝时架起树枝做窝，一定会被鲧、禹取笑。有人在商、周时代开掘河道疏导河水，一定会被商汤王、周武王取笑。这么说来，如果有人在当代社会中赞美尧、舜、汤、武、禹的做法，一定会被新兴的圣人取笑了。因此圣人不期望效法古代，不按一成不变的老章程办事，而是讨论当代的问题，从而为它做好准备。宋国有个耕田的人，田地里有个枯树桩，一只兔子跑过来撞在树桩上，折断脖子死了，于是他放下他的农具而守在树桩旁，希望再得到兔子，兔子不能再得到了，而他本人被宋国人讥笑。如果想用先王的政策，来治理当代的人民，都是守在树桩旁等兔子来撞一类的做法。

古时候男子不耕种，草木的果实足以够吃；女子不织布，禽兽的皮足以够穿。不用费力而给养就充足，人民少而财物有余，因此民众不争斗。因此不用实行重赏，不用实行重罚，而民众自然就治理好了。现在一个人有五个儿子不算多，每个儿子又有五个儿子，祖父没有死就有了二十五个孙子，所以人民众多而财物太少，出力劳苦而供养微薄，因此民众争斗，即使加倍奖赏、屡屡惩罚也不免发生动乱。

尧称王天下的时候，茅屋顶盖不加修剪，栎木屋椽不加砍制，吃粗米的饭食和野菜豆叶的菜羹，冬天穿小鹿皮制成的皮袄，夏天穿麻布衣裳，即使是看门人的衣服与给养，也不会比这差了。禹称王天下的时候，亲自拿着耒、臿等农具做民众的领头人，大腿上没有完好的肌肤，小腿上不长汗毛，即使是奴隶的劳作也不会比这更苦了。由此说来，古时辞让天子之位的人，这是抛弃了看门人的给养而脱离了奴隶的劳苦，古代把天下传给别人不值得赞扬。现在的县令，一旦他本人死了，他的子孙世代乘坐他的车子，因此人们看重它。因此人们对于让位这件事，轻易地就辞去了古代的天子，却难于辞去现在的县令，这是由于实际利益有厚薄不同的缘故。那些在山上居住而到山谷中汲水的人，膢祭、腊祭的日子里互相以水赠送；在泽边居住而苦于水患的人们，却雇来佣工开掘河道疏导河水。所以灾荒年头的春天，不把食物分给自己的年幼的弟弟；丰收年景的秋天，关系疏淡的客人也一定给他吃的。这不是疏远骨肉之亲而喜爱过路的客人，是粮食多少的实际情况不同的缘故。因此古人轻视财物，不是因为仁爱，而是因为财物多；今人争夺，不是因为贪鄙，而是因为财物少。古人轻易辞去天子，不是因为德高，而是因为天子权势薄弱；今人争着当官并依附权门，不是因为品行低劣，而是因为当官权势很大。因此圣人评议财货的多少与权势的大小而制定相应的政策，所以惩罚轻不算仁慈，诛罚严也不算残暴，顺应习俗行事罢了。因此行事应该依照时代的需要，措施要符合事实的要求。

古时候周文王居住在丰、镐之间，土地方圆百里，他推行仁义而使西戎归附，于是称王天下。徐偃王居处在汉水以东，土地方圆五百里，他推行仁义，给他割地并前去朝见的有三十六个国家，楚文王恐怕他危害自己，就兴兵讨伐徐国，于是灭掉了他。所以周文王推行仁义而称王天下，徐偃王推行仁义而丧失了他的国家，这是说仁义适用于古代而不适用今天。所以说：时代不同了，情况也就不同。当舜为天子时，有苗部族不服从，禹要讨伐它。舜说：“不可以。崇尚道德还不纯厚就动武，不是好办法。”于是修明教化三年，人们拿着盾牌与大斧跳舞，于是有苗归服了。共工打仗时，使用的铁铦太短而被敌人击中，铠甲不坚固而身体受了伤，这表明盾牌与大斧适用于古代而不适用于当今。因此说：情况不同了，措施就要变化。上古社会在道德上竞争，中古社会在智谋上角逐，当今社会在力量上争强。齐国将要攻打鲁国，鲁国派子贡去游说，齐国人说：“你的话不是不雄辩，但我们要的是土地，而不是你讲的这些话。”于是起兵攻打鲁国，在距鲁国都门十里的地方划定国界。因此徐偃王讲仁义而徐国灭亡，子贡辩辞智慧而鲁国地削。由此说来，仁义辩智并非保全国家的方法。丢弃徐偃王的仁义，不用子贡的智谋，照徐、鲁两国的实力来看，使它们与万乘之国匹敌，那么齐、楚国的欲望就不能在徐国、鲁国得逞了。

古今社会风俗不同，新旧时代治国措施也不同。如果想用宽缓的政策治理骤变时代的民众，好比没有缰绳马鞭却要驾驭烈马，这是不明智带来的祸患。现在儒家、墨家都称道先王能普遍地爱天下人，就是说对待民众像父母对待子女。根据什么知道先王是这样的呢?他们说：“司寇执行刑罚，国君因此不欣赏音乐，听了执行死刑的回报，国君为此而流泪。”

这就是他们称道的先王。如果认为君臣像父子一样就一定能治理好国家，按这话推论下去，这就没有作乱的父子了。人的性情，没有能超越父母爱子女那样的爱，父母都表现出爱来而不一定能治理好家庭，国君即使厚爱民众，怎么就不会动乱呢?如果先王爱民众，不能超过父母对子女的爱，子女不一定不作乱，那么民众怎么就能治理好呢?况且依照法律实行刑罚，国君却因此流泪，用这种做法表示仁爱，却不是治国的手段。掉眼泪不想实行刑罚，是仁爱之举；然而不能不实行刑罚，是法律的要求。先王贯彻法律而不理会哭泣，那么仁爱不能拿来治国也就清楚了。况且民众本来就是服从权势的，只有少数人能被仁义怀柔。孔仲尼，是天下的圣人，修养品德，阐明道理而周游海内，海内各地喜爱他的仁爱，赞美他的道义而为他服役的只有七十人，这说明珍视仁义的人少，能推行仁义很难。天下这么广大，而为他服役的才七十人，能推行仁义的只有孔子一人。鲁哀公，是才能低下的君主，面南而坐君临全国，国境内的民众没有谁敢不臣服。民众本来是服从权势的，权势的确容易用来制服人，因此孔仲尼反而做了臣子而鲁哀公却成了国君。孔仲尼不是被他的仁义怀柔，而是屈服于他的权势。所以依据仁义孔仲尼就不该屈服于鲁哀公，凭借权势鲁哀公就使孔仲尼臣服了。当代的学者劝说君主，不要凭借必胜的权势，而只要努力推行仁义就可以称王，这是要求君主一定得赶上孔仲尼，而把世上的所有民众都看成孔仲尼的门徒一样，这是一定不能成功的办法。

比方有个不成器的儿子，父母对他发怒，他不因此改过；同乡人呵责他，他不因此动心；师长教导他，他不因此变化，用父母的关爱，同乡的品德，师长的智慧，这三种美好的因素加在他身上而到头来也不动心，他小腿上的汗毛也没有改变一根。州、部的官吏，带着官兵，推行国法，而搜求捕捉坏人，这之后他就恐惧了，改变了他的品德，变易了他的行为了。因此父母的爱不足以教育子女，一定要等待州、部的严刑，民众本来是会被爱骄纵，却能听命于权势的。所以十仞高的城墙，楼季也不能越过，因为陡峭；千仞高山，瘸脚母羊也容易赶上去放牧，因为平缓。因此英明的君主使他的法律严酷，刑罚威严。短短一幅布帛，普通人也不放弃，烧灼的百镒黄金，盗跖也不拾取。不一定有害处，人们就不放弃短短的一幅布帛；一定会伤害手，百镒黄金也不拾取。因此英明的君主坚定地实行诛罚。所以奖赏不如丰厚而守信，使民众从中获利；惩罚不如苛重而坚决，使民众畏惧它；法律不如统一而稳固，使民众知道它。因此君主实施奖赏不改变，执行诛罚不赦免。表彰辅助着奖赏，贬斥紧随着惩罚，那么贤能的人和无能的人就都竭尽全力了。

现在却不是这样。因为他有功而给他爵位，却鄙视他做官；因为他努力耕作而奖赏

他，却瞧不起他的家业；因为他不接受官爵而疏远他，却崇尚他的轻世行为；因为他违犯禁令而治他的罪，却称许他有勇气。贬斥表彰、奖赏惩罚施加在他们身上是颠倒错乱的，因为法禁败坏而民众更加混乱。现在兄弟被侵犯，一定去攻击侵犯者的人，是廉正；朋友被侮辱，随着去报仇的人，是忠贞。廉正、忠贞的品德形成了，而君主的法律却遭到凌犯。君主遵重忠贞、廉正的品德，而忘掉了触犯法律的罪行，所以民众逞勇而官吏不能制止。不费力劳作而有衣穿有饭吃，就叫做有本事；不立战功而地位尊贵，就叫做贤能。这种贤能的行为一形成，军力就削弱，土地就荒芜了。君主喜欢贤能的行为而忘掉了军力削弱土地荒芜的祸患，那么谋私的行为确立而国家的利益却消失了。

儒者用文献典籍来扰乱法制，游侠用武力来触犯禁令，而君主却同时礼遇这两种人，这是社会混乱的原因。触犯法律的人要治罪，而各位儒生却由于懂得诗书礼乐等文献被

录用；违犯禁令的人要诛罚，而众游侠却由于能行刺报私仇而被豢养。因此法制否定的人，君主却录用；官吏诛罚的人，君主却供养。法制、录用、君上、臣下，四者相反，而没有不变的尺度，即使有十个黄帝也不能治理得好。所以推行仁义的人不该被称赞，称赞他们就会妨害事功；懂文献典籍的人不该被录用，录用他们就会扰乱法制。楚国有个人叫直躬，他的父亲偷了羊，他就向官吏告发了，楚国令尹说："杀掉他！"认为他对国君正直而对他父亲不直，因此判决治罪。由此看来，国君的正直的臣子，就是父亲的逆子。鲁国有个人跟随国君打仗，屡战屡逃，孔仲尼问他是什么原因，他回答说："我有老父亲，自己战死了，没有谁养他了。"孔仲尼认为他是孝子，推举他让他做高官。由此看来，父亲的孝子，就是国君的叛臣。所以令尹诛罚了直躬，楚国的坏人就没有人向上告发了；孔仲尼奖赏了逃跑者，鲁国民众就容易投降和败逃了。君上与臣下的利益是如此不同，而君主同时采取普通人的做法，却要求得国家的福祉，一定是没希望的。古时候仓颉造字，把围着自己转圈叫做"私"，背离"私"叫做"公"，公与私是互相背离的，仓颉本来就是知道这个道理的。现在认为公与私利益一致，是不明察造成的祸患。这么看来，替普通人打算，没有什么像修行仁义而熟悉文献更好了。仁义修行好了就被国君信任，被信任就会委任官职；熟悉文献就会成为高明的老师，成了高明的老师就会显贵荣耀。这是普通人的美事。但是无功劳的人委以官职，无爵位的人显贵荣耀，治理政务像这样，国家就一定混乱，君主就一定危险了。所以不相容的事，不能二者并存。杀敌的人受奖赏，却认为仁慈惠爱的行为是高尚的；攻下城池的人授予他爵禄，却相信兼爱的学说；把铠甲制得坚固，把兵器磨得锋利来防备战争，却赞美文士们宽衣博带地穿着；使国家富裕要靠农业，抵御敌军要靠士兵，却看重懂文献的士人；废弃尊敬君上畏惧法律的民众，却豢养游侠剑客之流。举措如此，国家要安定强盛是不可能的。国家承平时豢养儒者、游侠，大难临头却要用披甲的士兵，给了好处的人不是要用的，要用的又没给好处。因此从事耕战的人简慢他们的事业，而游侠、学士一天天多起来，这是社会混乱的原因。

而且社会上所说的贤能的人，要有忠贞诚信的行为；所说的聪明人，要会说隐微玄妙的话。隐微玄妙的话，最聪明的人也难以懂得。把这些话作为众人效法的对象，标榜最聪明的人也难以懂得的话，那么民众就没办法理解了。所以连酒糟、米糠都吃不饱的人不追求精米、肥肉，连短小的粗布衣服也穿不到的

人不等待绣花美服。治理社会上的政事，紧急的事还没办好，那么可以从缓的事就不必做了。现在要治理的政事，是些民间事务，一般男女都明白易知，丢下这些不研究，却要仰慕那最聪明的人才懂得的理论，这对于治国之道是违反的。因此隐微玄妙的言论，不是民众努力追求的。至于崇尚忠贞诚信行为的人，一定会尊重没有欺骗行为的人。没有欺骗行为的人，也就没有不被别人欺骗的办法。平民百姓互相交往，没有财富来互利，也没有权势来互惧，因此寻求没有欺骗行为的人。现在君主处于控制众人的权势之中，拥有全国的财富，实行重赏严罚，就能掌握大权，并研究高明的办法来明察奸邪，即使有田常、子罕那样的臣子，也不敢欺骗君主，为什么要期待不搞欺骗的士人呢?现在忠贞诚信的士人不满十人，而国内的官职数以百计，若一定得任用忠贞诚信的士人，那么人数不能满足官职所需，人数不能满足官职所需，那么治事的人少而作乱的人多了。因此英明君主的治国之道，专一执法而不寻求有才智的人，坚守术数而仰慕诚信的人，所以法治不会败坏而群官没有奸诈行为了。

当代的君主对于言论，喜欢它的巧辩而不要求它恰当；对于实际应用，好求虚名而不责求功效。因此天下的民众，谈论事理的努力追求言辞巧辩而符合实际应用，所以标举先王谈论仁义的人充满朝廷，而政治不免混乱。立身处世的人争着假装清高而不切合事功，所以智谋之士退隐山林，辞去俸禄而不接受，而军队不免弱小，政治不免混乱，这是什么原因呢?民众称赞的，君主敬重的，是些使国家混乱的办法。现在国内的民众都谈论治国，收藏商鞅、管仲的法家著作的每家都有，而国家更加贫穷，这是谈论农耕的人多，拿起农具种地的人少的缘故。国内的人都谈论军事，收藏孙武、吴起的兵书的每家都有，而军队更加削弱，这是谈论战争的人多，而披甲参战的人少的缘故。因此英明的君主使用他的力气，而不听他的言论；奖赏他的功劳，一定禁止无用的事情。所以民众竭尽死力服从他们的君主。农耕用力气很劳苦，而民众还去从事农耕，说是可以通过农耕富裕起来。打仗作为一种事情很危险，而民众还去参战，说是可以通过打仗尊贵起来。现在研修文献典籍，练习高谈阔论，就能没有经受农耕的劳苦而有富裕的实惠，没有经受战争的危险而有显贵的尊荣，那么哪个人不干呢?所以一百个人从事脑力劳动而一个人使用体力，从事脑力劳动的人多，法治就会败坏；使用体力的人少，国家就会贫穷，这是社会混乱的原因。因此英明君主的国家，没有书简记载的文献，把法律作为教材；没有先王的言论，把官吏作为老师；没有私家豢养的凶悍的剑客，而以斩杀敌首为勇敢。这样，国内的民众，他们发表言论一定得遵循法律，劳动者使他们归向农耕求得功效，有勇气的让他们到军队中尽力发挥。所以太平无事时国家就富裕，战争爆发时军队就强大，这就叫做称王的资本。已经贮备了称王的资本，而又会利用敌国出了问题的时机，超过五帝，等同三王，一定得用这种法治。

现在却不是这样，士人、民众在国内放任自流，纵横家在国外造成声势，国内国外都干坏事，却要应对强敌，不是很危险吗？所以群臣中谈论外交事务的人，不是同合纵、连横的小集团有瓜葛，就是心怀仇恨想借助国家力量的人。合纵，是会合众多弱国去攻打一个强国；而连横，是侍奉一个强国去攻打众多的弱国。这都不是保国的办法。现在臣子中主张连横的都说："不侍奉大国，遇到匹敌的国家来犯，就会遭祸了。"侍奉大国不一定有实际好处，却要把地图交给人家，献上百官的印玺来请求出兵救援。献出地图则国土削减，献上印玺则名位卑下；土地削减则国家削弱，名位卑下则政局混乱了。侍奉大国，主张连横，没见到它的好处，却失去了土地，搞乱了政局。臣子中主张合纵的都说："不救援小国而攻打大国，就会失去天下各国的支持；失去天下各国的支持，国家就危险；国家危险，君主的地位就卑下了。"救援小国不一定有实际好处，却要先兴兵与大国为敌。救援小国不一定能保全小国，而与大国交战不一定没有闪失；有了闪失，就被强国制服了。出兵作战，军队就失败；退却防守，城池就被攻取，救援小国主张合纵不见得有好处，却丧失了土地，毁败了军队。因此侍奉强国，就会有人依靠国外的权势在国内做官；救援小国，就会有人靠国内的权势在国外求取好处。国家的利益还没得到，有的人封邑、厚禄全到手了。君主虽然地位降低了，臣子却地位尊显了；国家领土虽然削减了，私家却富裕起来了。事情成功了，有的人就凭权势长期被重用；事情失败了，有的人就凭富有退隐闲居。君主听信臣下的说辞，事情没有成功，臣子的爵禄已经很尊显了。事情失败了，君主却不诛罚他们，那么游说之士，谁不会用一些邀取功名富贵的言论为日后侥幸获利呢？因此国家残破，君主丧生，都是听信说客的夸夸其谈造成的。这是什么原因呢？这是君主不能明察国家与私人利益的差别，不考察臣下言谈是否恰当，而在事情失败后又不加以诛罚的缘故。都说："处理好外交事务，成效大的可以称王天下，成效小的可以安定国家。"称王的人，是能攻打别人国家的人；而国家安定，就不致有被攻打的危险。强大就能攻打别人的国家，治理好的国家就不会被人攻打。国家安定、强大不可能向国外责求，要从搞好内政来求得。现

在不在国内推行法治、术数，而在外交上使用智巧，就不能达到安定、强大的目的。民间谚语说：“袖子长就善于舞蹈，本钱多就善于经商。”这说的是资本多了就容易把事情办好。因此国家安定强大就容易谋划治理，弱小混乱就难以替它制定政策。所以用在秦国，经过十次变化，那计谋很少失败；用在燕国，经过一次变化，那计谋也很少得当。不是用在秦国的计谋一定明智，用在燕国的计谋一定愚蠢，而是他们所凭借的安定、动乱的条件不同的缘故。因此西周背离秦国去搞合纵，国家一年就被攻陷；卫国背离魏国去搞连横，半年就亡了国。这就是说，西周因合纵而灭亡，卫国由于连横而灭亡。假使西周、卫国缓行他们的合纵、连横计划，而加紧他们国内的治理，修明他们的法律禁令，坚定他们的赏罚，尽量发挥他们土地的潜力多多积聚财富，使他们的民众拼死坚守城池，天下诸侯国夺得他们的土地，得到的利益却很少，攻打他们的国家，伤亡却很大，万乘之国也不敢在他们坚守的城下停留，而使强敌利用自己的疲弊来制裁自己，这一定是不可灭亡的办法。舍弃不可灭亡的办法而去做导致必然灭亡的事，这是治国的人的过错。如果在内政上智谋困穷了，在外交上政策搞乱了，那么国家灭亡是不可挽救的。

人的正常的考虑，都是趋向安全有利而躲避危险困顿。现在使人们攻击作战，前进就会被敌人杀死，后退就会被诛罚而亡，那就危险了。抛弃了个人家庭的事而一定要立下汗马功劳，家庭困顿而君主却不闻不问，那就困顿了。困顿、危险存在的地方，民众怎能不逃躲呢?因此民众就侍奉私门而完全免除徭役赋税，徭役赋税全免了还远离了战争，远离战争就安全。用财物行贿去依附当权的人，有求必得，有求必得私人就安乐，私人安乐利益就存在，那怎么能不去趋附呢?因此为公家做事的人少而为私人尽力的人多了。

英明的君主治理国家政务，使国中的商人、手工业者和游食的人口减少而且名位卑下，以便引导人们去从事农耕这个本业而减少从事工商业的人数。当今社会向君王宠幸的小臣请托的风气流行，这样官爵就可以买到，官爵可以买到，商人、手工业者就地位不卑下了，奸商的货财得以在市面上流通，商人就不会减少了。商人聚敛财富是农民的几倍，而且得到的尊荣超过了耕田打仗的人，那么规规矩矩的人就会减少而富有的商人就会增多了。

因此混乱的国家的习俗是，那些学习文献典籍的人，开口就称道先王的学说，假借仁义之名，考究容貌服装而修饰巧辩辞令，以便扰乱当代的法律而迷惑君主的思想。那些散布言论的人，假托旧说，欺诈谎称，借助外部势力，以便谋得私利而抛弃国家利益。那些佩剑的游侠，聚集党羽，树立个人的节操，用以显扬他们的名声而触犯官府的禁令。那些害怕入伍作战的人，聚积在私门之内，倾尽财物而借用权重者的请托，逃避军旅生涯的劳苦。那些商人、手工业者，制造生产粗劣的器物，聚敛奢侈浪费的财物，囤积商品等待时机来牟取农民的利益。这五种人，是国家的蛀虫。君主不除掉这五种蛀虫，不供养光明正大的人，那么海内即使有破败灭亡的国家，有地削国灭的王朝，也是不足为奇的。

评点

“五蠹”，指危害国家、破坏法治的五种蛀虫。本篇从历史进化论的观点出发，考察了古往今来的社会变迁。认为，社会不断地变化，治理国家也必须研究社会状况的特点。“上古之世”、“中古之世”和“当今之世”各有不同，因此要采取适合时代要求的治国措施，这就是所谓“论世之事，因为之备”，“事因于世，而备适于事”。

文章认为，古今社会风俗不同，新旧时代的治国措施也因此不同，不能用“宽缓之政”去治“急世之民”，明王应当“峭其法而严其刑”。为此，就要彻底清除危害国家政权的“五蠹”。这“五蠹”是：一、学者（指儒家），二、言谈者（指纵横家），三、带剑者（指游侠），四、患御者（指依附于贵族并逃避兵役的人），五、商工之民。文章认为，这些人是无益于耕战的“邦之蠹”，必须铲除他们，国家才能治理得好；否则，亡国灭朝也就不足为怪了。本篇是《韩非子》一书中有代表性的政论散文，集中体现了韩非的法治思想与历史观点。文中提出的“不法常可”的观点，以及在政治上谋求进取、反对因循的态度，至今仍有借鉴意义。

善于运用寓言来进行形象化的说理，是《五蠹》的特色之一，知名度很高的“守株待兔”即出自该篇。韩非以寓言中的宋人比喻极力鼓吹“法先王”的儒、墨两家，批评他们的因循守旧，不知变通。韩非认为，如果用先王之政，治当世之民，那就是“守株待兔”的做法了。

显学

世之显学，儒、墨也。儒之所至，孔丘也。墨之所至，墨翟也。自孔子之死也，有子张之儒，有子思之儒，有颜氏之儒，有孟氏之儒，有漆雕氏之儒，有仲良氏之儒，有孙氏之儒，有乐正氏之儒。自墨子之死也，有相里氏之墨，有相夫氏之墨，有邓陵氏之墨。故孔、墨之后，儒分为八，墨离为三，取舍相反、不同，而皆自谓真孔、墨，孔、墨不可复生，将谁使定世之学乎？孔子、墨子俱道尧、舜，而取舍不同，皆自谓真尧、舜，尧、舜不复生，将谁使定儒、墨之诚乎？殷、周七百余岁，虞、夏二千余岁，而不能定儒、墨之真，今乃欲审尧、舜之道于三千岁之前，意者其不可必乎！无参验而必之者，愚也；弗能必而据之者，诬也。故明据先王，必定尧、舜者，非愚则诬也。愚诬之学杂反之行，明主弗受也。

墨者之葬也，冬日冬服，夏日夏服，桐棺三寸，服丧三月，世主以为俭而礼之。儒者破家而葬，服丧三年，大毁扶杖，世主以为孝而礼之。夫是墨子之俭，将非孔子之侈也；是孔子之孝，将非墨子之戾也。今孝戾、侈俭俱在儒、墨，而上兼礼之。漆雕之议，不色挠，不目逃，行曲则违于臧获，行直则怒于诸侯，世主以为廉而礼之。宋荣子之议，设不斗争，取不随仇，不羞囹圄，见侮不辱，世主以为宽而礼之。夫是漆雕之廉，将非宋荣之恕也；是宋荣之宽，将非漆雕之暴也。今宽廉、恕暴俱在二子，人主兼而礼之。自愚诬之学杂反之辞争，而人主俱听之，故海内之士，言无定术，行无常议。夫冰炭不同器而久，寒暑不兼时而至，杂反之学不两立而治。今兼听杂学缪行同异之辞，安得无乱乎？听行如此，其于治人又必然矣。

今世之学士语治者多曰："与贫穷地以实无资。"今夫与人相若也，无丰年旁入之利而独以完给者，非力则俭也。与人相若也，无饥馑疾疚祸罪之殃独以贫穷者，非侈则惰也。侈而惰者贫，而力而俭者富。今上征敛于富人以布施于贫家，是夺力俭而与侈惰也，而欲索民之疾作而节用，不可得也。

今有人于此，义不入危城，不处军旅，不以天下大利易其胫一毛，世主必从而礼之，贵其智而高其行，以为轻物重生之士也。夫上所以陈良田大宅，设爵禄，所以易民死命也。今上尊贵轻物重生之士，而索民之出死而重殉上事，不可得也。藏书策，习谈论，聚徒役，服文学而议说，世主必从而礼之，曰："敬贤士，先王之道也。"夫吏之所税，耕者也；而上之所养，学士也。耕者则重税，学士则多赏，而索民之疾作而少言谈，不可得也。立节参明，执操不侵，怨言过于耳，必随之以剑，世主必从而礼之，以为自好之士。夫斩首之劳不赏，而家斗之勇尊显，而索民之疾战距敌而无私斗，不可得也。国平则养儒侠，难至则用介士，所养者非所用，所用者非所养，此所以乱也。且夫人主于听学也，若是其言，宜布之官而用其身，若非其言，宜去其身而息其端。今以为是也而弗布于官，以为非也而不息其端，是而不用，非而不息，乱亡之道也。

澹台子羽，君子之容也，仲尼几而取之，与处久而行不称其貌。宰予之辞，雅而文也，仲尼几而取之，与处久而智不充其辩。故孔子曰：“以容取人乎，失之子羽；以言取人乎，失之宰予。”故以仲尼之智而有失实之声。今之新辩滥乎宰予，而世主之听眩乎仲尼，为悦其言，因任其身，则焉得无失乎？是以魏任孟卯之辩而有华下之患，越任马服之辩而有长平之祸。此二者，任辩之失也。夫视锻锡而察青黄，区冶不能以必剑。水击鹄雁，陆断驹马，则臧获不疑钝利。发齿吻形容，伯乐不能以必马；授车就驾而观其末涂，则臧获不疑驽良。观容服，听辞言，仲尼不能以必士；试之官职，课其功伐，则庸人不疑于愚智。故明主之吏，宰相必起于州部，猛将必发于卒伍。夫有功者必赏，则爵禄厚而愈劝；迁官袭级，则官职大而愈治。夫爵禄大而官职治，王之道也。

磐石千里，不可谓富；象人百万，不可谓强。石非不大，数非不众也，而不可谓富强者，磐不生粟，象人不可使距敌也。今商官技艺之士，亦不垦而食，是地不垦，与磐石一贯也。儒侠毋军劳显而荣者，则民不使，与象人同事也。夫知祸磐石象人，而不知祸商官儒侠为不垦之地、不使之民，不知事类者也。故敌国之君王虽说吾义，吾弗入贡而臣；关内之侯虽非吾行，吾必使执禽而朝。是故力多则人朝，力寡则朝于人，故明君务力。夫严家无悍虏，而慈母有败子，吾以此知威势之可以禁暴，而德厚之不足以止乱也。

夫圣人之治国，不恃人之为吾善也，而用其不得为非也。恃人之为吾善也，境内不什数；用人不得为非，一国可使齐。为治者用众而舍寡，故不务德而务法。夫必恃自直之箭，百世无矢；恃自圜之木，千世无轮矣。自直之箭、自圜之木，百世无有一，然而世皆乘车射禽者何也？隐栝之道用也。虽有不恃隐栝而有自直之箭、自圜之木，良工弗贵也。何则？乘者非一人，射者非一发也。不恃赏罚而恃自善之民，明主弗贵也。何则？国法不可失，而所治非一人也。故有术之君，不随适然之善，而行必然之道。

今或谓人曰："使子必智而寿"，则世必以为狂。夫智，性也；寿，命也。性命者，非所学于人也，而以人之所不能为说人，此世之所以谓之为狂也。谓之不能然，则是谕也。夫谕，性也。以仁义教人，是以智与寿说也，有度之主弗受也。故善毛啬、西施之美，无益吾面，用脂泽粉黛，则倍其初。言先王之仁义，无益于治，明吾法度，必吾赏罚者，亦国之脂泽粉黛也。故明主急其助而缓其颂，故不道仁义。

今巫祝之祝人曰："使若千秋万岁。"千秋万岁之声聒耳，而一日之寿无征于人，此人所以简巫祝也。今世儒者之说人主，不善今之所以为治，而语已治之功。不审官法之事，不察奸邪之情，而皆道上古之传，誉先王之成功。儒者饰辞曰："听吾言则可以霸王。"此说者之巫祝，有度之主不受也。故明主举实事，去无用，不道仁义者故，不听学者之言。

今不知治者必曰："得民之心。"欲得民之心而可以为治，则是伊尹、管仲无所用也，将听民而已矣。民智之不可用，犹婴儿之心也。夫婴儿不剔首则腹痛，不揊痤则寖益，剔首、揊痤必一人抱之，慈母治之，然犹啼呼不止，婴儿子不知犯其所小苦致其所大利也。今上急耕田垦草以厚民产也，而以上为酷；修刑重罚以为禁邪也，而以上为严。征赋钱粟以实仓库，且以救饥馑备军旅也，而以上为贪。境内必知介而无私解，并力疾斗，所以禽虏也，而以上为暴。此四者所以治安也，而民不知悦也。夫求圣通之士者，为民知之不足师用。昔禹决江浚河，而民聚瓦石；子产开亩树桑，郑人谤訾。禹利天下，子产存郑，皆以受谤，夫民智之不足用亦明矣。故举士而求贤智，为政而期适民，皆乱之端，未可与为治也。

译文

世上名声显赫的学派，是儒家、墨家。儒家造诣最深的人，是孔丘。墨家造诣最深的人，是墨翟。自孔子死后，有颛孙子张的儒学，有孔伋的儒学，有颜回的儒学，有孟轲的儒学，有漆雕开的儒学，有仲良氏的儒学，有荀卿的儒学，有乐正子春的儒学。自墨子死后，有相里勤的墨学，有相夫氏的墨学，有邓陵氏的墨学。因此，在孔子、墨子之后，儒家分为八派，墨家分为三派，各派对孔、墨学说的取舍相互矛盾，很不相同，却都自称是真正的孔学、墨学，孔子、墨子不能复活，将让谁来评断世上的这些学派谁是真传呢?孔子、墨子都称道尧、舜，但对尧、舜的取舍各不相同，都自称得了真正的尧、舜之道，尧、舜不能复活，将让谁来评断儒、墨两家谁得了真正的尧、舜之道呢?从商周之际到现在七百多年，从虞舜、夏禹到现在二千多年，尚且不能评断儒家、墨家的真伪，现在竟然要审定三千多年以前的尧、舜之道，想来那是不能确定的吧!没有用事实来验证就确定它，是愚蠢；不能确定就拿来作根据，是欺骗。因此用明显的自信来依据先王，武断地确定尧舜之道的人，不是愚蠢就是欺骗。愚蠢骗人的学说，驳杂不纯互相矛盾的行为，英明的君主不会接受。

墨家的葬仪是，冬天死的人穿冬天的服装，夏天死的人穿夏天的服装，桐木棺材厚度三寸，守三个月的孝，当代君主认为这是节俭的做法而敬重墨家。儒家倾家荡产来埋葬死者，守三年的孝，严重地毁损身体，弄得人要有人扶持或拄拐杖才能走路，当代的君主认为这是孝顺而敬重儒家。肯定墨子的节俭，就将否定孔子的奢侈；肯定孔子的孝顺，就将否定墨子的乖离孝道，现在孝顺与乖离孝道、奢侈与节俭并存在儒家、墨家的主张中，而君主们都敬重他们。漆雕开的主张是，脸上不要有屈服的神色，眼睛不要有逃避的目光，自己行为有了错，即使对奴婢也要退避；自己行为正直，即使对诸侯也敢发怒，当代君主认为这是廉正而敬重他。宋荣子的主张是，提倡不与人争斗，采取不复仇的态度，不以坐牢为耻辱，被侮辱不感到羞耻，当代君主认为这是宽宏而敬重他。肯定漆雕开的廉正，就将否定宋荣子的仁恕；肯定宋荣子的宽宏，就将否定漆雕开的刚烈。现在宽宏与廉正、仁恕与刚烈并存在两人身上，君主们却都敬重他们。自从有愚蠢欺骗的学说和驳杂矛盾的言辞争辩以来，君主们全都听信这些，所以海内的士人，言谈没有一定准则，行为没有一定规范。寒冰和炭火不能放在同一个器皿里长久保存，冷天和热天不能同一季节来临，驳杂矛盾的学说不能并存于世来治理国家。现在同时听任驳杂的学说、荒谬的行为与矛盾的说辞流行，怎么能不混乱呢?听取言论与采取行动竟像这样，那么对于治理民众，也一定是这样的了。

当今社会上的学者们谈论治国多这样说：“分给贫穷的人

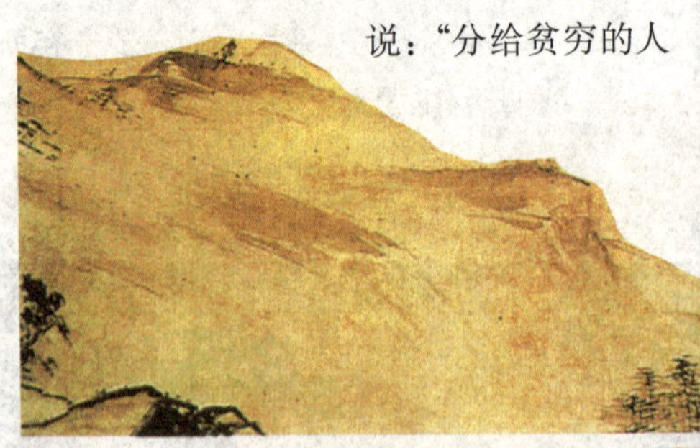

土地，并充实缺乏资财的人。”现在一些与别人相似的人，没有丰收年景和意外收入而偏偏能自给自足的，不是耕作勤劳就是生活节俭。跟别人相似的人，没有饥荒年景、久病不愈、牢狱之灾等祸殃偏偏贫穷的，不是生活奢侈就是生性懒惰。奢侈而懒惰的人贫穷，勤劳而节俭的人富裕。如果君主向富裕的人征收聚敛财物来施舍给贫穷人家，这就是夺取了勤劳节俭者的财物给了奢侈懒惰的人，这么做还想要求民众努力耕作而节俭用度，是不可能的。

如果有一个人在这儿，主张不进入危险的城池，不置身在军旅之中，不愿为了天下的大利益而拔掉小腿上的一根汗毛，当代的君主一定就会敬重他，珍视他的智慧，推崇他的行为，认为他是个轻视外物重视生命的人。君主拿出良田、大宅，设置爵位、俸禄的目的，是用来换取民众卖命的。现在君主尊崇轻视外物重视生命的人，却要求民众出生入死，看重为君主的事业牺牲的行为，是不可能的。收藏书籍，学习言谈，聚集门徒，研讨文献而议论评说，当代君主一定会敬重这种做法，说：“礼敬贤人，是先王的道统。”官吏们征税的对象，是耕地的人；而君主供养的人，是学者。耕地的人得缴纳重税，学者却得到重赏，而要求民众努力耕作并少发表议论，是不可能的。把自己的气节标立得高大而明朗，坚守节操不被别人侵犯，耳闻怨恨自己的话，就拔剑报仇，当代君主一定会敬重这种人，认为他们是洁身自好的人。斩杀敌首的功劳不加赏赐，而为私家械斗的勇夫却尊荣显赫，却要求民众努力作战抗御敌人而不为私家械斗，是不可能的。国家太平，就供养儒者、游侠；灾难来临，就用披铠甲的士兵，供养的人不是要使用的人，使用的人不是被供养的人，这是社会混乱的原因。至于君主对于听从学者这件事，如果肯定他们的言论，就应该封他们做官而任用他们本人；如果否定他们的言论，

就应该抛弃他们而制止它萌芽。现在认为他们说得对却不封他们做官，认为他们说得不对却不制止它萌芽，肯定而不任用他们，否定而不制止他们，这是混乱衰亡之路。

澹台子羽，有君子的仪容，孔仲尼认为他近乎君子而认为他可取，跟他相处时间久了才看出他的行为同他的外貌不相称。宰予的言辞，典雅而有文采，孔仲尼认为他近乎君子而认为他可取，跟他相处时间久了才看出他的智慧不如他的口辩。因此孔子说：“以貌取人哟，我在子羽身上失误了；以言取人哟，我在宰予身上失误了。”所以凭着孔仲尼的智慧还有察人失实的名声。现在的新一代的辩才超过了宰予，而当代君主们听取进言比孔仲尼还糊涂，由喜欢他们的言论，进而任用他们本人，那怎么能不失误呢?因此魏国听任孟卯的辩才而有在华下惨败的灾难，赵国听任马服君赵括的辩才而有长平之役的祸败。这两个例子，都是听任辩才的失误。只凭看冶锻时掺锡的比例并观察火色是青是黄，欧冶子也不能断定剑的优劣。到水域击杀天鹅大雁，在陆地劈杀马匹，连奴仆也不会怀疑剑的钝利。只凭掰开嘴看牙齿并观察外形，伯乐也不能断定马的优劣；给辆车套上马奔跑而观察到达终点的情况，连奴仆也不会怀疑马的优劣。只凭观察仪容服饰，听听言辞，孔仲尼也不能断定人的优劣；让他担任官职来试用他，考核他的功劳业绩，平庸的人也不会怀疑人的愚蠢或智慧。因此英明君主的官吏，宰相一定从州、部级的地方官中提拔，猛将一定从普通士兵中选取。有功的人一定奖赏，那么爵禄越高就越能发挥激励作用；升官晋级，那么官职越大就越能治理好政事，这才是称王者的治国之道。

巨石绵延千里，不能叫做财富；土木偶人百万，不能叫做强大。石头不是不大，偶人数量不是不多，然而不能叫做富有与强大，是因为巨石不能生长粮食，偶人不能使他们抵御敌人。现在买官的商人及靠某种技艺为生的人，也是不垦荒种地而有饭吃，这些人连地也不开垦，就同巨石一样了。儒者与游侠没有军功却显赫而荣耀，那么民众就不受役使，这就同偶人一样了。知道谴责巨石、偶人，却不知道谴责买官的商

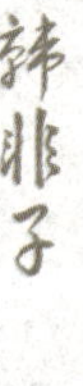

人、儒者、游侠等不开垦土地，不听役使的臣民，这是些不懂得事物的相似性的人。因此匹敌之国的君王，即使喜欢我的主张，我却不能使他进贡臣服；关内侯即使否定我的行为，我却一定能使他携带礼品前来朝见。所以力量强大，别人就前来朝见；力量弱小，就得去朝见别人。因此英明的君主努力提高实力。家法严格的家庭里没有凶悍的仆役，而慈爱的母亲却有败家之子。我由此知道威力权势可以禁止暴行，而仁德淳厚却不足以制止祸乱。

圣人治理国家，不指望别人被我的善意所感动，而是迫使人们不能为非作歹。指望别人被我的善意所感动，国内不会有几十个这样的人；迫使人们不能为非作歹，全国的民众也可以步调一致。治国的人役使多数人而抛弃少数人，因此不努力修德而努力修法。一定得依赖自然长直的竹木制箭，一百代也没有箭；一定得依赖自然成圆的树制车轮，一千代也没有车轮了。自然长直的竹子，自然长圆的树木，一百代也没有一棵，但是世人都能坐车子射禽兽是为什么呢？是因为有矫正曲木的檃栝可以利用。即使有不用檃栝矫正而自然长直的竹子、自然长圆的树木，优秀的工匠也不高看它。为什么呢？因为坐车的不只一人，射箭的不只射一次。不靠赏罚而靠自动做好事的人，英明君主不看重这种做法。为什么呢？国法不能丢弃，而被治理的并不是一个人。因此有治国之术的君主，不追求有人偶然为善，而要推行一定得如此的治国之道。

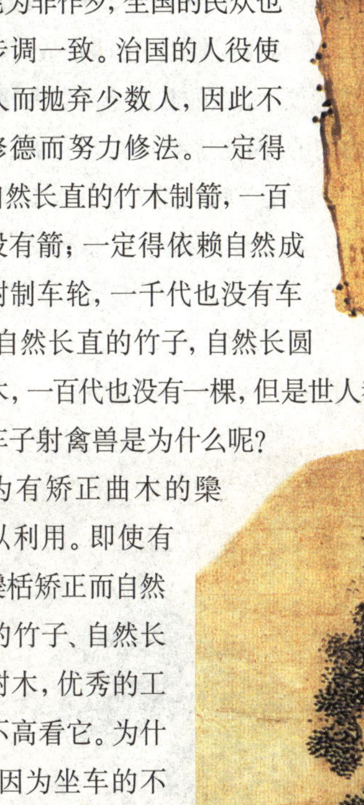

如果有个人对别人说：“我能使您聪明而长寿。”那么世人一定认为这是骗人。聪明，来自天性，寿期，决于命运，不是能向人学得的，却用人们不能办到的事来讨人欢心，这就是世人认为这是欺骗的原因。说这种事办不到，这是坦诚相告。坦诚相告，是诚实的态度。用仁义学说来教诲人，这同用聪明与长寿讨好人一样，有法度的君主是不接受的。因此赞扬毛啬、西施的美貌，对我的面容没有益处；用脂、膏、粉、黛来修饰打扮，就会比当初好看几倍。谈论先王的仁义，对治国没有益处；修明我们的法度，坚定我们的赏罚，也就是治国的脂、膏、粉、黛。所以英明君主急于做有助治国的事而延缓歌功颂德的事，因此不称道仁义。

如果巫祝祝福别人说："我能使你千秋万岁。"千秋万岁的声音在耳边聒噪，而使人延长一天寿命的征兆也不能出现，这就是人们看不起巫祝的原因。当代的儒者游说君主，不赞美现在治国的措施，而谈说治国已经取得的成功。不审视官府法令事宜，不明察奸邪犯法实情，却都称道上古的传闻，赞誉先王的成功。儒者巧饰文辞说："听取我的话就可以成就王霸大业。"这是游说者中的巫祝，有法度的君主不接受。因此英明君主兴举实际事业，摈弃无用言行，不称道仁义的事，不听取学士的言论。

现在不懂治国之道的人一定说："要争取民心。"想争取民心就可以进行治理，那么这是伊尹、管仲都不采用的，因为那样做只好听任民众了。民众的智慧不能用，好比婴儿的心思不能用一样。婴儿不剃头就会腹痛，不切开痈疽就会更加厉害。剃头、切开痈疽一定得由一个人抱持着他，慈母给他治痛，他还啼哭不停，因为婴儿不懂得吃点小苦头可以得到大好处的道理。现在君主加紧耕地垦荒来使民众产业殷实，民众却认为君主残酷；修明刑典加重惩罚来禁止奸邪，民众却认为君主严厉；征收赋税粮食来充实仓库，并将用来解救饥荒，预备军需，民众却认为君主贪婪；要求国内一定知道披甲戒备而不要私下解除武装，要齐心协力奋斗，以便擒获俘虏，民众却认为君主暴虐。这四项措施，是用来治国安邦的，而民众却不知道喜欢它。寻求圣明开通的士人，是因为民众的智力不足以仿效和使用。从前禹疏通长江，挖深黄河，民众却堆积瓦石阻塞河道；子产开垦农田种植桑树，郑国人却非议责骂他。禹使天下得好处，子产心系郑国，都因此而遭谤议，民众的智慧不足以使用也是明明白白的了。因此推举士人并寻求贤能聪明的人，治理政务时指望合乎民众口味，都是乱政的萌芽，是不能用这些办法来治国的。

评点

“显学”，指当时社会上两个显赫的学派：儒家与墨家。本篇对儒、墨两家的学说作了评说与批判，并要求君王排斥这两家的观点。文章指出，儒、墨皆为“世之显学”，儒家创始于孔丘，墨家创始于墨翟。“孔、墨之后，儒分为八，墨离为三”，派系众多，门户纷然，谁为正宗，难以判明。文章的大部分内容是对儒家的批判，认为儒家藏书论策，聚徒讲学是徒费财资，于事无补的，国君不该奉养他们。在选拔官吏时，不要任用儒、墨辩士，而应唯才是举，注重从地方与卒伍中举荐人才，委以重任。

本篇抨击儒、墨之学不遗余力，立场鲜明，态度决断，称孔丘、墨翟之后的两家学说的继承者所推行的都是“愚诬之学，杂反之行”，是圣明君主所不能接受的。但文章并不止于抽象议论，而是举出具体事例以申其说，做到有理有据，论不虚立。比如，在丧葬习俗方面，“墨者之葬也，冬日冬服，夏日夏服，桐棺三寸，服丧三月，世主以为俭而礼之”，而儒家则大反其道而行之，“破家而葬，服丧三年，大毁扶杖，世主以为孝而礼之”。显而易见，两家之主张互相对立，犹如“冰炭不同器而久，寒暑不兼时而至”。如让君主将两家学说兼收并蓄，“安得无乱”？举例恰当，论证具体，极大地增强了文章的说服力。

忠孝

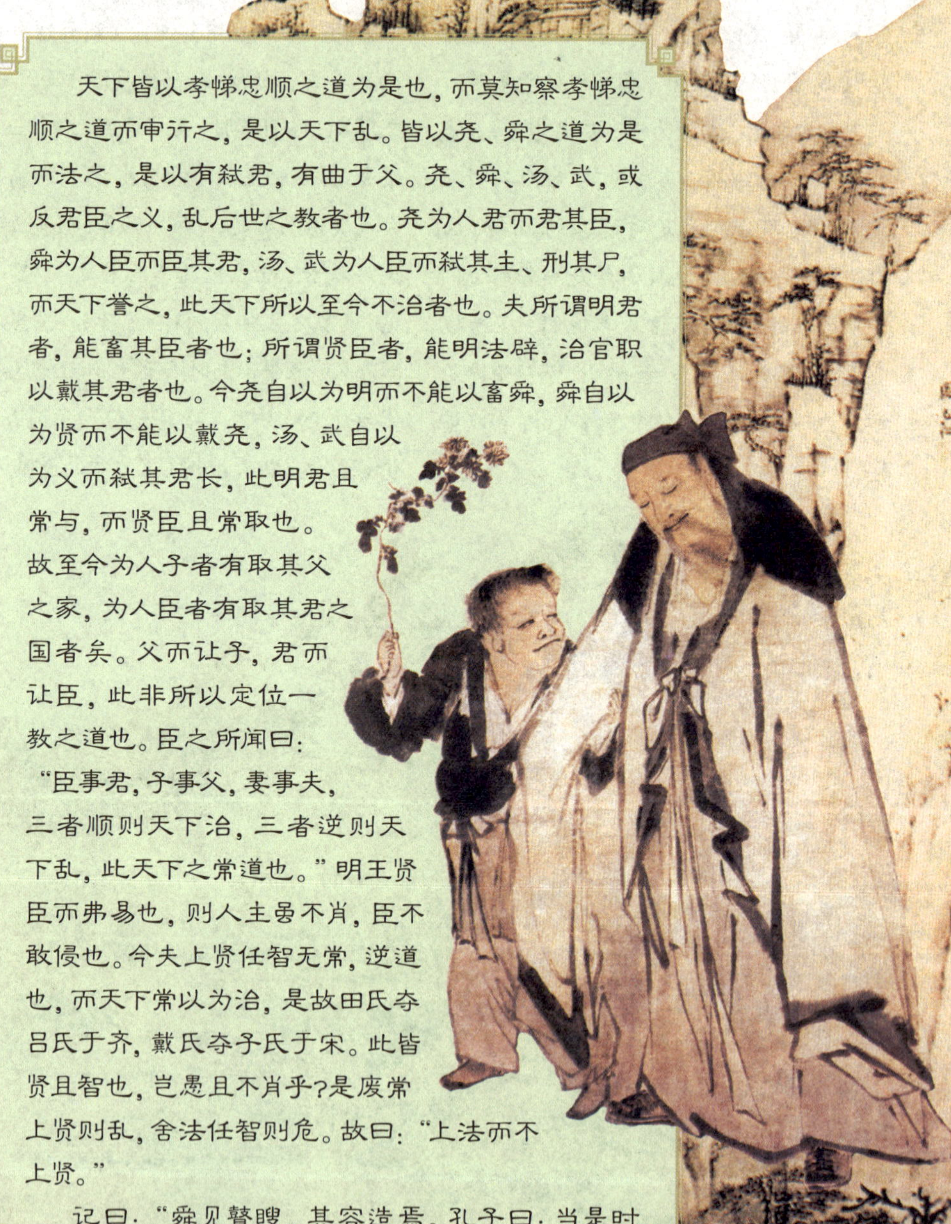

天下皆以孝悌忠顺之道为是也，而莫知察孝悌忠顺之道而审行之，是以天下乱。皆以尧、舜之道为是而法之，是以有弑君，有曲于父。尧、舜、汤、武，或反君臣之义，乱后世之教者也。尧为人君而君其臣，舜为人臣而臣其君，汤、武为人臣而弑其主、刑其尸，而天下誉之，此天下所以至今不治者也。夫所谓明君者，能畜其臣者也；所谓贤臣者，能明法辟，治官职以戴其君者也。今尧自以为明而不能以畜舜，舜自以为贤而不能以戴尧，汤、武自以为义而弑其君长，此明君且常与，而贤臣且常取也。故至今为人子者有取其父之家，为人臣者有取其君之国者矣。父而让子，君而让臣，此非所以定位一教之道也。臣之所闻曰："臣事君，子事父，妻事夫，三者顺则天下治，三者逆则天下乱，此天下之常道也。"明王贤臣而弗易也，则人主虽不肖，臣不敢侵也。今夫上贤任智无常，逆道也，而天下常以为治，是故田氏夺吕氏于齐，戴氏夺子氏于宋。此皆贤且智也，岂愚且不肖乎？是废常上贤则乱，舍法任智则危。故曰："上法而不上贤。"

记曰："舜见瞽瞍，其容造焉。孔子曰：当是时也，危哉！天下岌岌。有道者，父固不得而子，君固不得而臣也。”臣曰：孔子本未知孝悌忠顺之道也。然则有道者，进不为臣主，退不为父子耶？父之所以欲有贤子者，家贫则富之，父苦则乐之；君之所以欲有贤臣者，国乱则治之，主卑则尊之。今有贤子而不为父，则父之处家也苦；有贤臣而不为君，则君之处位也危，然则父有贤子，君有贤臣，适足以为害耳，岂得利焉哉！所谓忠臣不危其君，孝子不非其亲。今舜以贤取君之国，而汤、武以义放弑其君，此皆以贤而危主者也，而天下贤之。古之烈士，进不臣君，退不为家，是进则非其君，退则非其亲者也。且夫进不臣君，退不为家，乱世绝嗣之道也。是故贤尧、舜、汤、武而是烈士，天下之乱术也。瞽瞍为舜父而舜放之，象为舜弟而杀之。放父杀弟，不可谓仁；妻帝二女而取天下，不可谓义。仁义无有，不可谓明。《诗》云：“普天之下，莫非王土；率土之滨，莫非王臣。”信若《诗》之言也，是舜出则臣其君，入则臣其父、妾其母、妻其主女也。故烈士内不为家，乱世绝嗣，而外矫于君，朽骨烂肉，施于土地，流于川谷，不避蹈水火。使天下从而效之，是天下遍死而愿夭也，此皆释世而不治是也。世人所为烈士者，虽众独行，取异于人，为恬淡之学而理恍惚之言。臣以为恬淡，无用之教也。恍惚，无法之言也。言出于无法，教出于无用者，天下谓之察。臣以为人生必事君养亲，事君养亲不可以恬淡。之人必以言论忠信法术，言论忠信法术不可以恍惚。恍惚之言，恬淡之学，天下之惑术也。孝子之事父也，非竞取父之家也；忠臣之事君也，非竞取君之国也。夫为人子而常誉他人之亲曰：“某子之亲，夜寝早起，强力生财，以养子孙臣妾。”是诽谤其亲者也。

为人臣常誉先王之德厚而愿之，是诽谤其君者也。非其亲者知谓之不孝，而非其君者天下贤之，此所以乱也。故人臣毋称尧、舜之贤，毋誉汤、武之伐，毋言烈士之高，尽力守法，专心于事主者为忠臣。

古者黔首悗密蠢愚，故可以虚名取也。今民儇诇智慧，欲自用，不听上，上必且劝之以赏然后可进，又且畏之以罚然后不敢退。而世皆曰："许由让天下，赏不足以劝；盗跖犯刑赴难，罚不足以禁。"臣曰：未有天下而无以天下为者许由是也，已有天下而无以天下为者尧、舜是也。毁廉求财，犯刑趋利，忘身之死者，盗跖是也。此二者，殆物也，治国用民之道也，不以此二者为量。治也者，治常者也；道也者，道常者也。殆物妙言，治之害也。天下太平之士，不可以赏劝也；天下太平之士，不可以刑禁也。然为太上士不设赏，为太下士不设刑，则治国用民之道失矣。故世人多不言国法而言从横。诸侯言从者曰"从成必霸"，而言横者曰"横成必王"。山东之言从横，未尝一日而止也，然而功名不成，霸王不立者，虚言非所以成治也。王者独行谓之王，是以三王不务离合而正，五霸不待从横而察，治内以裁外而已矣。

译文 

天下都认为孝悌忠顺的道理是正确的，而没有谁懂得考察孝悌忠信的道理而谨慎地实行它，因此天下混乱。都认为尧、舜之道是正确的从而效法它，因此有的人杀死国君，有的人违逆父亲。尧、舜、商汤王、周武王，有些方面违反了君臣关系的原则，是扰乱后世教化的人。尧作为君主而把他的臣子当成君主，舜作为臣子而把他的君主当成臣子，商汤王、周武王作为臣子而杀死了他们的君主，刑戮君主的尸体，天下人却赞誉他们，这是天下至今也没有治理好的原因。所谓英明的君主，是能驯服他的臣子的人；所谓贤能的臣子，是能修明法度，恪尽职守来拥戴他的君主的人。可是尧自以为明智而不能用以驯服舜，舜自以为贤能而不能用以拥戴尧，商汤王、周武王自以为仁义而杀死了他们的君主，这说明英明的君主尚且经常把权力给人，而贤能的臣子尚且经常夺取君主权力。因此至今做儿子的有的夺取了他父亲的家业，做臣子的有的夺取了他君主的国家。做父亲却把家业让给儿子，做国君却把国家让给臣子，这不是用来正定名位统一教化的办法。我听说的是："臣子侍奉国君，儿子侍奉父亲，妻子侍奉丈夫，这三种关系顺畅了，天下就能治理好；这三种关系颠倒了，天下就会大乱，这是天下的常规。"英明的君主、贤能的臣子如果不改变这些做法，那么君主即使无能，臣子也不敢凌犯。现在崇尚贤人，任用智士而无常规，倒行逆施，天下人却经常认为已治理好了。因此田常在齐国夺取了齐简公的政权，子罕在宋国夺取了宋桓侯的政权。这都是些贤能而聪明的人，难道他们愚

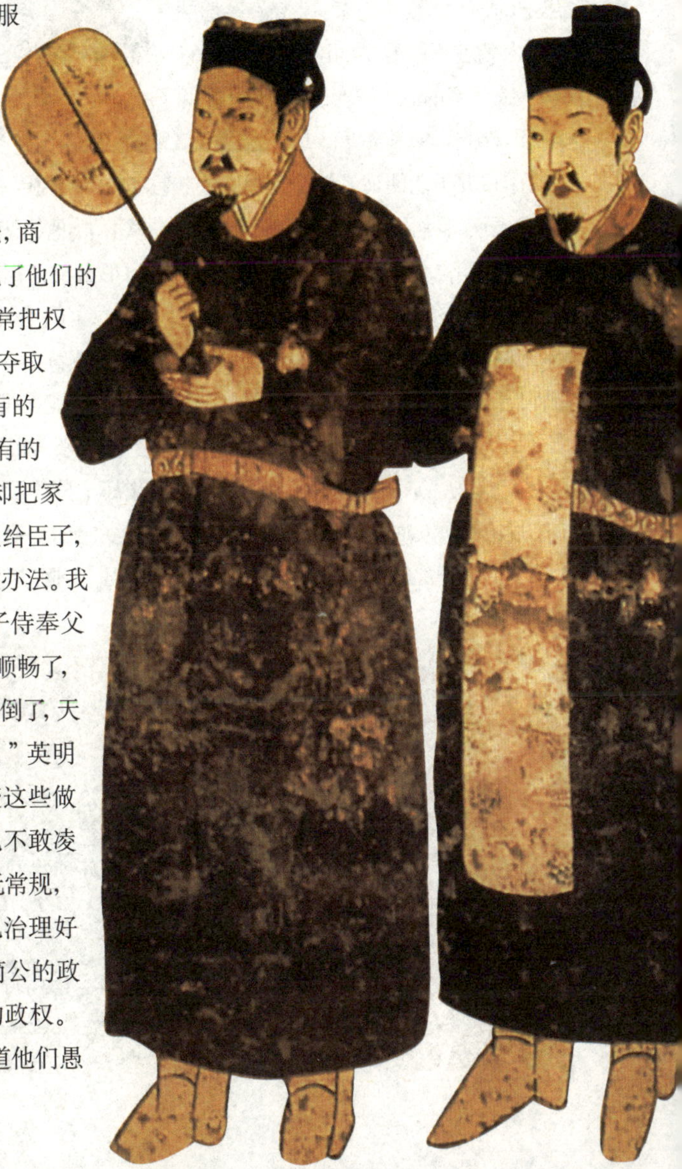

蠢而且无能吗?这说明废弃常规、崇尚贤人就混乱，舍弃法律、任用智士就危险。因此说:“要崇尚法度而不要崇尚贤人。”

历史文献上记载说:舜接见他的父亲瞽瞍，他的容色就显出忧愁的样子。孔子说:“在这时节，危险啊!天下岌岌可危。一个有道德的人，父亲本来就不能把他看作儿子，君主本来就不能把他看作臣子。”我要说:孔子本来就不懂得孝悌忠顺的道理。照他说来，那么有道德的人，上朝就不做君主的臣子，退朝回家就不做父亲的儿子吗?父亲想有贤能儿子的原因在于，家境贫寒，儿子能使家境富裕起来;父亲苦闷，儿子能使父亲快乐起来;君主想有贤臣的原因在于，国家混乱了，他能治理好;君主地位卑下了，他能使君主地位提高。如果有了贤能的儿子却不为父亲效劳，那么父亲居家生活依然苦恼;有了贤能的臣子却不为君主效劳，那么君主的地位依然危险。那么就是说，父亲有了贤能的儿子，君主有了贤能的臣子，恰好会造成灾害罢了，怎么能从中得到好处呢?所谓忠臣，不危害他的君主，孝子不违逆他的父亲。舜靠着贤能夺取了君主的国家，而商汤王、周武王以仁义为名放逐、杀害了他们的君主，这都是些靠贤能来危害君主的人，天下人却认为他们贤能。古代的刚烈之士，上朝不向君主臣服，回家不经管家业，这就是上朝就违逆君主，回家就

违逆父亲的人。上朝不向君主臣服，回家不经管家业，这是扰乱社会断绝后嗣的做法。所以认为尧、舜、商汤王、周武王是贤能的而且肯定刚烈之士，是导致天下混乱的做法。瞽瞍是舜的父亲而舜放逐他，象是舜的弟弟而舜杀害了他。放逐了父亲杀害弟弟，不能称为仁；娶帝尧的两个女儿为妻而夺取他的天下，不能称为义。仁义都不要了，不能称为聪明。《诗经》上说："普天之下，莫不是君王的领土；四海之内，莫不是君王的臣仆。"诚如《诗经》所言，那么舜则是个出门就把他的君主当成臣子，进门就把他的父亲当成臣仆，把他的母亲当成奴婢，把他的君主的女儿当成妻子的人。因此刚烈之士不经管家业，扰乱社会断绝后嗣，而且在外面违抗君主，宁可朽了骨头烂了肉，抛尸荒野，流入河谷，也不辞避赴汤蹈火。假使天下人都跟着效法他们，这就是要天下到处死人而且希求早亡了，这都是些逃避现实而不治理的人。社会上所认为的刚烈之士，脱离民众独自行事，采取的做法同别人不同，他们研究清静而无所作为的学说，探讨恍惚迷离的言论。我认为，清静而无所作为，是没有用处的说教。恍惚迷离的话，是没有法度的言论。没有法度的言论，没有用处的教化，天下人却称为明察。我认为人活着一定得侍奉君主赡养父母，侍奉君主赡养父母不可能清静而无所作为。治理臣民一定得使言论忠实于法术，言论忠实于法术就不可能恍惚迷离。恍惚迷离的言论，清静无为的学说，是迷惑天下人的骗术。孝子侍奉父亲，目的不是争取父亲的家业；忠臣侍奉君主，目的不是争取君主的国家。作为儿子却经常赞誉别人的父亲说："某人的父亲，晚睡早起，努力劳作生财，来抚养子孙奴婢。"这是诽谤他父亲的人。作为臣子却经常赞誉先王的大德而羡慕他们，这是诽谤他的君主的人。非难自己父亲的人，人们知道说他不孝，而非难自己君主的人，天下人却认为他贤能，这是社会混乱的原因。所以臣子不要称道尧、舜的贤能，不能赞誉商汤王、周武王的功绩，不要谈论刚烈之士的高节，竭力守法，专心一意地侍奉君主的人才是忠臣。

古时的平民百姓勤勉而愚蠢，因此能够用虚名去争取他们。现在的民众奸佞、狡诈、聪明，想为自己服务，不听从君主役使，君主一定得用奖赏鼓励他们然后才能使他们前进，还得用刑罚恐吓他们然后才能使他们不敢退怯。而世人却说："许由推辞不受天下，奖赏不足以鼓励他；盗跖触犯刑法去赴难，刑罚不足以禁阻他。"我却说：没拥有天下而不把天下当回事的，许由就是如此；已拥有天下而不把天下当回事的，尧、舜就是如此。毁弃廉洁，贪求财物，触犯刑律，追求私利，亡命忘死的，盗跖就是如此。奖赏不足以鼓励，刑罚不足以禁阻，这两种情况，是很危险的事，治理国家役使民众的措施，不能用这两种情况作标准。治，就是治理日常事务；道，就是引导民众遵循常规。危险的事物和玄妙的言论，是治国的祸害。天下品行最好的人，不能用奖赏来鼓励他；天下品行最差的人，不能用刑罚来禁阻他。然而，如果因为有品行最好的人就不设置奖赏，因为有品行最差的人就不设置刑罚，那么治理国家役使民众的手段就丧失了。因此世上的人多不谈论国法而谈论合纵连横的策略。诸侯里谈论合纵的说"合纵搞成了一定能称霸"，而谈论连横的说"连横搞成了一定能称王"。崤山以东六国谈论合纵连横，不曾有一天停止过，然而功名没有成就，霸王大业没有建立，因为空话是不能用来完成治国任务的。君王要独断专行才可称为王，因此夏商周三代的开国先王不追求搞合纵连横而归正了天下，春秋五霸不等待搞合纵连横却明察治国之道，治理了国内也就控制了国外了。

评点

本篇阐述了以韩非为代表的法家对“忠孝”的看法。文章首句为“天下皆以孝悌忠顺之道为是也”，故以“忠孝”为题。韩非认为，儒家所一再推崇的尧、舜、汤、武等上古圣王并不是值得提倡效法的忠孝的典型，因为“尧为人君而君其臣(禅位于舜)，舜为人臣而臣其君(夺尧君位)，汤、武人臣而弑其主、刑其尸(灭夏桀、商纣)”。这些“圣王”的行为违反了“君臣之义”，扰乱了“后世之教”。韩非把“臣事君，子事父，妻事夫”这三条原则作为维护天下秩序的根本措施，认为只要秩序安定了，在位者即使并非贤才，也不能改变其地位，因此，墨家的“尚贤”主张也不可取，正确的做法是“上法而不上贤”。韩非批评孔子不懂“孝悌忠顺之道”，指出尧、舜、汤、武等并非忠烈之士，他们的作为足以使家庭断子绝孙，使天下一片混乱。韩非并不反对事君养亲，而是主张“尽力守法，专心于事主”，不要“称尧、舜之贤”，“誉汤、武之伐”。文章的末尾对纵横家之言也作了批评。

人主

人主之所以身危国亡者，大臣太贵，左右太威也。所谓贵者，无法而擅行，操国柄而便私者也。所谓威者，擅权势而轻重者也。此二者，不可不察也。夫马之所以能任重引车致远道者，以筋力也。万乘之主、千乘之君所以制天下而征诸侯者，以其威势也。威势者，人主之筋力也。今大臣得威，左右擅势，是人主失力，人主失力而能有国者，千无一人。虎豹之所以能胜人执百兽者，以其爪牙也，当使虎豹失其爪牙，则人必制之矣。今势重者，人主之爪牙也，君人而失其爪牙，虎豹之类也。宋君失其爪牙于子罕，简公失其爪牙于田常，而不蚤夺之，故身死国亡。今无术之主，皆明知宋、简之过也，而不悟其失，不察其事类者也。

且法术之士，与当途之臣不相容也。何以明之？主有术士，则大臣不得制断，近习不敢卖重；大臣左右权势息，则人主之道明矣。今则不然，其当途之臣得势擅事以环其私，左右近习朋党比周以制疏远，则法术之士奚时得进用，人主奚时得论裁？故有术不必用，而势不两立，法术之士焉得无危？故君人者非能退大臣之议，而背左右之讼，独合乎道言也，则法术之士安能蒙死亡之危而进说乎？此世之所以不治也。明主者，推功而爵禄，称能而官事，所举者必有贤，所用者必有能，贤能之士进，则私门之请止矣。夫有功者受重禄，有能者处大官，则私剑之士安得无离于私勇而疾距敌，游宦之士焉得无挠于私门而务

于清洁矣？此所以聚贤能之士而散私门之属也。今近习者不必智，人主之于人也或有所知而听之，入因与近习论其言，听近习而不计其智，是与愚论智也。其当途者不必贤，人主之于人或有所贤而礼之，入因与当途者论其行，听其言而不用贤，是与不肖论贤也。故智者决策于愚人，贤士程行于不肖，则贤智之士奚时得用？而人主之明塞矣。昔关龙逄说桀而伤其四肢，王子比干谏纣而剖其心，子胥忠直夫差而诛于属镂。此三子者，为人臣非不忠，而说非不当也，然不免于死亡之患者，主不察贤智之言，而蔽于愚不肖之患也。今人主非肯用法术之士，听愚不肖之臣，则贤智之士孰敢当三子之危而进其智能者乎！此世之所以乱也。

译文 

君主自身危险，国家灭亡的原因，在于大臣地位太尊贵，左右侍从太有威势了。所谓地位尊贵，就是没有法度而擅自专行，掌握国家大权而方便谋取私利。所谓有威势，就是独揽权势而看不起权重的人。这两类人，不能不明察。马能够负重拉车到远方的路途，是因为筋骨有力。万乘之国的君主、千乘之国的君主控制天下征服诸侯的原因，在于凭借他的威势。威势，是君主的筋骨之力。现在大臣有了威势，左右侍从独揽权势，这就是君主失去力量，君主失去力量却能拥有国家的，一千人里也没有一人。虎豹能胜过人类、捉住百兽的原因，是由于凭借他们的爪牙，假使虎豹失去了它的爪牙，人类就一定能制服它了。现在，权势就是君主的爪牙，治民的人而失去了爪牙，就与虎豹成为同类了。宋国国君宋桓侯由于子罕而失去了爪牙，齐简公由于田常而失去了爪牙，而又不及早夺回来，因此本人死了，国家灭亡。现在不懂治国之术的君主，都明知道宋桓侯、齐简公的过错，却不从他们的失误中警悟，这是不能明察事物的相似性的人。

况且法术之士，与当权的大臣是不相容的。根据什么说明这个道理呢?君主有法术之士，大臣就不能专制独裁，身边的侍从不敢卖弄权势；大臣及左右侍从的权势消歇了，君主的治国之道就彰明了。现在却不是这样，那些当权的大臣得到权势独揽政事之后就以权谋私。左右侍从和君主亲近的人紧密勾结成小集团来制服疏远他们的人，那么法术之士什么时候才能得到提拔任用呢?君主什么时候才能评断裁决呢?因此有法术而不一定任用，而权势又不能与法术并立，法术之士怎么能没有危险呢?因此治民的君主不能斥退大臣的议论，而不理会左右侍从的歌功颂德，独自按着合乎治国之道的原则发号施令，那么法术之士怎么能冒着死亡的危险而进献说辞呢?这就是社会不能治理好的原因。英明的君主，根据功劳授予爵位俸禄，衡量能力而授予官职，被推举的人一定有能力，被任用的人一定有本事，贤能的人提拔上来，私门的请托就止住了。有功劳的人授予厚禄，有能力的人位处要职，那么为报私仇而斗剑的侠士怎么能不抛弃匹夫之勇而奋力抗御敌人，游历谋官的人怎么能不摆脱对私门贵族的依附而努力培养清廉纯洁的品格呢?这就是招集贤能之士而解散私门党羽的措施。现在左右亲近的侍从不一定聪明，君主对于人有时认为他有某种智慧，而听他的进言，进入朝堂于是就与亲近的侍从议论那人的进言，听了亲近的侍从的话而不再考虑那人的才智，这就是同愚者讨论智者。那些当权的人不一定贤能，君主对于人

有时认为他有某种能力而以礼相待，进入朝堂于是就与当权的人议论那人的行为，听了当权者的言论就不再用贤能的人，这就是同无能的人讨论贤能的人。因此智者的策谋由愚者来决断，贤能者的行为由无能的人来衡量，那么贤人、智者什么时候才能得到任用呢?而君主的明察就这样被闭塞了。从前关龙逢劝谏夏桀王而被砍去了他的四肢，王子比干劝谏商纣王而被剖心，伍子胥对吴王夫差忠诚正直而被赐予属镂宝剑自杀。这三个人，作为臣子不是不忠诚，而说辞也不是不恰当，然而没有免除死亡的祸患，这是君主不能明察贤士、智者的言论，而被愚者、无能者蒙蔽带来的祸患。现在君主不肯任用法术之士，听信愚蠢无能的臣子的话，那么贤人、智者谁敢冒着关龙逢等三人的危险而进献他们的智慧与才干呢?这就是社会混乱的原因。

评点 

“人主”，即君主。本篇论述国君应当怎样掌握权势，任用法术之士并控制臣下等问题。文章开篇指出，君主自身危险，国家灭亡的原因，在于“大臣太贵，左右太威”；接着揭示了所谓“贵”与“威”的内涵，强调君主对侵夺权力的贵者与威者要仔细考察。文章指出，法术之士与当权的大臣是互不相容的。国君任用法术之士，大臣就不能专断独行，君王的近侍也不敢卖弄权势，这样一来，君王的治国之道就会彰明。与此相反，如果君王不肯任用法术之士而“听愚不肖之臣”，就会使世道陷入混乱。

心度

圣人之治民，度于本，不从其欲，期于利民而已。故其与之刑，非所以恶民，爱之本也。刑胜而民静，赏繁而奸生。故治民者，刑胜，治之首也；赏繁，乱之本也。夫民之性，喜其乱而不亲其法。故明主之治国也，明赏则民劝功，严刑则民亲法。劝功则公事不犯，亲法则奸无所萌。故治民者禁奸于未萌，而用兵者服战于民心。禁先其本者治，兵战其心者胜。圣人之治民也，先治者强，先战者胜。夫国事务先而一民心，专举公而私不从，赏告而奸不生，明法而治不烦。能用四者强，不能用四者弱。夫国之所以强者，政也；主之所以尊者，权也。故明君有权有政，乱君亦有权有政，积而不同，其所以立异也。故明君操权而上重，一政而国治。故法者，王之本也；刑者，爱之自也。

夫民之性，恶劳而乐佚。佚则荒，荒则不治，不治则乱，而赏刑不行于天下者必塞。故欲举大功而难致而力者，大功不可几而举也；欲治其法而难变其故者，民乱不可几而治也。故治民无常，唯治为法。法与时转则治，治与世宜则有功。故民朴而禁之以名则治，世知而维之以刑则从。时移而治不易者乱，能治众而禁不变者削。故圣人之治民也，法与时移而禁与能变。

能越力于地者富，能起力于敌者强，强不塞者王。故王道在所闻，在所塞。塞其奸者必王，故王术不恃外之不乱也，恃其不可乱也。恃外不乱而治立者削，恃其不可乱而行法者兴。故贤君之治国也，适于不乱之术。贵爵则上重，故赏功爵任而邪无所关。好力者其爵贵，爵贵则上尊，上尊则必王。国不事力而特私学者，其爵贱，爵贱则上卑，上卑者必削。故立国用民之道也，能闭外塞私而上自恃者，王可致也。

译文

圣人治理民众，从根本问题上考虑，不随心所欲，期望对民众有好处罢了。因此他们对民众施用刑罚，不是出于憎恶民众，而是爱护民众的根本措施，刑罚占上风，民众就老实；奖赏繁杂了，奸邪就发生。所以治理民众这件事，刑罚占上风，是治理中的首要问题；而奖赏繁杂，是动乱的根本原因。民众的本性，喜欢朝廷繁杂的奖赏而不喜爱朝廷的法制。因此英明君主治国，公开奖赏，民众就受到鼓舞而努力建功；严厉刑罚，民众就亲附法度。受到鼓舞而努力建功，公家的政事就不会受到干犯；亲附法度，奸邪的事就无从萌芽。因此治理民众的人要把奸邪禁阻在还未萌芽的状态中，而指挥军队的人要使士兵的心服从战争的需要。把禁止奸邪这个根本事项放在首位的就能治理好，军事上能征服民心的就能胜利。圣人治理民众，先整治奸邪的就强大，先征服民心的就胜利。国家政事要努力做首要的事并且要统一民心；专门提倡为公，谋私行为就不敢放纵；奖赏告发奸邪的人，奸邪就不会发生；彰明法度，治政就不会烦乱。能采用这四种措施的就强大，不能采用这四种措施的就弱小。国家之所以强大，靠政治措施；君主之所以尊显，靠的是权势。因此英明君主有权势，有政治措施，昏乱的君主也有权势，有政治措施，但最终结果不同，因为他们治国的立脚点不同。所以英明君主掌握大权而地位显耀，统一政令而国家得到治理。因此法度，是称王天下的根本；刑罚，是爱心的来源。

民众的本性，厌恶劳作而贪图安逸。安逸，本业就会荒废，荒废就得不到治理，得不到治理就会混乱，而奖赏与刑罚不能在天下推行，政令就一定会阻塞不通。因此想要建树大功却难以招致民众而使他们尽力的人，大功也就不能指望建树了。想要修治国家法度，却难以改变原有法规的人，民众会动乱而且不能指望社会太平。所以治理民众没有恒常不变的措施，只有符合治国的东西才是国法。法度随时代的变化而变化就能治理好，治国措施适合社会的要求就能建功。因此民众纯朴，就用把恶名加于坏人的方法来禁阻人们犯罪，达到治理的目的；世人智巧奸诈，就用刑罚来维系法治，以使民众顺从。时代变化了而治国措施不改变的，就造成混乱；能治理众人而禁令不变更的，就导致削弱。所以圣人治理民众，法度随时代的推移而推移，禁令随着治国之道的变化而变化。

能尽力开发土地的人就富裕，能尽力攻击敌人的军队就强大，强大而横行无阻就能称王。因此称王之道在于听取什么进言，在于杜绝什么事情。能杜绝奸邪的人一定能称王，所以称王之道不是凭着外部不来扰乱自己，而是凭着自己的不被扰乱。凭着外部不来扰乱而治国建政的就削弱，凭着自己的不能被扰乱而推行法度的就兴旺发达。因此贤明的君主治国，措施要适应自己不能被扰乱的治国之术。重视爵位，君主权力就大，所以奖赏有功的人，授爵位给能人，奸邪的人就无机可乘。君主喜欢努力耕战的人，他给的爵位就被珍视；爵位被珍视，君主就尊显；君主尊显，就一定能称王。国家不重视努力耕战的人而依靠私家文士的，爵位就被人轻视；爵位被轻视，君主就地位卑下；君主地位卑下的国家一定削弱。因此立国用民的途径，就在于能抵御外患，杜绝私学而君主自力自强，这样称王的目标就达成了。

评点

“心”，指民心；“度”，指法度。本篇旨在论述民心与法度的关系问题，故以“心度”为题。文章认为，“圣人”治民从根本出发，而不是随心所欲。这个根本就是刑罚，“刑胜而民静，赏繁而奸生”。君王施刑于民是爱民的体现，并非与民为敌。只有实行法治，才能“禁奸于未萌”。本篇认为，民的本性是“恶劳而乐佚”，因此必须以法治理，并且要做到“法与时移而禁与能变”。文章末段探讨君王称王天下的策略问题，旨在强调治理国内是对外称王的基础。

制分

夫凡国博君尊者，未尝非法重而可以至乎令行禁止于天下者也。是以君人者分爵制禄，则法必严以重之。夫国治则民安，事乱则邦危。法重者得人情，禁轻者失事实。且夫死力者，民之所有者也，情莫不出其死力以致其所欲。而好恶者，上之所制也，民者好利禄而恶刑罚。上掌好恶以御民力，事实不宜失矣，然而禁轻事失者，刑赏失也。其治民不秉法为善也，如是则是无法也。故治乱之理，宜务分刑赏为急。治国者莫不有法，然而有存有亡。亡者，其制刑赏不分也。治国者，其刑赏莫不有分，有持以异为分，不可谓分。至于察君之分，独分也。是以其民重法而畏禁，愿毋抵罪而不敢胥赏。故曰：不待刑赏而民从事矣。

是故夫至治之国，善以止奸为务。是何也？其法通乎人情，关乎治理也。然则去微奸之道奈何？其务令之相规其情者也。则使相窥奈何？曰：盖里相坐而已。禁尚有连于己者，理不得相窥，惟恐不得免。有奸心者不令得忘，窥者多也。如此，则慎己而窥彼。发奸之密，告过者免罪受赏，失奸者必诛连刑。如此，则奸类发矣。奸不容细，私告任坐使然也。

夫治法之至明者，任数不任人。是以有术之国，不用誉则毋适，境内必治，任数也；亡国使兵公行乎其地，而弗能圉禁者，任人而无数也。自攻者人也，攻人者数也。故有术之国，去言而任法。凡畸功之循约者难知，过刑之于言者难见也，是以刑赏惑乎贰。所谓循约难知者，奸功也；臣过之难见者，失根也。循理不见虚功，度情诡乎奸根，则二者安得无两失也。是以虚士立名于内，而谈者为略于外，故愚怯勇慧相连，而以虚道属俗而容乎世。故其法不用，而刑罚不加乎僇人。如此，则刑赏安得不容其二？实故有所至，而理失其量，量之失，非法使然也，法定而任慧也。释法而任慧者，则受事者安得其务？务不与事相得，则法安得无失而刑安得无烦？是以赏罚扰乱，邦道差误，刑赏之不分白也。

译文

凡是国土辽阔国君尊显的，没有不是国法苛重而能够在全国范围内做到令行禁止的。所以君主划分爵位等级，制定俸禄标准，法制就一定得严厉而加重地执行它。国家得到治理民众就安定，政事混乱了国家就危险。国法苛重就能得民心，禁令轻忽就违反实际。那些拼死效力的人，民众之中就有，人之常情没有谁不想拼死效力来满足自己的愿望。民众的好恶，是由君主控制的，民众喜欢利禄而讨厌刑罚。君主把握民众的好恶心理来驱使民众出力，因此不应该脱离事物的实际，然而还是有禁令轻忽而脱离实际的情况，这是刑罚与赏赐失误的缘故。君主治理民众不掌握法度却

发善心，像这样就等于没有法度了。因此国家治乱的道理，应当努力把区分刑罚与赏赐作为当务之急。治理国家的人没有谁没有法度，然而有存在的，有灭亡的。灭亡的，是因为他制定的刑赏标准界限不分明。治理国家的人，他的刑罚标准没有谁不划分清楚，有的人凭个人喜怒使用不同的标准来区分，这不能叫做界限分明。至于明察的君主划分界限，是独自划分界限。因此他的民众看重法度而畏惧禁令，希望不要违法判罪，也不敢无功而待赏，因此说：不用等到施刑用罚，民众就去做事了。

所以那些非常太平的国家，善于把禁止奸邪当做紧要的事。这是为什么呢?因为他们的法度合乎人之常情，关系到治国的道理。那么铲除隐蔽犯罪的途径在哪呢?只要努力使民众互相监督窥察就行了。那么使他们互相监督窥察得怎么办呢?回答是：让同住一里的民众互相连坐而已。禁令倘若跟自己有牵连，同住一里的人如果不监督窥察，就唯恐自己不能免罪。有奸邪想法的人不敢忘记这种情形，因为监督窥察他的人很多。像这样，民众就会自己小心谨慎并且监督窥察别人。揭发坏人的隐私，告发罪人的免罪受赏，有坏人而不告发的一定诛连刑罚。像这样，奸邪之徒就被揭发出来了。奸邪的事连细微的都不被民众容忍，这是私人告密和连坐法使民众这样的。

治政依法最高明的，是凭借法术而不凭借人的喜怒。因此实行法术的国家，不根据声誉用人而能强大无敌，国内一定太平，因为凭借的是法术。衰亡的国家让敌兵公开横行在自己的国土上，却不能抵御禁阻，因为凭借的是个人而没有法术。自残国家的，是因为凭借个人；攻击别国的，是因为凭借法术。因此有法度的国家，去除空言而凭借法术。凡是遵循立功条款而上报的虚功，都难以察知；过失仅仅表现在语言上，就难以发现。所以刑罚和奖赏就被不一致的标准搞乱了。所谓遵循立功条款上报的难以察知的虚功，就是奸邪之功；难以发现的臣子过失，就是失误的本源。遵循立功的条款就发现不了虚功，考虑常情就会被奸邪的本源欺骗，那么刑罚与奖赏这两个方面又怎么能不一起失误呢?因此徒有虚

功的人在国内建树了名声，而说客们在国外设计谋略，所以愚蠢的、胆小的、勇敢的、智慧的人们彼此勾结，而用虚伪的学说迎合世俗，取得社会的容纳。因此国家法制不能推行，而刑罚不能加在罪人身上。像这样，刑罚与奖赏又怎么能不容纳不一致的标准呢?确实的法治取得一定的成就，而治理却丧失了它的标准，标准的丧失，不是法治使它这样的，原因是放弃了法治而凭借个人的智慧办事。放弃了法治而凭借个人智慧办事，那么接受政务的官吏怎么能把握要领呢?要领不能与政务相得益彰，那么法治怎么能没有失误而刑罚怎么能不烦琐呢?所以赏罚被扰乱，安邦之道发生差错，都是由刑罚奖赏的界限不分明造成的。

评点

“制”，控制，掌握；“分”，分寸，界限。本篇论述实施刑赏要掌握界限的问题，故以“制分”为题。文章认为，只有实行严厉的刑罚，才能收到令行禁止的施政效果。君王治理国家，要把区分刑赏作为当务之急。掌握刑赏的界限，关键在于“止奸”，特别是要制止那些不易察知的奸邪行为。为此，文章主张实行“连坐”之法，“告过者免罪受赏，失奸者必诛连刑”。君王要“任术不任人”，即依靠法术而非个人智慧来治理国家。文章末尾再次强调，要认真区分刑赏的界限。本篇是体现韩非法治思想的重要文章。